夢の正体

——夜の旅を科学する

装幀／中村　聡

ほとんどの人が自分の夢にほぼなんの価値も置いていない理由はわかる。夢は彼らには軽すぎるし、また、ほぼ全員が重大性と重量とを同一視している。涙は重大であり、壺に涙を集めたりする人もいる。しかし夢は微笑と同じで、純粋な気体、空気だ。微笑と同じく夢もあっという間に消える。

だが、顔が消えても微笑は残るという話だとしたらどうなるか?

スーザン・ソンタグ『夢の賜物』(木幡和枝訳、河出書房新社)

目次

訳注は小字の〔　〕で示した。

はじめに

二〇一一年の夏、私は穴を掘り、自分が見た夢を語って過ごした。モチェ遺跡の発掘のために大学の仲間とペルー人教授と滞在したのは、アンデスのネペーニャ地区にある人里離れた村だった。持参した小説は二週間ですべて読み終えた。かさばる雨具と緊急用の予備のピーナッツバターの瓶はスーツケースに詰めこんできたものの、個性的なカフェオーナーの気分次第でインターネットにアクセスできるかどうかが決まる環境のなかで、どれだけ暇を持て余すことになるかは考えていなかった。そんなわけで、友人のジェームズが読み古したペーパーバック――表紙には人間の頭に雲がかかり、日の光が差しこんでいる絵が描かれていた――を貸してくれたときには、どんな本なのかよくわからないけれど、とりあえず読んでみようと思った。

ところが、目次を開いて「人生は夢である」「生きるためのリハーサル」といった章タイトルを目にしたときには、思わずひるんだ。エクササイズの一覧を見たときにはうんざりした。あやしげな響きの「双身体《ツインボディ》技法」、想像もつかない「夢の蓮《はす》と炎の技法」、不気味としか思えない

「無身体技法《ノーボディ》」。スティーヴン・ラバージの『明晰夢の世界を探る（*Exploring the World of Lucid Dreaming*）』は、いかにもニューエイジの自己啓発書といった感じだったが、英語の本が買えるいちばん近い書店までバスで六時間という現実をふまえ、私はとにかく読みはじめた。「よく言われるとおり、まぎれもなく人生は短い。さらに悪いことに、私たちは人生の四分の一から半分くらいは眠って過ごす。ほとんどの人はただぼんやりと夢を見ている。完全に意識を保ち、活動する機会を持ちながら、ただ漫然と眠っている」[1]。ラバージがいう「明晰夢」とは、眠りながら自分が夢を見ていることを自覚している状態で、少し訓練すれば、夢の内容をコントロールできるようになるという。私は一気に引きこまれた。

明晰夢を見たことがあるという人はたくさんいるが、定期的に見る人は一〇パーセントから二〇パーセントくらいしかいない[2]。そのなかには、明晰夢が楽しすぎて趣味になっていたり、ある種の自己啓発になっていたりする人たちがいる。現実よりも鮮明に見えることもある。幻覚剤と同じくらい強烈な感覚を得ることも可能だし、性的な満足感までも得ることができる（ある女性心理学者は明晰夢を見たときには三回に一回はオルガスムに達すると言い、実際に膣の拍動振幅を計測すると、夢のなかのオルガスムは生理的な変化と一致したという）[3]。明晰夢を利用して、悪夢を克服したり、実生活でかかえる難題を予行演習したりする人もいる。私自身、はじめて明晰夢を見たときのことは忘れられない。ペルーで過ごした夏の記憶――砂漠でピスコ〔ペルー産のブランデー〕を飲んだり、赤ん坊のミイラを発見したり、科学的には最善とは言えない環境のもとでその覆いを解いたりした――のなかでも、それはひときわ輝いている。

夜の九時、私は下の段の寝床にもぐりこみ、寝袋のなかで体を丸めた。日中はひたすら地面を掘るという単調な作業を繰り返し、体は疲れている。五時に目覚ましをセットすると、私はすぐにうとうとしはじめた。あまりにも疲れていたので、いつものようにあれこれと心配事に思いを巡らせることはなかった。すると、とつぜんシーンが変わった。夏の午後だった。熱が希薄で夜はたいてい曇っているアンデスの夏ではなく、本当の夏だった。水に飛びこんでも、すぐに太陽が体を乾かすような強烈な暑さだった。ずっと求めていた暑さに身をゆだね、私は緑に包まれたはじめて見るプールのなかでゆっくりと水をかいた。実際には水泳は苦手だ。ポッドキャストかパンドラ〔音楽配信サービス〕を聴きながらでなければ、どんな運動もしたくない。なのに、このときはちがった。何の苦もなく、ただ心地よかった。体のすみずみまで意識をゆきわたらせ、冷たい水と明るい陽射し、それからプールを囲む幻想的な森の見事な緑を感じていた。目が覚めたとき、私は幸福感に包まれていた。

ふだんの夢の記憶とちがってあやふやなところはまったくなく、何年たっても細部まではっきりと覚えている。しかし、手放しで愉悦に浸っていたわけではなかった。心をかき乱される体験でもあった。そのとき私はペルーのほこりっぽい宿に置いた寝袋のなかではなく、どこか遠くにいた。そして、その場所が気に入った。プールで過ごしたひとときに、私の現実に対する感覚は揺さぶられた。それを常識の範囲で説明することはできなかった。もう一度体験したいとしか言えなかった。

ジェームズと私は、その夏の残りをラバージが伝授する秘訣を試して過ごした。古代の器についた土を落としながら、私たちは前の夜に見た夢を語りあった。「今夜、私は明晰夢を見る」というラバージのマントラを繰り返し唱え、さらには自分たちのマントラとして「今夜、私は月まで飛んでいく」と唱えた。それから、空を飛んでいる、亡くなった人に会う、といった夢を見ていることを示すサインを学んだ。二時間おきにラバージの言う「リアリティ・チェック」を行ない、いま自分が起きているか寝ているかを問いかけた。この行為を意識の深くに染みこませることができれば、明晰夢の引き金になるということだった。

スコップで土を掘りかえしながら時間の大半を過ごしていれば、楽しい会話の基準はおのずと低くなるのかもしれないが、ペルーから帰国し、四人以上の話し相手がいて、ハイスピードのWiFiがあって、たくさんの本に囲まれていても、私はふと気づくと夢のことを考えていた。夢は思っていたよりもずっと豊かで、ずっとミステリアスだった。

私は夢日記をつけはじめた。革表紙のスパイラルリングのノートに、覚えていることはすべて記録するようにした。どんなに小さなことでも、どんなにつまらないことでも、とにかく毎日記録することが重要だと書いてあるのを読んだからだ。効果はすぐにあらわれた。数週間のうちに、律儀に「記憶なし」と書きつけたものや、断片的なメモ（「『くるみ割り人形』を見ていた？」「クモが出てきた？」）から、ほぼ毎晩、長い文章で二つ三つは書けるようになっていた。私の新しい夜の生活は、昼間の生活と同じように活動的で、少なくとも楽しいものだった。同時にショックでもあった。これまでも同じような夢をたくさん見てきたはずなのに、まるで何事もなかったかのように消え去るままにしてきたのだ。私はどんな冒険をして、何を忘れてきたのだろうか。どのような機会——たとえば新しいことを学んだり、現実逃避をしたりする機会——を逃してきたのだろうか。

新しいスキルを習得するのは簡単なことではない。とくにその人の世界観を変えるようなものならなおさらだ。新しい語学の習得には何年もかかる。瞑想には忍耐が必要で、ときにはじれったく思いながら練習を繰り返さなければならない。少しずつしか進歩しないものだし、まったく進歩が感じられないこともめずらしくない。ところが、夢に関していえば、夢について考える時間を一日、一、二分とるだけで、簡単に向上させることができる。寝る前に夢を覚えていようと意識したり、朝起きて夢を書き留めたりスマートフォンに吹き込んだりするだけでいい。大した手間ではないのに効果は抜群だ。しかも、人生を変えるほどの力がある。夢を意識するのは泉を掘り当てるようなものだ。そこからは空想や恐怖、潜在意識の手がかり、問題に対する創造的な解決策などさまざまなものが湧きでているが、意識しない限り、気づくことはない。

近年、専門家による研究が進み、夢を思い出したり、夢の力を系統的に利用したりする方法が明らかになってきている。しかし、人間は何千年も前から、夢について考えてきた。私たちの祖先の最初の芸術である洞窟絵画は、描き手の夢を表現したものだという説がある。夢日記はもっとも古い文学の一つの形であり、古代ギリシャ文学[4]や中世の日本文学[5]にも見られる。

私たちが生きる世界の根底には夢がある。いつの世も、地球上のどの場所でも、夢は魅惑と手引きの源だった。夢は未来の予告であり、過去の痕跡だった。神のお告げであり、自身の心の声だった。夢はすでに終わったことも、経験したことがないことも経験させてくれる。夢のなかなら体が麻痺した人も歩けるし、盲目の人も世界を見ることができる。[6]医者は診断ツールとして夢を利用する。芸術家はインスピレーションを期待する。死にゆく人は鮮やかに再現される過去の夢——意識の境界線をぼかし、現実との境目をあやふやにしてくれる夢——に安らぎを見いだす。政治家や神話の世界の英雄は、夢を見て決断を下し、夢を根拠に戦争を正当化してきた。指導者は夢を善に利用し（ガンディーは一九一九年、インドにおける市民的自由の抑圧に反対したが、そのとき国中がストライキをする夢を見たと言った）[7]、悪にも利用する（九・一一のあとの公開されたビデオテープのなかで、ウサマ・ビンラディンとその部下たちはパイロットや飛行機が出てくる夢、ビルを破壊する夢を語っていた）[8]。人口の三パーセント未満とされる決して夢を見ないという人にとっても[9]、偉大な芸術や宗教的対話、政治事件の背後にありながら見過ごされている巨大な力を持つものとして、夢を理解することには意味があるだろう。

　今の私たちの夢を軽視する姿勢は、歴史的に見て例外であるばかりではなく、現代の文化のなかでも矛盾をはらんでいる。人間が毎晩意識を失う理由が専門家のあいだで一致していなくても、人々は睡眠に関する最新の研究には強い関心を示す。電子機器の画面や忙しいスケジュールが睡眠パターンにどのような影響を与えるのか知りたいと思う。八時間以下の睡眠は心と体の健康を蝕《むしば》み、外見を劣化させる、あるいは六時間でも問題ない、人によっては三、四時間寝れば大丈夫、といった研究結果をインターネット上で目にすると、思わずクリックしてしまう。

　その一方で、私たちは時間を最大限に利用するために、フィットビット（フィットネス用ウェアラブル端末）やアプリを購入して、エクササイズ、仕事、趣味の時間を記録する。私たちはチャンスを逃すことを恐れている。それなのに、夢を無視することで、平均で五、六年分（睡眠時間全体の二〇パーセントから二五パーセントに相当する）にも値する冒険のチャンスや心の健康を改善するチャンスを逃しているのだ。睡眠は目的に対する手段として語られることが多い。日中の生産性をあげるために、記憶力を高めるために、新陳代謝をよくするために、免疫を機能させるために、云々。だが、ラバージは問いかける。「人生の三分の一は眠らなければならないとしたら（実際、そうしなければならないだろう）、あなたは夢の間もずっと眠っていたいだろうか」[10]

最近まで、夢の科学といったものは存在しなかった。実利的そして哲学的な理由から、夢の謎は魔術や宗教の領域に追いやられていた。見た夢をすべて報告することは難しいため、夢は実験の世界にはなかなかなじまない。日本の新しい装置で夢をスキャンして特定のモチーフを「読み取る」ことができるようになるかもしれないが、それでも実証できないことには変わりはない。夢への関心を追うことを選んだ科学者は、目標に向かって真面目一徹に突き進むような堅物ばかりではなかった。夢は変わった人たちのなかでもとくに風変わりな人たちを惹きつけてきた。決して解けそうもない難問にすすんで人生を賭けるような人たちである。だが、この物語のヒーローたちがときに科学の領域から外れて、夢が持つテレパシーの性質を実験しようと計画したり、夢によって予言ができると主張したり、直感と証拠を区別しなかったりしたとしても、彼らの常識にとらわれない姿勢は驚きの真実を発見する一助となったと言える。私はこの境界線がいかに曖昧であるかを理解するようになった。真っ当な科学者が奇抜な考えを受けいれることはあるし、すばらしい考えが思いもよらない場所から生まれることもある。ハーヴァード大学の心理学者ディアドラ・バレットは同僚の反対を押しきり、自身が編集する学術誌《ドリーミング》に超感覚的知覚に関する論文を掲載した。[11]「学問的研究かどうかを決めるのは、そのアプローチとデザインだと考えている。結論を求めるのは科学的とは言えない」とバレットは私に語った。

実験現場での幸運な大発見や、最近盛んな睡眠研究を背景に、夢は次第に科学の対象として認められるようになり、正当な評価を受けるようになってきている。アメリカの睡眠研究所の数は史上最高となり、一九九八年に四〇〇ほどあった研究所[12]は、現在二五〇〇以上にもなっている。[13]健康における睡眠の重要性は広く知られるようになった。世界では睡眠を助けるための薬や商品が年間五〇〇億ドル以上売れており、睡眠障害を扱う業界はますます発展すると見られている。[14]アメリカの大学のなかには、夢や夢の心理学を扱う科目やカリキュラムを用意するところが出てきている。哲学者は、精神と身体のつながりや意識の特性を理論化する際の核として夢に注目している。[15]

テクノロジーの発展もまた夢の研究の劇的な進化に一役買っている。いまでは、さまざまな属性の人の夢をこれまでにないスピードで集めることができる。二〇世紀には、被験者はたいてい白人の学生だった。しかし、ここ数年のあいだに、世界中のあらゆる年齢層の人が、「ドリームボード」や「ドリームクラウド」といったサイトに自分の夢を投稿し、研究者がそこで貴重な発見をするといったことが起こるようになってきている。

人間が夢を見る理由は、予想どおりユニークで大きな力を持つことがわかっている。夢は、感情や認知のシステムのなかで重要な役割を果たしていて、記憶したり、問題を解いたり、心の健康を保つうえで役立っている。

私たちは夢を見るとき、新しい情報を既存の知識の網に組み込んでいく。そのとき脳は最近の経験の山をふるいにかけて、長期保存のためにもっとも重要な記憶を選びだしている。新しいスキルの夢は、その習得に役立つ。新しい仕事や言語を夢のなかで練習するのは、起きているときに一生懸命練習するのと同じくらい効果があるかもしれない。

夢は、いつの世の読者も楽しませる物語をつくりだし、世界を変える科学的発見を生みだしてきた。夢のおかげでミシンがあり、化学元素の周期表がある。夢をきっかけに代表作を生みだした芸術家や作家はたくさんいる。ベートーヴェン、サルバドール・ダリ、シャーロット・ブロンテ、メアリー・シェリー、ウィリアム・スタイロンはその一例だ。

私たちは心配事に向き合い、日常生活のなかで対応できるようにするために夢を見る。夢のなかで試しておけば、現実の世界ではあわてずにすむ。リスクのない環境のなかで最悪のシナリオを試しておけば、軽くこなせるようになる。新しい迷路の夢を見た人は、実際の迷路を効率よく進める。試験について悪夢を見た生徒は、試験の夢を見なかった生徒よりいい成績をとる。トラウマの夢は、心の傷を癒やす助けとなる。逆に、うつ病などの気分障害を持つ人は、普通の夢を見ないケースが多い。夢を見るレム睡眠を奪われた心は変調をきたす傾向がある。自殺願望は、夢を見ない、あるいは夢を思い出せない状態と関連があるとされる。

夢は自分を意識するきっかけになる。心の奥底に潜んでいた不安や願望が夢を見ることで浮かびあがれば、それまで自分では認識していなかった希望や恐れに嫌でも向き合うことになるだろう。夢は心の窓となり、心の問題を認識するときに重要な役割を果たしている。

夢を思い出してそれを理解するという簡単なプロセスを怠るのは、脳からのプレゼントを包み紙を開けずに捨てるようなものだ。夢を見ているときの認知機能のなかには、たとえば記憶形成を助ける働きのように、夜普通に眠ってさえいれば、機能するものもある。自覚しようとしまいと、私たちは夢の助けを得て新しい情報を学び、新しい経験を長期記憶に同化させているのだ。

しかし、夢を無視すれば、その真価を十分に発揮させないことになる。夢に注目することで、そうしなければその夜に消えてしまういいアイデアを得られるかもしれない。時間をかけて追いかければ、緊張するような状況でも自信を持てるようになるかもしれない。

さらに一歩進んで、セラピストや医者に夢について話せば、また別の収穫があるかもしれない。夢は、なかなか探知できない心身の問題の手がかりになりうるからだ。そして、たとえば同じ考えを持つ友達同士で、あるいは夢に熱中するグループ内で、夢を共有できれば、わかりにくいメタファーや象徴について、はっきりと理解できるようになるかもしれない。夢を言語化するのも容易になるだろう。

西洋には明晰夢の長い歴史があるが、科学者がそれを研究するようになったのは最近のことだ。古くはアリストテレスやアウグスティヌスの書物のなかで言及される明晰夢だが、科学者がこの現象を研究する方法を見いだしたのは一九七〇年代になってからで、最近はそうした取り組みが実を結び、明晰夢のセラピー効果や、明晰夢を確実に見る方法が明らかにされている。

本書を執筆するなかで、私はヴァーチャル・リアリティの世界で悪夢を治療するという最新のテクノロジーを体験し、一方で、自分の頭とペンと紙があればいいという原始的な方法も試した。夢の思い出し方や悪夢を克服する方法を身につけ、夢の内容をコントロールする方法も学んだ。実際に私が試した方法と、そのなかでどれが効果があったかをお伝えしたいと思っている。こうした試みによって、たまに思い出せるくらいだった夢は、いつでもその気になれば覚えておけるようになり、覚えている夢も次第に長く、鮮明で、明晰になっていったこともあわせてお話ししたい。

本書は科学と歴史の本であり、文化からどのようにして夢が失われてしまったのか、そして、それがどのようにして再発見されたのかをつづっている。あなたが眠っているあいだの内面がいかに豊かなものであるかを知るにつれて、あなたは夢をもっと覚えておきたくなり、さらには明晰夢を経験したいと思うようになるだろう。というより、そうなることを願っている。夢の重要性を認識できたら、それだけでもっと夢を覚えておけるようになるかもしれない。自分の夢にもっと興味を持つだけでもその効果はあるだろう。もう一つの方法は、起きているときに夢について考える時間を持つことだ。その意味で、本書を読むことは効果が期待される（何人もの人が、私とこの本について話をしたあとで、普段よりも鮮明な夢を見たと言っている）。夢をはっきり思い出せるようにならなければ、明晰夢を見ることはできない。いますぐ夢日記をつけはじめれば、後述する明晰夢を見る方法について読むころには、つけていない人よりも一歩先を行っていることになるだろう。

この旅立ちは刺激にあふれている。問いかけは昔から変わらず、研究者はこの謎に包まれた領域に参入しながら、ときに祖先と同じ道を歩いていることに気づく。しかし、科学や心理学における新しい研究は、ときおり古代の神秘的な思想と危うげな関係を持ちながら、夢の意味と目的に長く切望されてきた光をあてている。

第１章　私たちは夢にどう向き合ってきたのか

一九世紀まで夢は科学の世界のものではなく、精神世界のものだった。さまざまな宗教において、夢は普通の人が別世界を体験する手段であり、預言者が神の意志を受けとる場所であった。聖書のなかでヨセフは、古代エジプト王が七頭の太った牛と七頭のやせた牛の夢を見たと聞いて、七年の豊作と七年の飢饉がくると解釈し、宮廷内で高い地位を得た。イスラム教の礼拝の告知は、ムハンマドの旧友の一人が見た夢に端を発していると言われている。ムハンマド自身も悩みがあるときには夢に慰められ、また、正しい道を歩んでいることを夢で確認した。[1] ヒンドゥー教の教えによれば、夢は未来を予言するものとなっている。[2] ただし、そのつながりは必ずしも直感的ではなく、たとえば歯の抜ける夢は死の前兆だが、首をはねられる夢は長寿を意味する。仏陀《ぶっだ》の誕生は母摩耶《まや》の夢によって告げられていた。摩耶は蓮の花をつけた白い象が自分のまわりを歩き、それからその象が子宮に入る夢を見たという。

夢は未来の窓として重視されてきた。古代の医者は、レントゲンのように病巣を写しだすものとして夢を扱い、患者の夢を聞いて診断に役立てていた。アリストテレスは紀元前四世紀にこう書いている。「症状が出る前の病や不調のはじまりは、起きているときよりも眠っているときのほうがよくわかる」[3]。古代ギリシャの医者ヒポクラテスは、夢の診断力を信じ、夢に出てきたことをそのまま体調にあてはめ、たとえば流れの速い川の夢を見た患者は、血液の量が多いとした。[4]数世紀後、医者のガレノスは、「私は夢のなかで指示された治療法で多くの人を救った」[5]と主張した。患者に症状を訊くときには必ず見た夢についてもたずね、自分が見た夢も真剣に受けとめた。医学の道を選んだのは、医術と夢の神であるアスクレピオスが夢に出てきて、自分に医者になるように言ったからだった。

このギリシャの夢の神は、熱狂的な信仰を生みだした。アスクレピオスをつくった文明が崩壊してからも数千年ものあいだ、地中海諸国に住む人々はエピダウロスにある神殿を訪れ、アバトンと呼ばれた聖域で眠り、病気の診断や治療の夢を見るように祈った。アスクレピオスの聖域で発見された遺物——テラコッタでできた手足や頭部、がんと思われる腫瘍を持った指——は、人々が信じた神の力を示している。刻まれた記録によれば、胸に痛みがあったルキウスという男がローマにあるアスクレピオスの神殿を訪ねたところ、祭壇から遺灰を集めてワインと混ぜて痛む場所に塗るように言われる夢を見たという。[6]目が見えなくなった兵士が、夢のなかで、はちみつと白い雄鶏の血を混ぜて目に塗るようにお告げを受けたという記録もある。

夢があまりにもリアルでありながら、その源泉に心当たりがなく、余韻からなかなか抜け出せないようなときには、超自然的な説明のほうが受けいれやすくなるだろう。神との対話や死者との邂逅《かいこう》の夢は、無神論者にも畏敬の念を抱かせ、信心深い人には天空の敷居をまたいだのだろうかと思わせるかもしれない。夢は人の信仰すら変える力を持つ。メソジスト派の宣教師は「私が説教するよりも、夢のなかで戒められるほうが、宗教や祈りに熱心に取り組むようになる人が多い[7]」と言った。

宗教の起源は、夢とそれを理解しようとする私たちの取り組みにあるという専門家もいる。[8]心理学者ケリー・バルクリーと神経科学者パトリック・マクナマラは、夢を見るという本質的に謎の多い体験を解きあかす手段として、宗教という枠組みが生まれたと主張する。ごく普通の夢でも、私たちはルールが異なる、あるいはそもそもルールがない別の世界に連れていかれる。そこでは人々がモンスターになることもあれば、神が個人の問題に首をつっこんでくることもある。ほとんど神話の世界といったほうがいいかもしれない。眠っていようと起きていようと、映像《ヴィジョン》は答えを探し求める人を駆りたてる。主な症状の一つに幻覚がある統合失調症患者は、一般の人よりも宗教に傾倒する傾向がある。

夢は神の概念や超自然的な主体――独自の確固たる意志を持つように見える、人間でない聡明な生き物――を生みだす力を持っている。心理学者のリチャード・シュヴァイカートとチュアンチュアン・シーは、夢を共有するサイト「ドリームバンク」に投稿された夢を分析し、一つの夢につき、「心の理論」〔他人の考えや感情を理解し、行動を予測する能力〕が機能している箇所が平均で九つ出てくることを明らかにした。いずれにおいても夢を見る人は夢の登場人物に、独立した主体、すなわち感情を与えている[9]（「吸血鬼はリーダーの吸血鬼を恐れる」、生ける屍はそこから「出たがっている」、車いすで机にのぼったら「誰かが驚いた」）。人々が夢のなかで、自分が創造した人物に動機や感情を与えるのは、神や精霊の意志を推測する行為に通じるものがある。

バルクリーとマクナマラは、夢の意味を考える作業と、宗教的な文章の解釈には類似点があるとする。「夢を読み解こうとするときには、その日一日、夢の出来事と心像について、何回も考えることになる」とマクナマラは雑誌《イーオン》に記す。[10]「結局のところ、一度考えただけで夢を理解するのは不可能だ……同じことは、聖書を読むときにも、宗教的な話を聞くときにも、（もしあなたが信心深ければ）自分の宗教的な体験を解釈しようとするときにも言えるだろう」。鮮明な夢から目覚めたときには、宗教の本を閉じたときと同じように、そこから解釈がはじまる。どちらも額面どおりに受けとるわけにはいかない。とりあえず鮮明な記憶を楽しみ、あとからもう一度考える。文章でも夢でもふたたび検討し、意味を考え、「終わりのない解釈の繰り返し」に突入し、やがて「新しい意味」や「新しい儀式の手順」にたどり着く。

レム睡眠のあいだに起こる神経化学的な変化により、脳は異常な映像を生みだすだけではなく、それを信じるようになる。まず快楽と報酬に結びつく神経伝達物質のドーパミンと、記憶の形成に関係するアセチルコリンが放出される。脳のなかで情動にかかわる部位――扁桃核や大脳辺縁系全体――の活動が活発になる。同時に、主に合理的な思考と判断をつかさどる背外側《はいがいそく》前頭前野が稼働しなくなり、セルフコントロールを促すセロトニンとノルエピネフリンが減少する。こうして、激しい感情を大げさに描くためのカンバスができあがる。感情を生み出す脳の部位が活動し、それを抑制する部位は静かになるのである。マクナマラは言う。「宗教的なものがよく夢に出てくるのはなぜだろうと長年疑問に思われてきた。夢には超自然的な主体を生みだす認知機能がもともと備わっているのだ」

懐疑論が出てきた時代でさえ、夢の源には超自然現象があると広く思われていた。啓蒙思想が広まった時代であっても、合理的な考え方をする西洋人が依然として夢に指針や将来の展望を求めた。歴史家のアンドルー・バースタインは著書『リンカーンは死ぬ夢を見た――アメリカの偉人たちの夢、植民地時代からフロイトの時代まで（*Lincoln Dreamt He Died: The Midnight Visions of Remarkable Americans from Colonial Times to Freud*）』のなかでこう述べる。[11]「植民地時代のアメリカには、すぐに良くなると称して薬を売ったり、まがい物を押しつけたりする商売人が大勢いたが、夢を解釈する人も負けないほどいた」。「色が白、紫、ピンク、緑の夢はいい夢で、茶色か黒は不吉な夢」などと、ばかげた解釈を記した指南書が出版され、新聞は夢に注意を払わない愚か者の話を載せた。ニューハンプシャー州の《フリーマンズ・オラクル》紙は、船乗りの夫の死体が海に漂う夢を見た若い妻が、船長と甲板で食事をしないように懇願したにもかかわらず、夫はこの忠告を無視し、おぼれ死んだという話を伝えた。

夢に関心を寄せるのは、無教養な人や迷信を信じる人たちだけではなかった。一八世紀、イェール大学の学長エズラ・スタイルズは、知り合いの見た夢が本当に起きたという話を学術誌に綿々とつづっている。ジョン・アダムズ大統領と医学者ベンジャミン・ラッシュは互いに見た夢を語り、どちらがいい夢か競っている。アダムズはとくに、動物園のライオンや象や狼などの動物たちを前に「独立した動物王国」をつくるべきだと説く夢が気に入っていた。

一九世紀の急激な技術の進歩も、西洋人の超自然現象への関心を高めただけだった。それまでなら考えられない距離を移動したり、遠方と連絡をとりあえるようになったりしたことに畏敬の念を抱いた人々は、鉄道や電報に比べて、霊媒や幽霊は現実離れしていると言えるだろうかと考えた。一八八〇年代にはイギリスの高名な学者が集まって、心霊研究協会が創設された。協会は、超常現象が存在することを示すために、テレパシーの話や幽霊の目撃談を集めて、千ページにまとめた。五〇〇〇人以上にアンケートを送り、人が死ぬ夢を見たあとに実際に人が死んだことがある人の体験談を募集したところ、続々と寄せられ、単なる偶然というには多すぎると結論づけられた。

新聞は、まるで国の未来を決める鍵がそこにあるかのように、読者の政治に関する夢を載せた。ジョセフ・ピュリッツァーの《ニューヨーク・ワールド》紙は、「最高の夢」を決めるコンテストを行ない、数十万人の読者から夢を募集した。ナサニエル・ホーソーンの息子ジュリアン・ホーソーンが審査し、チャンピオンに輝いたのは、J・E・J・バッキーと名乗ったメリーランド州の元大学教授だった。ある夜、夢のなかでバッキーは見知らぬ男を撃ち、首から血を噴き出している男のそばに立ちつくした。翌日、夢の内容に動揺しながら職場に向かうと、夢に出てきた男の姿が目に入った。すると向こうもバッキーのことがわかったようだった。撃たないでくれと懇願したのである。バッキーは瞬時に理解した。「われわれは同じ夢を見たのだ」と。

一八五〇年代、フランスの医者ルイ・アルフレッド・モーリーは、科学者としてはじめて夢の実証研究に乗り出した[12]。自分を実験台に、外的な環境をいろいろ変えてみて夢に影響するかどうか調べようとしたのである。助手に羽根で鼻をくすぐってもらったときには、顔からマスクをはがされる夢を見た。額に水滴を落としてもらったときには、汗をかきながらワインを飲む夢を見た。やがて大胆な結論に達した。夢は神がもたらすものではなく、環境がもたらすものである、と。

さらに一世紀後には、問題解決における夢の役割が認識されるようになるが、一八九二年に、発生生物学者のチャールズ・チャイルドは、二〇〇人の学生に実生活での問題を解決するのに夢で見たことが役立ったことはあるか訊いた[13]。約四〇パーセントの学生があると答えた。夢のおかげで代数の問題が解けたという者もいた。ある者は、中等学校のとき、夢が宿題を助けてくれて、翌朝にはウェルギリウスの詩を完璧に訳せたという。

世紀が変わるころ、ジークムント・フロイトが夢の地位を向上させ、夢ははじめて学問として認められるようになった。フロイトは夢を精神分析学のなかの新しい分野の中心に据え、「無意識下の心の活動を知るための王道」として絶賛した。そして「精神分析学は夢分析の上に成りたっている」と断言した。

『夢判断』のなかでフロイトは、夢を分析すれば患者の隠れた願望や無意識を明らかにすることができ、精神分析医はそれをもとに神経症を治療できるとした。[14] 夢は自身の心から湧きあがるものなので、夢に出てくるもの――見知らぬ人、恋人、無生物――はどんなものでも、その人自身の何らかの側面を象徴している。

フロイトの大胆な主張の一つに、夢は願望の充足であるというものがある。夢は意識している欲望だけではなく、自分でも気づいていない欲望を満たしているというのだ。欲望には、子ども時代に戻って精神的に離れてしまった親の愛に包まれたいといった深いものから、夜中の空腹感を満たしたいといった単純なものまでいろいろある。フロイトの娘アンナは一歳七カ月のある日、イチゴを食べすぎて吐いてしまい、その日はイチゴを食べさせてもらえなかった。その夜、フロイトは娘の寝言を聞いた。「アンナ・フロイト、イチゴ、ブルーベリー、オムレツ、パンがゆ!」どうやら夢のなかでお腹を満たしていたようだ。

通常、願望が表立って表現されることは少ない。フロイトは、夢のぼんやりとした性質が保護膜になってくれるから、私たちは夢の核心にある問題に悩まされることなく眠っていられるのだという。ちょうど直射日光から目をまもるサングラスのように、対処できない問題とのあいだに壁を作ってくれているのだ。フロイトは夢の「顕在内容」(覚えている夢)と「潜在内容」(抑圧された願望)を区別した。日中は「検閲」と呼ばれる機能が心を見張り、社会的に受け入れられないことや危険な思想は寄せつけないようにしているが、寝ているときにはこの検閲が機能しないのではないか、だから、不適切な考えが意識の領域に忍びこんでくるのではないか、とフロイトは考えた。

潜在内容は夢のなかで完全に姿を変えているものもあれば、子どもの夢のようにわかりやすいものもある。曖昧な思考はフロイトのいう「夢の作業」を通じて、とらえやすい顕在内容にすることができる。「圧縮」「移動」「表現可能性への顧慮」「第二次加工」という夢の形成過程を逆にたどれば、精神分析医は夢を紐とき、問題の核心を明らかにできる。

圧縮を通じて、その人の人生のさまざまな要素は混じりあい、時空の法則はなきものとなる。体はある人で名前は別の人という人物が出てくるかもしれないし、説明のつかない状況に置かれるかもしれない。小学校の友達が職場にいるかもしれないし、親から説教される代わりに、有名人に怒られるかもしれない。こうした特徴があるから、私たちは夢にとまどう。ミラン・クンデラは『ほんとうの私』のなかでこう思索する。[15]「夢は同じひとつの人生のさまざまな時期を平等にしてしまうけど、そんなことはとうてい受け入れられない。それに、人間がかつて生きた一切のものをむりやり均質にして、同じ時代のものにしてしまうし、現在に特権的な立場を認めることを拒んで、現在の価値をさげてしまう」

移動の過程では、重要なものと無意味なものが融合する。つまらないことが話の中心になるかもしれないし、核心がどうでもいい些細なことになるかもしれない。表現可能性への顧慮では、思考が像となり、目に見えるシンボルとなる。フロイトはこの過程を詩作になぞらえる。詩人が感情や考えから詩をつくるように、夢を見る人は潜在的な夢の思考から像をつくりだすのである。最後の過程の第二次加工では、無秩序なものを秩序あるものにしたいという人間に生来備わった資質が勝ち、「夢の構造中の隙間を、ぼろや屑で埋めふさ」ぎ、まるで脈絡のない要素をつないである程度一貫性のあるストーリーにしてしまう。

フロイトによれば、夢に出てくるもののうち、驚くほど多くのものがセックスか生殖器に関係している。男性器をあらわすとされているのは、「長く伸びるすべてのもの」で、傘（傘を開く行為は「広がることが勃起にたとえられるから」）、ナイフ、銃、ハンマー、武器、工具、女性用の帽子、ネクタイ（男性の身体にぶら下がっているから）、「複雑な機械や装置すべて」などだ。女性と子宮を示すのは、中が空洞になっている物体で、箱、タンス、戸棚、船、部屋（入り口があるから）、テーブル（「出っ張ったところがないから」）などがあげられている。梯子や階段をのぼったり下りたりするのはセックスを意味する。子どもは生殖器を象徴する。「男性も女性も、生殖器を愛しげに〝息子〟や〝娘〟と呼んだりするからだ」。さらには、子どもと遊ぶことは自慰の象徴だという。フロイトは、ある患者がピンク色を「カーネーション（carnations）」と結びつけたことに対して、それは彼女の肉欲（carnal）をあらわしていると診断した。

この新しい夢の理論に影響を受けたのが、フロイトの患者の一人だったロシア人貴族のセルゲイ・パンケイエフである。フロイトはこの患者を「狼男」と呼んだ。なかなか成果の上がらない分析治療を経て、フロイトはパンケイエフのうつ病の原因は、ある悪夢を思い出さなかったら本人も忘れていたと思われる子ども時代のトラウマにあるかもしれないと考えた。四歳ころに見た夢のなかで、パンケイエフは自分のベッドのなかから、窓の外の木の枝にすわっている白い狼の群れを、おびえながら見ていた。フロイトは狼が動いていないことに注目し、家のなかで繰りひろげられる暴力や騒動を目にしていたパンケイエフが静けさを求めていると診断した。さらにフロイトは創造力を発揮して、狼男は両親がセックスをしているところを目撃したことがあると推測した。

『夢判断』は一九〇〇年に出版されたが当初はほとんど売れず、六年間で数百部しか売れなかった。しかし、それから数年かけて売り上げは徐々に伸びていき、それに伴って精神分析の世界ではじめて夢に焦点を当てたフロイトの手法も注目されるようになっていった。早い段階でフロイトを信奉したのが、スイスの前途有望な精神科医カール・ユングだった。ユングは個人的にも夢を重視し、大きな決断を下すときには夢を利用していた。科学に興味はあったが、同じくらい歴史と哲学にもひかれていたユングは、学校を卒業するにあたって進路を決め切れずにいた。しかし、そのころ見た二つの夢が進むべき道を教えてくれた。一つ目は、ライン川に沿って歩いている夢だった。やがて盛りあがった墓に行き当たり、掘りかえしてみると、先史時代の骨が大量に出てきて大興奮するというものだった。二つ目の夢のなかでは、暗い森のなかで偶然きれいなプールを見つけた。水をのぞきこむと、きらめく水生動物が見えた。ユングはこれらの夢から覚めたとき、知識を求める強い欲求を自覚した。夢は自分の自然界に対する情熱を教えてくれた。ユングは納得して、大学で科学と医学を学ぶことにした。

ユングは一九〇六年、フロイトを絶賛する手紙を本人に送り、それをきっかけに二人は手紙のやりとりをするようになった。翌年には直接会い、一三時間近くも語り合った。フロイトは導くにふさわしい弟子をついに見つけたと思った。「私がモーゼなら、君はヨシュアで、精神医学における約束の地を手にするだろう」と、フロイトは一九〇九年にユングに宛てた手紙に記している。ユングのことを「長男」と呼び、自分の「後継者であり皇太子である」とした。[16]

しかし、二人のあいだには亀裂が生じる。フロイトは若い弟子に脅威を感じ、弟子の超自然現象への関心を是認できず、ユングのほうはフロイトの恩着せがましい態度に嫌気がさすようになった。もっとも激しく言い争ったのは、無意識下における性的欲望の役割についてだった（この論争が発展し、二人は一九一三年に決別する）。ユングは、フロイトが潜在意識を基本的な欲望の繁殖場としてしか見ていないことに異議を唱え、夢の解釈においても、精神分析全般においてもセックスにこだわりすぎていると批判した。夢が抑圧された願望を明らかにすることについては同意したが、それは性的な願望に限らないとしたのである。「夢は主観的な状態をありのままに描いてくれるが、意識はその状態が存在することを否定するか、せいぜいしぶしぶ認める程度にとどまる」と、ユングは『魂を探す現代人（*Modern Man in Search of a Soul*）』のなかで述べている。「夢は人の内面にある秘密について情報を提供し、その人の性格の隠れた要素を明らかにする。明らかにされないうちは、そうした要素は目覚めているときのその人を困らせる原因となり、症状という形でのみ表面化する」

ユングは個人の無意識は「深層にあり、それは個人の経験に由来するものでも、個別に習得するものでもなく、生まれつき備わったものである」としている。[17]「集合的無意識」は、全人類が共有する基本的な精神構造であり、記憶や歴史が生まれる前の時代にさかのぼる普遍的な象徴や本能から成りたっている。そこには「老賢人」や「太母」といった元型があり、それらは「いつの時代にも、どのような人たちのあいだでも見られ」、神話、芸術、宗教的儀式、幻覚、夢にあらわれる。魂は、補完しあう二つの元型からなる。女性の男性的性質をあらわす「アニムス」と男性の女性的性質をあらわす「アニマ」である。「影」という元型には、人間の暗い動物的な側面が含まれる。もっとも重要な元型は「自己」である。意識と無意識が統合されたもので、その人のさまざまな要素をあらわす。体が適切な体温を自ら維持しようとするように、精神も意識と無意識のあいだでバランスをとろうとする。ユングによれば、男性は女性に接するときには自身のアニマを受けいれなければならないし、女性は圧倒されない程度に（強すぎる競争心を発揮したり、家庭の外の生活に過大な関心を持ったりせずに）自分のアニムスを作動させなければならない。影の側面は排除せずに統合されなければならない。

　ユングは、人は夢を見ることで、あまり重視しなかったり無視したりしてきた精神の側面を理解すると主張する。患者の若い男は、父親が車をめちゃくちゃに運転する夢を見た[18]。右に左に揺れながら車を走らせ、最後には壁に激突する。驚いた男は父を非難するが、父は笑うばかり。どうやら酒を飲んでいるらしい。実生活では、息子は父を尊敬していた。父は責任感が強く、成功した人間で、そんな危ないことをするはずがなかった。夢のなかの父は、なぜ現実とかけ離れた人間として登場したのだろうか。会話をすすめるなかで、ユングは若者が父親の承認に依存していることに気づいた。父親の意見を気にするあまり、本人の成長が妨げられていたのである。若者は夢のなかで自分を優位に立たせて父の権威を傷つけることで、無意識の埋め合わせをしているとユングは結論づけた。若者はこの解釈に納得し、父の意見には左右されないようにすると決意した。

二〇世紀初頭には、西洋人が夢に興味を持つきっかけとなる別の流れもあった。当時、人類学者と民族学者は先住民の文化に熱い視線を向けていた。一九二〇年代には、アメリカ先住民の絵画や工芸品がブームになり[19]、知識人らはニューヨークのサロンで幻覚剤を試すようになった。また先住民の夢をあがめる姿勢にも注目した。

多くの先住民文化では、夢はこの世界と別の世界――魂や祖先と通じあえる神聖な場所――をつなぐかけ橋として扱われる。強い動物の夢は、その動物の狩りが成功する証だと解釈されたかもしれない。「イロコイ族は、厳密にいえば、単一の神を信仰している。それは夢だ」とイエズス会宣教師ジャック・フレミンは一六六九年に書き残している[20]。「彼らは夢に恭順な姿勢で向き合い、そのすべての指示に従う」（宣教師は先住民の信仰システムを完璧に理解していたわけではなかっただろうが、その報告は西洋人を魅了した）。フレミンは、水浴びする夢を見たイロコイ族の男を語る。「男は目が覚めると、すぐにまわりの小屋を走ってまわり、やかんの水をかけてくれと頼んだ。凍えるほどの寒さだったにもかかわらず」。別の者は、五〇〇マイル離れたケベックまではるばる出かけたという。そこで犬を買う夢を見たからである。彼らは夢のとおりにしなければならないと思っていた。それがたとえ悪夢であっても。ある宣教師は、ヒューロン族の男が、指が切断される夢を見たといって、自分の指を切り落とすところを目撃した[21]。

ジャン・デ・ブレバフは生涯をかけてヒューロン族にキリスト教を布教しようとした人物だが、彼もまた夢に敬意を払う彼らの姿勢について記している。「彼らの夢を信じる思いの強さはすべての信仰を凌駕する」[22]。ブレバフが理解したところによれば、ヒューロン族は夢のなかの指令を逃さないように気をつけている。それがどんなにまとまりがなくても、どんなに細かくてもだ。ある者がごちそうを用意する夢を見たときには、夜中にブレバフを訪ねて、やかんを貸してほしいと頼んだ。病人が、ラクロスをやれば病気の原因となっている悪霊を追いはらうことができる、という夢を見れば、「その病人が重要人物でなくても、村対抗でラクロスの試合が行なわれるだろう」ということだった。

その三〇〇年後、人類学者のジャクソン・スチュワード・リンカーンが先住民の調査に乗り出したとき、彼らの夢への信仰には変わりがないことがわかった[23]。リンカーンが会ったナバホ族の一人は、死人と握手する夢は死が近いことを意味すると教えてくれた（複雑な儀式と幸運があれば、夢で予告された死は避けられるかもしれないという）。クロウ族は夢がその人の人生を決めると信じていた。いい夢を見れば成功する、成功しないのはいい夢を見ないからということだった。クロウ族は、何よりも大切ないい夢を見るために行動する。山に一人でこもったり、あおむけになったバッファローを引いたり、犠牲として指を切り落としたりする。

よく知られている成人儀礼では、青年は眠らずに一人で荒野に入り、断食しながら祈りをささげる。そして、秘密の知識と超自然的な力を授けるとされる動物の夢を見るまで一人で過ごす（数夜におよぶこともめずらしくない）。「儀式では、心も体も極限に追いこまれるような状態に子どもを置く。人々から隔離され、食糧と水を奪われ、自然に身をさらし、野生動物に襲われるかもしれない無防備な状態である[24]」。ケリー・バルクリーは『世界の宗教と夢（*Dreaming in the World's Religions*）』にそう書き、「現代のアメリカの法制度に照らしてみれば、こうした儀式は児童虐待にあたるだろう」と述べている。しかし、アメリカ先住民のルールによれば、そうはならない。成人儀礼は名誉であり、神聖な宗教体験の機会なのである。そこには精神的な価値だけではなく、社会的な価値もある。危険な通過儀礼をくぐり抜ければ、その部族のなかで一人前として認められるからだ。

「夢は実際の体験であり、現実と区別できるものではない……だが、非常に重要な点で異なるものである」[25]。一九七〇年代にパプアニューギニアのメケオ族のなかで暮らした人類学者ミシェル・スティーヴンは、彼らの夢に対する姿勢をこうまとめる。メケオ族にとって、夢は眠りについている体から解放された魂の活動なのだ。「ふだんは潜んでいる知識や力を利用し」、未来の手がかりを得たり、隠れた願望や部族のほかの人間の意向を知ったりすることができる。妖術師は、亡くなった身内と夢のなかで話をしたいと思えば、その人の体の一部――この目的のために埋葬前に指の骨、爪、髪を取っておくことが多い――を持ち、呪文を唱える。野生動物と闘ってけがをする夢を見た人は、何週間も外に出ない。八〇マイル離れたところにある学校に赴いた意欲溢れる教師は、火事と悪霊に囲まれる夢を見た。これを、目標のために家族と離れた自分を神が罰しようとしている証だと理解した彼は、すぐに学校をやめて家族のもとに戻った。夢は社会的階層にとらわれない。老いも若きも、男も女も誰もが予言の夢を見ることができ、それはすぐに集団行動に移される。たとえば、誰かが釣り針を使って魚を捕まえる夢を見たときには、村中の人間が結束して間近にせまる悪霊に対峙する。メケオ族の一人は言った。「村はすべて夢によって運営されている」

一九八〇年代と一九九〇年代にオーストラリアの西部砂漠地帯で先住民族と生活をともにしたカナダの人類学者シルヴィ・ポアリエもまた、夢と日々の生活が密接に絡み合っていることに驚いた。[26]「人々はよく夢を共有していた。午前のお茶のときに友人や親戚で集まって火を囲んで夢の話をしていた」。一九七〇年代から一九八〇年代にメキシコ北西部のララムリ族と生活したある研究者によれば、男同士の朝の挨拶として「昨日の夜はどんな夢を見た？」というのは、「何回セックスをした？」というのと同じくらい一般的だそうだ。[27]夢の話は朝に限らない。ララムリ族は八時間続けて眠らず、数時間ごとに起きるので、夜のあいだ何度も夢を語る機会を持つことになる。

人類学者や民族誌学者と同じように二〇世紀半ばの心理学者も、扱いやすい単位になるまで世界を分類して分析しようとした。夢は隠れた感情をあらわにするという考えを支持し、実証研究に取り組んだフロイト後の研究者の一人が心理学者のカルヴィン・ホールだった。ホールは当時、社会科学で流行っていた新しい手法である内容分析によってそれを証明しようとした。

一九四〇年、ホールと同僚のロバート・ヴァン・デ・キャッスルは、ケース・ウエスタン・リザーヴ大学の学生から夢を収集しはじめた。[28]十分な量が集まると、彼らはテーマを探し、標準的なものをまとめた。一つひとつの夢を物語のように読み、行動や型を記録し、夢のなかのやりとりを失敗、成功、攻撃に分類した。友人、家族、見知らぬ人、動物の数を数え、登場人物の男女比を計算した。夢を見る学生が積極的に働きかける性格なのか、受け身なのか考慮した。食事やセックスといった活動を集計した。

二人の分析は驚きの結果を示した。夢は潜在的な願望を充足するというフロイトの説に反して、報告された夢はネガティブなものがあまりにも多かったのである。攻撃的な夢と友好的な夢の割合は二対一だった[29]。男性の半分、女性の三分の一は身体的な攻撃を受ける夢を見ていた。三分の二以上はネガティブな感情に支配され、なかでも恐怖、無力感、不安が多かった。男女間のちがいもはっきりしており、なかにはそれほど意外ではないものもあった。セックスが出てくる夢は、男性は女性の四倍だった[30]。男性の夢には男性が出てくることが多い（登場人物の男女比は二対一）が、女性の夢では半々だった。

二人はフロイトの説の一部を否定したが、ある部分については認めた。夢は心のなかのドラマや葛藤の窓になりえるという点だ。夢といっしょにその人の姿勢や性格を分析したところ、一貫性があることがわかったからである。普段怒りっぽい人は夢のなかでも人を敵にまわし、非力だと感じている人は夢のなかでも苦しい思いをしていることが多かった。夢のなかでポジティブな交流をしている人は、性格分析では自信や社会支配性の面で高いスコアを示し、夢のなかで欲求不満だったり、心配事が出てきたりする人は、精神的な問題や攻撃性を示す結果となった。どれも当たり前のように聞こえるかもしれないが、夢のデータベースは、それがなければ認識されなかった、意味ある例外を明らかにするきっかけになったといえる。標準的な夢から逸脱していれば、その人は何を考えているのか、どのように他者と関わっているのか、自分の居場所をどのように見ているのかと考えるのは、その内面を理解する手がかりになるだろう。

たとえば、見知らぬ人ばかり出てくる夢は、社会的な疎外感のあらわれである。友人が出てくる率が低ければ、精神疾患を抱えているかもしれない。ある研究によれば、統合失調症患者の夢に出てくる人のうち友人が占める割合はわずか一八パーセントで、うつ病患者の場合は二二パーセントだという。[31]「彼らが置かれた社会的な状況を考えれば、不思議はない」と精神科医のミルトン・クレイマーは言う。[32]統合失調症患者は見知らぬ人の夢を見るが、彼らは「人と接触する機会が少なくなった世界に生きている。患者が日中に会話する人間の数を数えてみれば、普通の人よりも少なくなるはずだ」。うつ病患者で「家族に問題の発端がある人」の場合は、家族構成がいびつだったり、出てくる家族が偏っていたりする夢を見るかもしれない。この場合の家族は本当の家族ではなく、息子や娘や兄弟といった家族の役割を反映した人物となる可能性もある。

ホールとヴァン・デ・キャッスルが定量的なシステムをつくってくれたおかげで、心理学者は、フロイトに対する姿勢とは無関係に、さまざまな人々の夢を比較できるようになった。その結果、うつ病や飲酒問題、摂食障害を抱えている人の夢がどのように変化するかわかるようになった。患者の夢を追えば、危険な状態を見極められるかもしれない。

フロイトが亡くなってからの数十年のあいだに、精神科医からフロイトの説に疑問を呈する声が上がるようになり、フロイトの理論がつねに新しい研究の基盤になるわけではないことが明らかになっていった。[33]一時期はフロイトの弟子だったユングの説も同様だった。ユングの理論は経験的に検証できない。集合的無意識の存在は立証も反証もできないが、人間の夢に共通して出てくるものや象徴的なものは、成長して、体がつくられ、社会的集団に参加することを学ぶという人類共通の経験から生まれると考えるほうが自然だろう。不快な夢のほうが多いというホールとヴァン・デ・キャッスルの発見は、願望の充足というフロイトの理論に疑問を投げかける。さらにアンナ・フロイトや狼男といった幼い子どもの夢は、フロイトの理論のなかで重要な位置を占めているが、その後の研究では、子どもの夢はほとんどの場合、願望（隠れたものであってもそうでなくても）を反映できるほど複雑な体《てい》を成していないとされている。

一九六〇年代、ワイオミング大学の心理学者デイヴィッド・フォークスは、九歳くらいまでの子どもは夢を覚えていないという説を提唱した。[34] 三歳から五歳までの子どもは、レム睡眠から起きたときでも覚えていられるのは四分の一以下で、覚えている夢も単純で動きのない場面が多いという。これは――この発見に限らないが――独創的な研究によってではなく、偶然発見された。フォークスが当初調べたかったのは、夢のなかで子どもが得る感情を操作できるかどうかということだった。そこで子どもたちを実験室に呼び、夜寝る前に、一八世紀のアメリカ開拓時代を舞台にしたテレビ番組「西部の王者ダニエル・ブーン」から暴力的なシーンのあるエピソードとそうではないエピソードを見せた。結果はとくに注目すべきものではなかった。子どもたちの夢は、ブーンが皮を剝ぐぞと脅された回を見ても、裕福な採鉱業者のために一肌脱いだ回を見ても変わらなかったのである。だが、この実験がきっかけになって、さらに効果的な調査方法が生まれた。「時間がかかったが、やっと気づいた。自分はなんてまぬけだろうと思った。ばかげた映像が子供の夢に与える影響など二の次、三の次だ。それ以前に子供の夢のいちばん基本的な性格すらわかっていなかった――子供の夢を客観的に記述する研究はまだ誰も試みていなかったのだ」と、フォークスはのちにジャーナリストに語っている。[35] そこに気づいたフォークスは自分で研究に乗り出した。地元紙に広告を出し、三歳から一〇歳までの三〇人の子どもの親を説得し、自分の睡眠研究所で九夜過ごしてもらった。

フォークスはレム睡眠のサイクルにそって一晩に三回子どもを起こし、何の夢を見ていたか訊いた。いちばん小さな子ども（三歳と四歳）にレム睡眠から目覚めたときに夢を訊いて、答えが返ってきたのはわずか一五パーセントほどで、しかも大人が語るような複雑なストーリーには程遠く断片的なものばかりだった。[36] 日常生活から抜き出した一シーンを思わせる夢で、そこには寝ることや食べることといった基本的な活動が描かれていた。簡潔で感情をともなわず、社会的な交流が含まれている夢はめったになかった。人間よりも動物――鳥や子牛、おとぎ話や絵本にでてくる動物――の登場回数のほうが多かった。[37] 興味深かったのは、夢のなかにおける子ども自身の役割だった。子どもたちは受け身の観察者で、話の展開をただ眺めているだけで、指示することもそこに参加することもなかった。実験に参加した男の子の一人、四歳のディーンはお風呂で寝ている夢と、自動販売機の横で寝ている夢を見た。

五歳と六歳になると、夢を思い出せる割合は三〇パーセントに上昇し、夢の内容も長く、複雑になっていった。学校にあがった子どもたちの夢には、動物や食べ物の代わりに、自分のまわりにいる人々が出てくるようになった。ディーンも六歳のときには、友達のフレディと湖畔の小屋でゲームをしたり、クラスメートのジョニーと校庭でかけっこをしたり、自宅でレゴを使って橋をつくったりする夢を見た。[38] 夢のなかで主役として能動的に活動するようになるのは、七歳か八歳ごろだった。同時にこのころになると、夢のなかで感じたことも報告されるようになる。ただし、大人の夢の特徴である恐怖や敵対心といった感情はまだ出てこない。ディーンは八歳のときに、友達五人といっしょに種を植える夢を見た。種は芽を出し、一本の木に成長し、火を防いだ。ディーンはもっと植えようと思ったという。別の夢のなかでは、公園にたくさんの風船があって、その紐を手にとったら、ふわふわと空に浮かんでいったという。

思い出せる量が増え、話が複雑になり、動物があまり出てこなくなるという傾向は、子どもの成長とともに続いた。ディーンの妹のエミリーは一二歳のとき、レム睡眠から起きて八六パーセントの割合で夢を思い出すことができ、しかも内容は複雑でよくあるものになっていた。たとえば、テレビドラマ「奥さまは魔女」のなかにいて、ドラマの登場人物と自分の家族が会話しているところを見ているという夢を見た。また、別の夢では、自分の髪の毛を飲みこみ、口から引っ張りだすところを父に見せていた。

パンケイエフの狼の夢も疑問視されはじめた(最近の研究では、子どもが複雑な夢を覚えている可能性が示されているが、フォークスの説に反論を唱える者は長年あらわれなかった)。一九六〇年代、ニューヨーク精神分析協会に所属するメンバーが、二年かけてフロイトの夢に関する理論を再検討し、精神分析においてもはや夢分析は必要ない、という結論に達した。[39] フロイト以後の世代の研究者は、すでにもっと高度な治療方法を開発していた。いまでは、日々の活動や起きているときに思い浮かぶことを聞いて、神経症の診断ができるようになっている。

フォークスから時を経ずして、神経科学者アラン・ホブソンもフロイトの遺産に疑問を投げかけた。[40] とはいえ、ホブソンの場合、最初からフロイトを批判していたわけではなかった。学部生のときには精神分析学に夢中になってフロイトの著作をむさぼるように読み、英語の卒業論文ではフロイトとドストエフスキーについて書いたほどだった。しかし、ハーヴァード大学医学大学院——精神医学を専攻し、臨床医学者としてキャリアを積むつもりだった——に入学してまもなく、フロイトを信奉する気持ちは失われた。フロイトの理論は脳生物学で学んだ内容と一致しなかったし、ハーヴァードの科学部門における経験主義に染まるにつれ、データより直感を重視する場当たり的なフロイトの方法論に耐えられなくなったのである。また、自分が接するすべての人——学生までも——を分析しようとする精神分析学の教師の「傲慢な」姿勢にも嫌気がさした。[41] その一方で、睡眠の重要性については新しい認識を得た。休みなく勉学に取り組む忙しい医学生として、彼は気づくと単純なミスをしていることが増えた。慢性的な睡眠不足のせいだと思った。そして、短時間しか眠らない人にはよくあるように、夢は鮮明になっていった。

一九七〇年代に、ホブソンと、同じく精神医学者のロバート・マッカーリーは、夢について新しい説を発表した。[42] 夢は自然に起こる神経プロセスに対する反応にすぎないというものである。二人は猫を実験台にして、当時、レム睡眠を発生させると考えられていた脳幹に微小電極を埋めこみ、一日を通して神経細胞がどのように発火するか観察した。起きているあいだは、猫の脳内には意思決定と学習の際に重要な働きをするセロトニンと、集中力を維持するのを助けるノルエピネフリンがあふれていた。しかし、眠りにつき、レム睡眠に入ると、脳はこれらを放出するのをやめ、代わりに感情や視覚心像にかかわる神経伝達物質であるアセチルコリンを分泌する。神経伝達物質のバランスが変わることで、脳幹にある橋《きょう》から前脳へ送られるシグナルには混乱が生じる。

ホブソンとマッカーリーは、夢は、脳がこうした普段とは異なる組み合わせに対応するストーリーを考え出そうとして生まれる副産物なのではないかと推測した。この考えによれば、夢の内容を決めるのは、抑圧された記憶や深層にある欲望ではなく、脳の生理的な状態ということになる。たとえば、ナイフを持った鬼に追いかけられる夢を見るかもしれないが、それは去勢不安によるものではなく、恐怖をつかさどる中枢がたまたま作動したからということになる。「前脳は、脳幹から送られてくるノイズだらけのシグナルから、それに沿おうとしながらも、とても成功したとはいえない夢の像を作りだすのだろう」と二人はいう。そして私たちがほとんどの夢を忘れてしまうのは、彼らのこの活性化合成仮説によれば、じっくり考えるのがタブーだからではなく、記憶を形成するのに必要な化学物質がなくなってしまうからだという。

ホブソンは反フロイトの立場を、インタビューや講演会のなかで鮮明にしていった。ボストンには、自分の理論を表現したドリームステージという展示物までつくった。ガラスのブース内で志願者に寝てもらい、機械がその人の脳波や目の動きを青や緑の光に変換して、壁に映し出すというものである。志願者には、ブースに入ったらすぐに眠れるように、事前に寝ないようにお願いした。そのせいで疲れはてて、ホブソンが脳波計を使って洗脳しようとしていると言いだす参加者が出てくるなど、予想外のことも起きた。[43] それでも、ホブソンはこの展示を各地で行ない、約三万人に夢は生理的な副産物であると説いた。

ホブソンがフロイトの夢理論を否定しているあいだに、象徴にも無意識にも頼らない新たな精神療法が生まれていた。従来の精神分析は長期間にわたり、費用もかかったが、新しい認知行動療法は、期間は限定的で結果が重視され、科学的研究に基づいたものだった。伝統的な精神科医は患者と何年も向き合い、子ども時代の傷を探り、夢を分析して潜在意識を果てしなく掘りかえそうとするが、認知行動療法では現在に集中する。目指すところはあくまでも、患者が不健康な習慣を捨て、健康的な習慣を身につけることで、うつ病や神経症を克服できるよう手助けすることだ。さらに、安価でよく効く抗うつ剤や精神治療薬が出てきたため、談話療法は必ずしも必要とされなくなった。

一九八〇年代までには、かつては崇められたフロイトの理論は疑似科学として否定されるようになった[44]。フェミニストは、ペニスにこだわる理論と彼自身の女性に対する行ないを理由にフロイトを攻撃した。科学者として見てもらいたい心理学者の多くは、この議論に参加して自分の業績を汚したくないと考えた。「精神分析の分野が分裂したとき、夢は隅のほうに追いやられた」と心理学者メグ・ジェイは言う。フロイトの理論や無意識は、精神医学のバイブルである『精神疾患の診断・統計マニュアル』からも除外された。夢の研究に対する国の助成金も徐々に減っていった[45]。

一八八〇年代に心霊研究協会が生みだした分野は、こうした流れとは無関係に成長の速度をあげていった。超心理学は一九世紀以降、散発的に静かに広がっていき、研究機関もときおり支援した。一九一二年、スタンフォード大学は、いわゆるテレパシーを研究する施設を設立した[46]。約二〇年後、デューク大学は超心理学センターを設立し、そこで昔は植物学者だったジョセフ・バンクス・ラインが実験心理学の新しい手法を取り入れ、心霊現象の研究をはじめた[47]。その過程で彼らは、夢のなかで互いに交流できると信じる人たちを見つけた[48]。たとえば、ある友人どうしの二人は、燃えさかる森のなかでばったり会うという夢を同時に見たと主張した（夢の共有は、物質界と並んで霊界が存在する証拠とされた）。

一九六〇年代から一九七〇年代にかけて、心理学者が夢を避けたのと時を同じくして、この分野は飛躍的に広まった。その背景には開放的な文化と精神的な実験を受けいれる気風があった。偏見を持たない西洋人たちはそれまでの価値観を捨て、東洋哲学、ヨガ、仏教、瞑想の世界に足を踏みいれた。ニューヨーク出身の微生物学者ジョン・カバット・ジンは、一九七九年、マサチューセッツ大学にストレス低減クリニックを設立し、慢性的な痛みに悩む患者にマインドフルネスや瞑想を教えた[49]。人類学者の報告に刺激を受けたアメリカ人は、先住民の儀式を完全に再現しはじめた。精神に変化をきたすほどの温度にしたサウナ小屋で身を清め、成人儀礼について読めば、森に行って自分と結びつきのある動物を探した。アメリカ先住民が崇拝されたのは、彼らが「白人権力に徹底的に抵抗し、共同体の伝統的な価値観を守った」からだ、と歴史家のフィリップ・ジェンキンスは著書『ドリーム・キャッチャー――アメリカ人は先住民の精神性をどのようにして発見したのか（*Dream Catchers: How Mainstream America Discovered Native Spirituality*）』に書いている[50]。「一九六五年から一〇年にわたって、先住民文化の復興運動が起きたのは驚くに値しない。ベトナム戦争、ウォーターゲート事件、暗殺事件、都市部の暴動、ガソリンの不足、生態系の危機[51]……疎外と激変の時代にあっては、アメリカの歴史のなかで神秘性を感じさせる先住民の文化は魅力的に見えた」[52]。南西部に旅行した人は安っぽい工芸品を買い、子どもたちは羽根と糸でドリーム・キャッチャーをつくった。

一方、学問の世界では、カリフォルニア大学ロサンゼルス校、プリンストン大学、ヴァージニア大学に超心理学研究所が創設された。CIAはESP〔超感覚的知覚〕を武器として使えないか、ひそかに研究に乗り出した。一九六二年、ブルックリンにある有名なマイモニデス医療センターで精神科の責任者をしていたモンタギュー・ウルマンは、上層部にかけあって、超常的な夢の研究をするための施設を立ちあげることを認めさせた。ウルマンは細かいルールをつくり、疑う人に批判のすきを与えないようにした[53]。実験の参加志願者にはテストをして半分落とした。志願者には研究所で一晩寝てもらい、研究助手が一二の絵画のうちの一枚を見つめ、参加志望者にテレパシーで伝送した。成績の良かった者だけが実験本番に進むことができた。

このテストに合格し、超能力があることを証明した参加者は研究所内で眠り、そのあいだ隣の部屋にいる研究者は無作為に選んだ絵をじっと見つめ、その画像をテレパシーで送るという実験が行なわれた。被験者がレム睡眠に入ったところで、起こして何の夢を見たのか訊くと、六〇パーセント以上の確率で、夢は転送を試みた画像と一致した[54]。ただし、これはウルマンの基準による成果であり、たとえば食事をする夢を見て、絵画が「最後の晩餐」であれば正解とされた。もっとも有名な実験は、ウルマンとスタンリー・クリップナーとチャールズ・ホノートンによるもので、ロックバンド「グレイトフル・デッド」のコンサートに来た二〇〇〇人に、研究所で寝ている自称超能力者マルコム・ベセントに、ある画像（ヨガの蓮華座のポーズをしている男で、背骨にそってチャクラが光っている）を送ってもらうというものだった。[55] ベセントは「宙に浮く男」の夢を見たと言い、「背骨」にも触れた。ウルマンはこれを成功とした。

精神科医のロバート・ヴァン・デ・キャッスルは、ウルマンとクリップナーの研究所で八晩過ごして実験に参加した。[56] 本人がとくに成果を誇るある夜の題材は、サルバドール・ダリの「クリストファー・コロンブスによるアメリカの発見」だった。少年コロンブスが陸に上がろうとしていて、その横には、後光に囲まれて両手を合わせる聖母マリアが浮かびあがる旗が掲げられている。この日、ヴァン・デ・キャッスルが見た夢には、「美しい若者」と「アトランティック・シティかアトランティック・ビーチから来た女性」、それから「ゆったりとした白い服を着た人々」が出てきた。あまりの一致ぶりにウルマンとクリップナーは、ヴァン・デ・キャッスルのことを「千里眼のプリンス」と呼んだ。

「振りかえってみれば、あれほどたくさんの一致を認めたことに驚きを禁じ得ない」。クリップナーは最近、そう認めている。[57] 「われわれはまったく苦労することなく、睡眠と夢の会議や心理学の会議などで研究結果を発表できた」。一九七〇年代、マイモニデスのチームは、米国国立精神衛生研究所から補助金を獲得している。[58] 権威から認められた証である。「ESP体験の六五パーセントは夢のなかで発生している」と主任研究者の一人は《ニューヨーク・タイムズ》紙の記者に語った。記者はとくに反論しなかった。

一方、ヨーロッパでは、精神科医らが夢を利用して自然災害や事件を予知しようとしていた。はじめてロンドンに「予知局」が創設されたのは、ウェールズにある炭鉱の村アバヴァーンで起きた惨事がきっかけだった[59]。一九六六年一〇月のある金曜日の朝、地元の小学校近くのボタ山が崩落して学校を押しつぶし、一〇〇人以上の児童が犠牲になった。村は悲しみに包まれ、ニュースはイギリス全土を駆け巡った。すると、数日前、数カ月前に何かが起こる予感があったと言う者が出てきた。

超常現象に長年興味を抱いていたイギリス人精神科医のジョン・バーカーは、このニュースを聞いてアバヴァーンに向かい、災害を予知した人が本当にいるのか調査しはじめた。全国紙に広告を出したところ、七六人から前兆を感じたという手紙が寄せられ、そのうち半分の人は夢のなかで察知したと述べていた[60]。建物に閉じこめられた子どもの夢や雪崩で子どもが死ぬ夢を見たという話が、全国からバーカーのもとに寄せられた。この地すべりで一〇歳の女の子を亡くした母親は、災害が起こる前日に娘が怖い夢を見て目を覚まし、「学校に行ったら学校がなくなっていた。何か黒いものが降りてきて一面が真っ黒だった」と話していたと言う。別の女性は、夜、黒い塊が村の学校を押しつぶす夢を見たと言った。バーカーは心霊研究協会誌に結果を発表し、同時に、次の惨事を防ぐために、夢を集めるしくみをつくって記録し、警告すべきだと提言した。そして、科学ジャーナリストの一人といっしょに自ら英国予知局を設立し、翌年にはニューヨークに支局を開設した。

聡明な頭脳を持つ人たちのなかにも、この流れに乗る人が出てきた。作家のウラジーミル・ナボコフは一九六四年一〇月半ばから一九六五年一月はじめまで、そこに未来のヒントがあることを証明しようとして自分の夢を丁寧に追った。[61] 彼を触発したのは、イギリス人エンジニアが書いた『時間実験（*An Experiment with Time*）』という本で、そのなかには、時間の流れは逆にできる、夢のなかでは私たちは「眠っている体を一つの世界」に置いて、「別の世界をさまよう」ことができる、そこでは過去と未来を行ったり来たりしたり、過去の記憶を掘り起こしたり、未来に起こることを見たりできるとあった。この本によれば、夢は「過去の経験の心像と未来の経験の心像が同じ割合で混ざりあったもの」だという。

ナボコフがこうした世界に積極的に足を踏みいれたとしても不思議はない。ナボコフにとって睡眠は自然なものではなかったからだ。強力な睡眠薬も効かないほどの不眠症に生涯にわたって苦しめられた。ある夜の記録では、トイレのために九回起きたとある。またある夜の記録は赤字で書かれている。「何年かぶりに」六時間続けて眠れたのだ。

夢を書きつけるのは昔からやっていた。彼の夢は目がまわるほど忙しく、その記述は雄弁だった。「不吉な雰囲気が漂うなか夢と現実のはざまにいて、鎧戸の隙間から差しこむ弱い光が筋になってあたりを照らしているのが見えた」「豪華で不思議な映像だった。深い裂け目に落ちたような眠りと眠りのあいだに見たことを覚えている」。荷物をなくすとか、列車に乗り遅れるといったよくある夢も見ている。あるいは、強い関心を示した蝶や文学、禁断の性を反映した夢もある。「きわめて官能的」な夢のなかで、妹は「どういうわけか若くなっていて、けだるそうにしていた」。トルストイとお茶を飲み、大きなスプーンで蝶を追いかけた。「興味深い蝶の生息地」にいるのに、網がないので素手で捕まえようとするという悪夢をよく見た。

ナボコフが前向きな結論を得るまでにそれほど時間はかからなかった。試みをはじめてから数日後の一〇月一七日の夜、彼は州立美術館の館長と会う夢を見た。二人は希少な土のサンプルを入れたトレーの横でおしゃべりをしていた。ふと気づくと、驚いたことに、ナボコフは会話をしながら何気なくその土を少しずつ口に入れていた。三日後、一〇月二〇日の朝、テレビをつけると土をテーマにした教育番組をやっていた。そのなかで地質学者は、「食欲をそそるように」小袋におさまったサンプルを分析していたのである。ナボコフはこの番組が先日の夢の源だと確信した。疑いの余地はないと思った。

イギリスの研究者スー・ルウェリンは、夢が未来を教えてくれると考えるのはそれほどおかしなことではないという。夢を見ているとき、私たちの脳は断片的な情報を高速で処理し、それをもとに未来を予測しているというのだ。「出来事のあいだに関連性があれば、それをもとに次に起こることが予測される」とルウェリンは《イーオン》誌に書いている。[62]「なかには論理的で予測可能なパターンもある。たとえば、昼の次は夜がくるというように……一方でそこまで明確にならないパターンもある。そういうのは、連続して起こる傾向をもとにするので、確率的なものとなる。だから確信をもって予測することはできない」。起きているときは「私たちは論理的で予測可能なパターンを容易に見つける」が、「レム睡眠のあいだは、それほど明確ではない、あるいは関連性にとぼしいパターンのほうを見つけて、確率的な現象を予測している」。

眠っているとき、私たちは、意識があるときなら圧倒されるだろうという量の情報を評価している。それは直感の領域であり、どのようにして得たのか意識せずに持っている知識の領域である。ときには体が教えてくれるだろう。恐怖の兆しがうっすらと見えたときには、鼓動がはやくなったり、うなじの毛が逆立ったりするのではないだろうか。またあるときは、直感が夢のなかで脚色され、単なる虫の知らせからリアルな物語となり、意識せざるを得なくなる。

信じるべきときを教えてくれるのは、理屈ではなく感性だ。重要な夢と単なる偶然を見わけられる人にとっては、夢は命を救う警告装置となる。ドイツ生まれの神学者パウル・ティリッヒは、先見の明を発揮して一九三三年にアメリカに亡命した人物で、重大な政治危機が迫っていることを悪夢が教えてくれたと話している。「文字どおり何カ月ものあいだ、私は同じ夢を見た……目覚めるといつも自分たちの人生に変化が迫っていると感じた。起きているときは最悪の事態からは逃れられると思っていたが、無意識のほうがよくわかっていた」[63]。はやくから全体主義の恐怖を夢で察知していたドイツ人はたくさんいた。ジャーナリストのシャルロッテ・ベラートは、ヒトラーが首相になった一九三三年から、自身がアメリカに亡命した一九三九年までのあいだ、ユダヤ人を含む三〇〇人以上のドイツ人に夢についてインタビューしている[64]。状況が厳しくなっていくなかで身の安全を確保するために、ベラートはヒトラーはハンスおじさん、ゲーリングはグスタフおじさんというように隠語をつくって調査内容を暗号化し、海外にいる複数の友人に原稿を送った。二〇年後、この調査結果は『夢の第三帝国（*The Third Reich of Dreams*）』という一冊の本になって出版された。

ベラートのプロジェクトが始まったころ、ヒトラーの大量虐殺はまだ知られていなかったが、それでもインタビューされた人の夢には迫りくる危険が映しだされていた。心理学者ブルーノ・ベッテルハイムは、こうした夢はちょうどヒトラーが権力を握った一九三三年に多く記録されている、と記している。[65]「人々は実際にことが起こるずっと前から予期していたように見える」。夢はプライバシーを失うことや役人を怒らせることへの潜在的な恐怖をあらわにしていた。中年の医者は横になってゆっくり本を読もうとしたところ、部屋の壁がなくなる夢を見た。新しい恐怖は日々の生活のすみずみにまで浸透し、家のなかにもゆきわたった。ある主婦は、自宅のオーブンが実は監視装置で、その前でしゃべったことはすべて再生されるという夢を見た。八百屋の男は、ソファのクッションに不利な証言をされる夢を見た。ある男は、ラジオが「総統の名において、総統の名において」と延々と繰り返す夢を見た。

危険を事前に教えてくれる役割が夢にあったとしても、前もって何かを知らせる夢というのは、おおむね統計で説明できる。私たちはたくさんの夢（だいたい一晩に四回）を見るので、たまたま夢と現実に共通点があったとしても驚くことではない。イギリスの心理学者リチャード・ワイズマンは著書『超常現象の科学――なぜ人は幽霊が見えるのか』のなかで、一五歳から七五歳まで人は二万一九〇〇日分の夜を過ごし、平均で八万七六〇〇回の夢を見ると試算した。しかし、夢をよく覚えている人でも、起きているときに記憶を呼び覚ます出来事がなければ、たいていの夢は忘れてしまうものだ。「あなたは沢山の夢を見て、沢山のできごとを経験する。たいていの場合、夢は現実と重ならないため忘れ去られる。だが、まれに夢が実際のできごとと重なる場合がある。すると突然夢の記憶が甦り、あなたは夢に未来がでてきたと思い込む。だが実のところ、それはたんに可能性の法則が働いた結果にすぎない」[66]

予知局はこれといった成果を上げられずに、数年で閉鎖された。ウルマンとクリップナーの再現を試みる心理学者は大勢出てきたが、いまだに成果はあがっていない[67]（クリップナーは現在八五歳で、精力的に世界中を飛びまわって超常的な夢の力を説き、磁気嵐が自分の後継者たちの心霊波を阻害していると言う）。「一見よさそうに見えても、自由応答方式による調査である以上、問題からは逃れられない」と、意識や超心理学に関する著作があるスーザン・ブラックモアは言う。「見た夢を報告するとき、あまりにもたくさんの材料があるので、もとの画像と一つか二つは似てしまうのは避けられない。「ひとえに無作為化の手法にかかっている。この問題を解決しない限り、正しく実験が行なわれているかどうかは判断できない」

それでも、あやしげな理論に金をつぎこむ人はいる。一九八三年、作家アーサー・ケストラーは自分の財産を、超心理学を研究するイギリスの大学に寄付した[68]。エジンバラ大学のケストラー超心理学講座はいまもある。現在講座主任を務めるキャロライン・ワットは、講座をとっていた当時、論点を見直し、超自然現象は存在するかどうかではなく、なぜ多くの人が自分は予知できると信じるのかを調べるようになった。ワットの最近の研究から、予知を信じている人のほうが、実験で見せられた映像は自分の夢に似ていると言う傾向が強いことがわかっている[69]。信じる気持ちが、夢とその後の現実の出来事との類似点に注意を向けさせているのである。また、ワットは選択的記憶——自分の考えに合わないものは無視する傾向——が、超常的な夢を信じる気持ちを後押ししていることも示した。[70] 同じ人によって書かれた夢日記と普通の日記を読んだ人は、現実の出来事と一致した夢をよく覚えていたという。

夢の心霊研究はその裏づけはともかく、巧みに宣伝された。疑似科学、夢、時代遅れの精神分析理論は互いに手を結び、文化をつくる力を得た。人気のない夢の科学を追求する、ごく少数の研究者にとってはますます厳しい時代になっていった。

第2章　先駆者

夢に関する大発見のなかには、傍流の科学者によるものもある。彼らは仲間の無関心やときにはあからさまな侮蔑に耐えるだけではなく、研究するうえでの物理的な制限とも戦わなければならなかった。

ユージン・アゼリンスキーは、シカゴ大学心理学部の地下室から引っ張りだしてきた旧式の電極コードの束を一時間近くかけて、八歳の息子アーモンドに取りつけた。[1] まず息子の髪をかきわけて、薄い金属製の板を取りつける場所を探す。場所を決めると、必要以上に剃らないように気をつけながら、剃刀をあてる。それから、そこに電流を流すためにコロジオンという嫌な臭いのする液体を塗る。そのあいだアーモンドは息をとめる（アーモンドは六〇年近く経ったいまでも、液体が乾いたときの痒さを覚えている）。最後にアゼリンスキーはコロジオンを塗ったところに電極を取りつけ、テープでとめる。アーモンドは当時を振りかえって言う。「被験者の寝心地は完全に無視されていた。あらゆる器具を確実に取りつけるのは大変だったから。昔のフランケンシュタインの映画みたいと言えばわかるだろうか」[2]

アゼリンスキーは経歴にところどころ空白がある三〇歳の大学院生で、学者としてやっていけるかどうかはこの実験にかかっていた。優秀な学生だったが、十代のころから目指す道を定められずにいた。わずか一六歳で地元のブルックリン・カレッジに入学したが、専攻する科目を決められず、スペイン語、社会科学、医学進学課程をとってみたものの、どれも終えることはできなかった。それでメリーランド州に移り、歯学部に入った。科学の講義はどれもおもしろかったが、歯の治療は好きになれないことに気づいた。目が悪かったので、歯を削って整えるという繊細な作業はまったく向いていなかった。

ふたたび学校をやめた彼は軍隊に入り、そこで高性能爆薬を扱う仕事についた。[3] 第二次世界大戦が終わったとき、復員兵援護法を利用して大学に戻れるかもしれないと考えた。歯学部では生物学と生理学がおもしろかったことを思い出し、大学院で生理学を学ぼうと、本流から外れた優秀な学生を受け入れてくれる大学として知られていたシカゴ大学に応募した。「大学は父に『あなたの学歴はスイスチーズみたいに穴だらけだが、優秀なのはまちがいない。何ができるか見てみよう』と言ってくれた」と、元臨床心理学者で、いまはフロリダに暮らすアーモンドは語った。

暮らしは楽ではなかったが、真価を証明したいという思いは本人も妻も同じだった。アゼリンスキーはソーシャルワーカーの仕事をやめ、家族でシカゴの学生寮に引っ越した。中西部の冬は厳しかったが、家の暖房は、リビングルームに置いたちっぽけな石油ストーブがすべてだった。アーモンドは当時を振りかえる。「いつも金の心配をしていた。夜は家にあるコートを全部かけて寝たよ。毛布がなかったからね」

アゼリンスキーは器官生理学を学びたいと思ったが、配属されたのは、睡眠というマイナーな分野を研究するナサニエル・クライトマンのもとだった。はじめて顔をあわせたとき、なんの喜びも感じなかった、とアゼリンスキーはのちに記している。[4]「心理学者に多い、いかにもソフトサイエンス畑といった人ばかりがいるところ」で院生生活をスタートさせるなんて、とがっかりした。しかも、クライトマンは気さくな人物ではなかった。彼は意志の力で睡眠の専門家としての地位を確立していた。一九三八年には、仲間の研究者といっしょにケンタッキー州にある洞窟にこもって一カ月を過ごし、光や熱の変化がない場所で、自然な二四時間サイクルを変えられるか試した[5]（結局、二八時間サイクルに調整することはできなかった）。断眠を研究するために、自らを実験台に一八〇時間起きていたこともある。

最初に担当した実験は、まったく興味が持てなかった。クライトマンが新人助手に与えた任務は、眠りにおちるときの赤ちゃんのまぶたを観察することだった。《ネイチャー》誌で、ある物理学者が列車で乗りあわせた人のまばたきの頻度を見れば、その人が居眠りをはじめるかどうか予測できるとした記事を読んで、反論したいと考えたのである。クライトマンは、赤ちゃんが意識を失うとき、眼の動きがぴたりと完全にとまるのか、それとも、次第にまばたきが減っていくのか知りたかった。「クライトマンからは、まばたきについてのあらゆる文献を読んで、その分野での専門家になるように言われた」[6]。アゼリンスキーはとくに何の感慨もなく振りかえっている。何週間も赤ちゃんが眠るところを観察したあとで、アゼリンスキーは勇気を出してクライトマンの研究室に行き、赤ちゃんの眼球の動きとまぶたの動きは区別できないと言った。だが、アゼリンスキーには考えがあった。まばたきとまぶたの動きを区別するのはあきらめて、眠っているときの赤ちゃんの眼の動きを観察したらどうだろうか。

アゼリンスキーでさえ、自分の提案は「ぬるいミルクほどの刺激しかないと思った」。しかし、提案は受け入れられ、数カ月後、アゼリンスキーは赤ちゃんのまぶたが完全に動かなくなる二〇分間を発見した。クライトマンは興味を持ち、観察対象を大人にひろげて研究を続けるように言った。「ギャンブルだった。眠っている大人の眼の動きを一晩中観察した人はいなかったから、何か発見できるかもしれない」と、アゼリンスキーは書いている。この研究が博士課程の研究になればいいと思った。そうすれば、学部と大学院を飛ばして研究仲間に追いつける。「もちろん、ギャンブルに勝てるかどうかは、私が何を発見するかで決まる」

アゼリンスキーは息子に実験台になるように頼んだ。アーモンドは喜んで協力した。父といっしょに過ごせるなら、長々とかかる準備も苦にならなかった。アゼリンスキーはアーモンドの頭に電極を固定し、ポリグラフのスイッチを入れた。これで脳波と眼の動きが回り続ける用紙に刻まれていくことになる。

アーモンドが眠ると、安定した小さな波がゆっくりと記録されていった。眼は静止していて、脳も体と同じように眠っている。しかし、夜遅くなって波は大きくなり、線は上下に振れだした。まるで起きている人を記録しているようで、どう理解したらいいのかわからなかった。古い機械だから壊れたのかもしれない。あるいはたまたま失敗しただけか。もしくは家系的な問題があるのだろうか。しかし、ほかの人も実験したところ、同じパターンが見られた。一晩に四回か五回、一定の間隔をおいて、被験者の脳は、まるで考えたり話をしたり歩いたりしているかのような動きを示した。そして、この認知活動の高まりとともに、活発な眼の動きも見られた。ポリグラフが被験者の脳が活発に動いていることを示しているあいだ、彼らの眼球は激しく動いていたのである。

アゼリンスキーは、被験者は目は閉じているものの、実は起きているのではないかと考えた。人生を睡眠研究にささげたクライトマンのような科学者でさえ、夜のあいだは脳は休んでいると考えていた。アゼリンスキーは被験者が眠るのを待って部屋に入ったところ、被験者の目が動きだした。それで被験者に話しかけたが、反応はなかった。「脳波は起きていることを示しているが、被験者が眠っているのはまちがいなかった」

いちばん考えられる説明を退けたあと、アゼリンスキーはもっと興味をそそる理由を考えた。眼の動きと夢が関係するという「昔からよくある話」は実は真実なのではないか。エドガー・アラン・ポーの「大鴉」の一節を思い出した。「その両眼は、何か夢を見ている魔物の眼のよう」(『ポー詩集』加島祥造編、岩波書店)

ある夜、アゼリンスキーはアーモンドの眼が左右に動いているときに本人を起こして頭のなかに何がよぎっていたのか訊いた。「ちょうど夢を見ていたのに、と私は答えた。すると、どんな夢かというので、断片的なものだったが、たしかニワトリに関係したものだったと答えた。父は興味をそそられたようで、とてもうれしそうだった。重要とはとても思えないものが、大発見につながったわけだ」

アゼリンスキーは被験者を何度も起こし、夢を見たかどうか訊くようになった。ポリグラフのチャートが穏やかで眼が動いていないときに起こすと、ほとんど答えは返ってこなかった。だが、彼が「急速眼球運動（rapid eye movement）／レム」睡眠と呼ぶようになった状態の被験者を起こすと、たいていはストーリーのある夢が一つか二つは返ってきた（彼は「痙攣《けいれん》性眼球運動（jerky eye movement）」と呼ぶことも考えたが、jerk には「まぬけ、世間知らず」という意味もあることから真剣にとらえてもらえないかもしれないと思ってやめた。「もし私に勇気があったら、ＲＥＭ睡眠ではなく、ＪＥＭ睡眠と呼ばれていたかもしれない」とアゼリンスキーは述べている）。あるときは、眠っている被験者が眼を激しく動かしながら、わけのわからない言葉を叫び、そのあいだポリグラフは故障したのかと思うほどの振れ幅を見せた。被験者が目を覚まして言うには、恐ろしい悪夢を見ていたということだった。

アゼリンスキーは、結果をまとめて一九五三年に《サイエンス》誌に発表した。[7] レム睡眠の発見は、睡眠と夢の研究の新しい時代の先駆けとなった。睡眠を研究するウィリアム・デメントはこう言っている。「この発見で飛躍的に前進したと思っている。起きているときとまったく同じ特性を持つこの眼の動きは、本来眠っているときにはあらわれるはずのないものだった……この発見によって、それまでつまらないと思われていた睡眠研究は興奮に満ちあふれたものとなり、世界中の研究所や病院は強い決意をもって取り組むようになった」

しかし、アゼリンスキー自身の厚遇につながるほど状況は急速に変わらなかった。博士論文を書きあげたころには、彼が道を開いた研究分野はほとんど存在しないに等しかった。その後、年下の同僚デメントは、スタンフォード大学の睡眠研究センターの立ちあげに参加してこの分野の権威となり、多数の著作を発表し、コメディ映画「スリープウォーク・ウィズ・ミー」にカメオ出演まで果たしている。[8] 一方、アゼリンスキーは相変わらず金に困り、アーモンドが言うには「最初に来た仕事」（シアトルの水産局で電流がサケに与える影響を調べる仕事）を引きうけ、残りの職業人生を無名の大学で過ごした。「父は睡眠研究の世界における自分の境遇をいつも嘆いていたよ」

スティーヴン・ラバージが一九六八年にスタンフォード大学に入学したころ、科学者のあいだでは、夢は認知領域のブラックホールではないという見方が広まりはじめていた。しかし、明晰夢となると話は別で、懐疑的に見る人が多数だった。明晰夢を見たことがない研究者にしてみれば、それは実証可能な現象というよりSF小説の世界の話のように思えた。意識がありながら眠っているなんて、そんなことがあるはずがない。哲学者や神学者は何千年も前から明晰夢に言及しているが、いま自分は明晰夢を見ていると思う人はおそらくそのとき覚醒しているのではないか。あるいは嘘をついているのでは？　しかし、ラバージはそうではないことを知っていた。

一九四七年、フロリダの空軍将校の息子として生まれたラバージ[9]は内気な子どもで、いつも想像の世界に逃避していた。「本当に引っ込み思案で、社交性といったものはまったくなかった」[10]と本人が言っている。しかも父親の配属が変わる数年おきに引っ越しを余儀なくされた。高校を卒業するまでに、ラバージはアラバマ、フロリダ、ヴァージニア、ドイツ、日本と転々とした。それで一人遊びを覚え、映画を観たり、化学の実験セットで遊んだりした。お気に入りの場所は地元の映画館で、そこで毎週シリーズもののアクション映画を見るのを楽しみにしていた。五歳のときのある朝、楽しい夢から目覚めた。そのなかでラバージは水陸両生の「海底海賊」として海のなかを泳いでいた。あまりにも楽しかったので、大好きなシリーズものの最新エピソードを見るように、その日の夜も、次の夜も、さらに次の夜もその夢を見ようと心に決めた。ある日、ふと気づくと、長い時間息を継がずに泳いでいた。「はるか上方に海面をながめながら、『こんなに息をとめていられるはずがない！』と思った。それで考えた。夢のなかだから水中で息ができるのだろう」[11]。こうしてラバージは、自分が何をしているのか理解しないまま、のちにライフワークとなる夢の世界に足を踏みいれたのである。ラバージは夢を見ながら覚醒する方法や自分の意志で夢を展開させる方法を見いだした。みんなが自分で選んだ冒険物語を夢で見ているわけではないことを知ったのは、二〇年後のことだった。

　その一方で、将来は科学者になろうと決意した。化学薬品をおもちゃにして、一人でロケットをつくった。「ドイツではなぜかアメリカ人の少年に爆発物を売ってくれたんだよ。それであらゆる種類の爆弾をつくった。アリゾナ大学では数学を専攻し、二年で終了した。学部にいるときはとにかく急いでいた。もう学ぶべきことはない、と思った。はやく先に進みたくてしかたがなかった。なぜかって?」[12]。彼は物憂げな表情で、自嘲気味に若き日の自分を振りかえった。それは「はやく科学者になって」子どものころから抱いていた野望を実現したい、と思っていたからだ。そうして一九歳という若さで、ウッドロー・ウィルソン・フェローシップを獲得し、スタンフォード大学で化学物理学の博士号を目指した。

ラバージはベイエリアに移り住んだ。そこでは六〇年代の波が最高潮に達していて、彼の向学心をぐらつかせた。カリフォルニアは「ヒッピー文化の中心」だった[13]。ラバージは「精神の化学反応に興味を持ち」、意識の問題に魅了された。ほんの少しの量の化学物質が人の認識を完全に変え、頭のなかにあたらしい世界を生じさせるのはどういうことなのか。それで科学の才能をいかして幻覚剤の研究をしたいと考えた。「しかし、当時その問題にかかわりたがる人間はいなかった。私は化学部門の教授全員のところに行って、幻覚剤の研究をさせてほしいと頼んだ。それが研究の対象だと考えた人は一人もいなかった。ちょうど違法になりはじめたころだったから。まったく残念なことだ」

こうしてラバージはスタンフォード大学を離れ、「当時の人々がしていたことをした」。ユング、ヨガ、ドラッグ、トランスパーソナル心理学、さまざまな仏教、瞑想である。ボブ・ディランを崇拝し、数年かけて独学でギターを習得した。「自分をグループの一員だとは思わなかったが、ヒッピーだとは思っていた」。探求の末には「みんな仲間だ」と思った。

学問の世界から離れた彼は、民間企業で化学研究員として働きながら、さらに探求の道を究めていった。一九七二年、ニューエイジ運動で知られるエサレン研究所のワークショップに参加した。セミナーを開催したチベット仏教徒のタルタン・トゥルクは英語を話せなかったが、その哲学を伝えるのにたくさんの言葉はいらなかった。トゥルクはみなの前に立ち、二つの単語を繰り返した。「これ」「夢」。ラバージは理解した。夢と覚醒しているときの現実の両方が精神を構成しているのだろう。どちらも同じように確かなものだった。このワークショップが転換点となり、ラバージはどうやって夢を自分の知的探求に組み込むかを考えるようになった。

「ヒッチハイクでサンフランシスコに戻る道中、不思議な高揚感があった」とラバージは振りかえる。数日後、大人になってからはじめての明晰夢を見た。巨大なヒマラヤの山をのぼり、危険な吹き溜まりと格闘しながら、ふと自分が半袖シャツを着ていることに気づいた。「夢を見ているんだ！　と思った。私はうれしくなって山から飛びおり、空を飛びはじめたが、そこで夢は終わり、目が覚めてしまった」[14]。ごく短い夢で、のちにラバージが習得する明晰夢で見る壮大な冒険にはおよぶべくもなかったが、子ども時代の興味にふたたび火をつけ、将来体得するものの一端として味わうには十分だった。ラバージは仏教やチベットの夢ヨガを熱心に学びはじめた。

一一世紀、インド仏教の聖人ナロパは六つのヨガを描写し、弟子が悟りの道を歩むときに学べるようにした。夢ヨガは三つ目に当たり、六つすべてをマスターすると、死と生まれ変わりの間のバルドという状態を経験できるようになる。チベット仏教の世界では、起きている状態は意識のなかでいちばん低い段階であり、睡眠と夢はどちらも精神の成長を促すとされる。夢ヨガの目標は、悟りをひらいて超然とすること、そして夢を含めた現世の体験は自ら生成させた幻想であると理解することである[15]。夢ヨガの達人は夢のなかで瞑想し、さまざまな神を呼び出すことができる。
エサレン研究所で心が開かれる経験をしてから数年後、ラバージはパロアルトの公共図書館で、一冊の薄い本に出会った。イギリス人学者シーリア・グリーンによる『明晰夢（*Lucid Dreams*）』である。調査結果をまとめた無味乾燥な書物で、ラバージが信じていた神秘的な教えとは内容を異にしていた。グリーンはオックスフォードの精神物理学研究所で事例を収集し、それをもとに明晰夢のなかでできることや、明晰夢を発生させるきっかけ（夢のなかで「ストレスを感じる」、「不調和を認識する」）などをまとめていた。[16] 抑制のきいた学術的な文章で、次のような明晰夢の特徴がつづられている。「空を飛ぶ夢は明晰夢に多い」[17]「明晰夢に登場する人物は性格がわかりやすく、夢の終わりまでその性格を維持する」[18]
明晰夢を系統的に研究するのは新しい試みだったが、明晰夢という考え自体は古代からあった。紀元前四世紀、アリストテレスは眠っているときにうっすらと意識がある感覚を「夢について」のなかで記している。「眠っているとき、いま目の前に現れているのはただの夢だと伝える何かが意識の中にある」[19]。五世紀に、ヒッポのアウグスティヌスが友人のエウォディウスに宛てた手紙には、意識が肉体から独立して存在し、肉体がなくなったあとも存在し続けるという主張を裏づけるものとして明晰夢がある、とつづられていた。彼は死後の世界を疑っていたゲナディウスという名の医者について語っている。ある夜、ゲナディウスは天使のような若者に導かれて、美しい調べに包まれた町を訪れる夢を見た。あまりにも鮮明で現実世界のように感じたが、朝になると、ゲナディウスはただの夢だと肩をすくめた。ところが、次の日の夜、若者がまた夢にあらわれて自分のことを覚えているかと言った。[20] ゲナディウスは覚えていた。すると「若者は、あなたが見たと語ったものは眠りのなかで見たのか、それとも起きて見たのかと問うた。ゲナディウスは『眠りのなかで』と答えた」。

「若者は言う。『よく覚えていましたね。たしかにあなたは眠りのなかで見ました。ですが、いまもあなたは眠りのなかでこれを見ているのです……あなたの肉体はどこにありますか』『寝床に』『あなたの肉体の目はしっかりと閉じられて、あなたはその目で何も見えていないことがわかっていますか』『わかっている』」。このあと若者は、この夢――若者と対話をしているというゲナディウスの主観的な体験と、意識なく寝床に横たわっているという外部の現実が食いちがっている――と死後の世界を比較して言った。「あなたは眠って寝床に横たわり、そのあいだ肉体の目は閉じられていて何もしていません。それにもかかわらず、あなたは私をとらえている目を持ち、この光景を楽しんでいます。だから、あなたの死後も、肉体の目は機能しなくなるでしょうが、あなたのなかには生があってあなたは生き続け、認識できる能力があってあなたは認識し続けるのです」若者はさらに続ける。「したがって今後は、死後も人は生き続けるのかなどと疑わないように」。ゲナディウスは納得した。

一九世紀から二〇世紀の知の巨人も明晰夢について書き残している。『悲劇の誕生』でニーチェは、ときどき夢のなかで「これは夢だ！　夢を見つづけよう！」と自分に言い聞かせると書いている。[21] フロイトは『夢判断』の初版では明晰夢に触れていないが、のちの版では「夜の間、自分が眠って夢を見ていることにはっきりと気づいており、夢を意識的に方向づける能力を持っているらしい人々がいる」と記している。[22] 明晰夢は、一九一三年、言葉としても明確になった。オランダ人精神科医で生まれつき明晰夢を見ることができるフレデリック・ファン・エーデンは、自分の膨大な夢日記を読み返し、「強烈な関心」を喚起するこれらの夢は、ほかのものと区別するために名前があったほうがいいと考えた。[23] ファン・エーデンはこれを「明晰夢」として心霊研究協会で発表し、その言葉が定着した。「暗夜に鮮やかで豊かな律動する人生を送る人に比べて、人生の三分の一を完全に意識のない状態で過ごす人は、眠たがりの愚か者と呼ぶにふさわしい」と、彼は小説『夢の花嫁（*The Bride of Dreams*）』に書いている。[24]

ラバージは感動していた。自分がゼロからはじめる必要はない。「専門的な睡眠や夢研究者たちの間の正統的な見解からすると、明晰夢という概念そのものに、哲学的に差し障りのある何かがあったようだ」と彼はのちに記している。[25] しかし、グリーンの本は明晰夢を科学的に研究した先例があることを示し、これまでの常識に立ち向かう勇気を与えてくれた。「私は、ファン・エーデンが西欧史唯一の明晰夢を見る人ではなかったのを知って興奮した」。こうしてラバージは、ついにもっとも関心のある問題に自分の科学の才能を使う道筋を描くことができた。「意識を研究する科学者たちがいるじゃないか。夢を研究する人たちが[26]」。ラバージはもう一度学問の世界にもどることを決意し、一九七七年、スタンフォード大学の精神生理学の博士課程——心理学と生理学を合わせた新しいプログラムだった——の門をたたいた。明晰夢を研究するという大胆な計画を携えて。

スタンフォード大学に戻ったラバージは、のちに睡眠医学の父として知られるようになるウィリアム・デメントと同じ研究室に身を置いた。デメントはアゼリンスキーの研究を手伝ったあと、自身でも大きな発見をする。レム睡眠中の目の動きは、その人が夢を見ていることを示すだけではなく、夢の世界での実際の視線の動きと一致することがわかったのだ。

デメントは眼球の動きをとらえる装置を使って、眠っている被験者の眼の動きを記録し、目が覚めたときにどんな夢を見ていたか訊いた。[27] それから、夢の内容と眼球の動きを比べた。自分の直感が正しかったことはすぐにわかった。体が動かないあいだ、自由に動く目が外の世界との架け橋になっていたのである。活発に動く夢では眼球の動きも活発で、動きの少ない夢では眼球の動きもまばらだった。眼の動きと夢のなかの活動を結びつけられるものもあった。ある被験者の眼球は起きる少し前に、規則正しく左右に動いていた。その動きは二六回続いた。起こして訊いてみると、疲れ気味の被験者は卓球の試合を見ていたと言った。[28] 卓球台の上を行ったり来たりするボールを目で追っていたのである。また別の被験者の女性は、まっすぐ前を見たまま五段の階段をのぼり、いちばん上の段について、踊っている人の集団に近づいていくという夢を見た。[29] 眼球の動きを見ると、階段をのぼる動作に対応する縦の動きが五回、それから踊っている人たちに近づくときに対応する水平の動きが記録されていた。

記録方法をめぐる議論はあったが、ラバージはデメントの主張に疑いを持たなかった。自分が明晰夢のなかで、見るものを意志の力で変えられることもわかっていた。だから、眠っているときに眼の動きを利用して研究者に伝達できれば、明晰夢の存在は否定できないだろうと考えた。

しかし、その前に必要に応じて明晰夢を見るための方法を見つけださなければならなかった。研究者に合図を送るまで明晰夢を見続ける必要があった。意志の力で夢の内容を変えるだけではなく、体の動きもコントロールしなければならない。ラバージはこのころすでに定期的に明晰夢を見ることができるようになっていたが、これは夢だと気づくと目覚めてしまうことが多かった。

ここから数カ月は試行錯誤の繰り返しだった。博士課程の研究は大変だったが、ラバージの一日は研究を終えてからはじまる。本当の取り組みはベッドに入ってからだった。「博士論文はこれにかかっていた。研究室内で明晰夢を見なければならなかった。それはどうしても達成しなければならない目標だったが、それだけでは十分ではなかった。方法論を確立する必要があった」[30]。それはまだ確立できていなかった。ラバージはチベット仏教の本を読み、シーリア・グリーンやフレデリック・ファン・エーデンの研究を考察した。一日中、夢のなかで意識を得ることを考えた。明晰夢を見ることができたときには、その夢を長引かせるためにさまざまな方法を試し、その限界を探り、夢を操縦し、眼、ときには手を動かそうとした。

はじめて研究室で眠って起きたときには、夢はほとんど覚えていなかった（思い出せたのは、明晰夢ではなく普通の夢で、研究所にいる夢だった）。がっかりしたラバージは、また研究室を予約した。予約がとれたのは一カ月後、一月一三日の金曜日の夜だった。

不吉な日の夜、ラバージは研究員のリン・ネイゲルにポリグラフにつないでもらってベッドに入った。何十年たっても、このときのことは覚えているという。「窓のない部屋で、ベッドは壁際にあり、その小さなヘッドボードにはコードが取りつけられ、ポリグラフは離れた部屋に置いてあった。暗かった。完全な闇だった」。七時間半後、ぼんやりとした普通の夢を見ていたとき、目が見えず、音が聞こえないのは変だと思った。「それで、うれしいことに、研究室で寝ていることを思い出した」。ふと気づくとパンフレットが宙を飛んでいた。「掃除機か何かの器具の取り扱い説明書が浮かんでいるようだった。意識の流れにただよう漂流物にすぎなかったが、私は集中し、書いてあることを読もうとした。像はしだいにはっきりしてきて、（夢の）目が開く感覚があった。それから私の手があらわれ、体があらわれた……夢の体を得たのだから、事前に決めていた合図を送ろう、眼を動かそうと思った」。彼は夢のなかの手を水平に動かし、眼を動かした。その結果は見事にポリグラフにあらわれた。ついに成し遂げたのだ。

「それがどんなにすばらしいことか理解するのは難しいだろう」とラバージは私に言った。「目が覚めたときに気づくんだ。自分が忘却の壁を乗り越えて、別の次元にいる人に意思を伝えたと」。声が小さくなり、その目はどこか遠くを見つめていた。「想像を絶する経験だった」

　その後ラバージは一月一三日の再現をしようと何週間、何カ月と研究所に泊まりこんだが、不毛な夜を過ごし続けた。やがてポリグラフ一式を自宅に持ちこみ、快適な自分のベッドで試みた。そこで見た明晰夢のうち三回（ダンサー、研修医、コンピューター・サイエンティストになった夢だった）は、目で合図を送る練習に使った。また、別の試みとして、前腕に電極を取りつけ、筋肉の収縮を記録した。[31]明晰夢に入ったときには、モールス信号の短点と長点に対応するように手を握ることにした。左手を握ると短点、右手を握ると長点ということにした。すると、単なる偶然と片づけるわけにはいかない結果が出た。左、左、左、左、右、左、左と彼の名前のイニシャルSLが示されたのである。

「大きな転換点だった。夢を見ているときの生理的記録を得たのだから」[32]と、心理学者のパトリシア・ガーフィールドは言った。認知神経科学者のエリン・ワムズリーは、ラバージ以前は、「明晰夢はドラムサークルで見られるような精神的高揚の類だと思われていた。でも、ちがった。本物だった。ラバージがはじめてそれを示した」[33]と述べた。

結果に自信を持ったラバージは論文にまとめ、一流の学術誌に次々と送った。「夢の研究において、それまでにないまったく新しいものだった。流れを変えたと言ってもいい。方法論的な研究が可能になったわけだから」[34]とラバージは言った。しかし、論文からは、批判的な意見を予期したいらだちが感じられる。「被験者の話と生理的な記録は完全に一致している。生理的に眠っていることを示しているのに、被験者本人が眠っていると思っているだけで実は起きているのではないかと批判するなら、それは拡大解釈がすぎるというものだ」[35]

いずれにしても、本人が期待した反応は返ってこなかった。《サイエンス》誌の編集者は結果があまりにもできすぎだと思った。査読した人は「被験者が夢を見ながら、同時にそれを外部の人に合図するというのは想像しがたい」と書いている。ほかの雑誌からは却下された。《ネイチャー》誌は、「一般的な関心を呼ぶテーマではない」とめずらしく断言して、論文を返してきた。ラバージはその後半年をかけて、提出、修正、再提出を繰り返し、ついに掲載してくれる学術誌を見つけた。《知覚と運動能力（*Perceptual and Motor Skills*）》という一流とは言えない雑誌だった。発表から五年間でほかの論文で引用されたのは、一二回にも満たなかった。

その一方で、ラバージはさらに研究をすすめていた。明晰夢を見られるようになるまでには時間がかかり、習得した人でもプレッシャーがあるといつも見られるというわけにはいかなかった。ラバージは数年間はデメントの研究所にいたが、その研究室は「地下で、部屋とは言えないほど狭かった」と妻のリンは振りかえる。しかも、資金不足が重くのしかかっていた。「つねに金策に走っていた。国の補助金はまったく当てにできなかったから。個人の寄付をお願いしたり、ときには自腹を切ったりすることもあった[36]」。ラバージは研究に没頭する以前に、金を工面しなければならなかった。「人に教えたり、講義をしたりといったことをこなす必要があった。内気な自分には大変な仕事だった」。夢を研究対象にする人はほとんどいなかった。プロジェクト自体が傍流のものと思われていたし、睡眠医学——のちに明晰夢研究に資金を提供することになる——は、まだ始まったばかりだった。

それでもラバージは研究を続けた。最初に出た結果を強固なものにしたかった。しかし、どれだけ証拠が積みあがろうとも、納得しない研究仲間はいた。疑う人は「レム睡眠のあいだは眼の動きは活発になるから、たまたまじゃないか」というようなことを言った[37]。ラバージから見れば、苦し紛れの言い分だった——数十年たってもこのことを話すときには憤る——が、議論の余地のない証拠を手にしなくてはと思った。「だから、反対意見を封じこめるために、別の伝達手段を確立しようとした」。ラバージはさらに細かい合図の方法を考え出し、明晰夢を見ることができる被験者三人に呼吸で伝達する方法を教えた。明晰夢を見ていることを知らせるために、前もって決めておいたパターンで大きく呼吸をしたり、息をとめたりするようにしたのである。

また、眼の合図を利用して昔からの疑問に取り組んだ。明晰夢を見る被験者に、起きているときと眠っているときの時間の経過を比べてもらったのである。わずか数分という時間で、なぜ壮大な冒険——時差を超え、ほかの国、あるいはほかの惑星に旅をする——ができるのか知りたかった。なぜそんな旅をしたあとに、疲れ果てることもなく、さわやかな気分で起きることができるのか。説明として一つ考えられるのは、夢のなかでは時間の流れが異なるのではないかということだった。起きている時間の数秒が、夢のなかでは一分、あるいは一時間にもなるのではないか。

これは一九世紀からある考え方だった。一八五三年、フランスの医者ルイ・アルフレッド・モーリーは、夢はすべて目が覚めた瞬間に生まれると確信した。[38] 何時間も見ていたような夢も実際には数秒でしかない。モーリーがこの結論にいたったのは、ある日、ベッドのヘッドボードの一部が首に落ちてきて、悪夢から救ってくれたことがあったからだ。フランス革命の夢で、目の前では何人もが処刑され、次は自分の番だった。一段ずつのぼっていく。断頭台に頭をのせ、刃が落ちた瞬間、モーリーは目覚めた。落ちてきたのはギロチンではなく、ヘッドボードだった。脳が話をこしらえたのだろう。いつまでも続くように思えたストーリーは、実際にはヘッドボードが落ちてきたことに反応してほぼ瞬間的に生まれたのだろう。モーリーはそう考えた。

この疑問に対して、ラバージは新しい方法で挑んだ。被験者に明晰夢に入ったときに最初の合図を、さらにそこから一〇秒たったと思ったときに次の合図を送ってもらうようにしたのである。二回目の合図までは平均して一三秒だった。モーリーの予想に反して、夢を見る人の時間の認識は驚くほど正確だった。

別の実験では、起きているときの脳の働きの特性――左脳が論理をつかさどり、右脳が視覚と空間の情報を整理する――が、眠っているときにも持続するのか調べようとした[39]。ラバージは自分を実験台に、明晰夢に入ったときと、二つの課題をこなしたときの脳の動きをモニターした。課題の一つは歌うことで、これは起きているときには右脳が担当する。もう一つは計算で、これは左脳の担当だ。

実験の夜、ラバージは明晰夢に入ったときに目で合図を送り、「Row, row, row your boat」と歌い出した。最後まで歌い終わると、二回目の合図を送り、次に一〇まで数えた。予想どおり、童謡を歌っているあいだは右脳が活発に動き、数をかぞえているときには左脳が動いた。「明晰夢のなかで歌ったり、かぞえたりすると、起きているときにこれらのことをするのと同じ変化が起こる」とラバージは書いている。ところが、思い浮かべるだけでは、これらの変化は起こらなかった。「つまり、明晰夢（もっと言うなら夢全般）のなかでは、単に思い浮かべているのではなく、実際に行動していると言える」

さらにラバージは二人の被験者――男性と女性一人ずつ――を説得して、性的な明晰夢を見てもらった（友人で心理学者のパトリシア・ガーフィールドが、明晰夢のなかで「魂と体が震えて爆発した[40]」と記していたので、明晰夢でセックスすると本当のセックスをしたときと同じような身体反応が起こるのか知りたかった）。女性（仮にミランダとしよう[41]）が最初に試みた。膣の拍動振幅を計測しながら、彼女は明晰夢に入ったとき、セックスをはじめたとき、オルガスムに達したときに合図を送ることになっていた。

ミランダは五回目のレム睡眠に入って数分で明晰夢を見はじめた。彼女は合図を送ってから、閉まった窓を抜けて外へ飛び出し、空を飛んでいった。気がつくと下にはアーチ門と彫刻が施された石造りの建物がある大学のキャンパスがあった。そこで任務を思い出し、男女の集団を思い浮かべた。彼女は地上に降りたち、男性のなかから一人を選んで、二回目の合図を送った。一五秒後、ふたたび目を動かした。今度はオルガスムに達した合図だった。驚いたことに、ミランダの生理的な計測値も同じ経過をたどっていた。夢のなかでセックスをしていた二回目と三回目の合図のあいだは、膣内の血流が増加し、呼吸がはやくなり、性器の筋肉が収縮していたのである。

ラバージは男性被験者（仮にランディと呼ぶ）でも試みた（膣の計測器のかわりに、ランディには陰茎の膨張を測る装置を取りつけた）。ランディも明晰夢がはじまるとまず空を飛ぶことにした。屋根をぬけて浮かびあがり、「スーパーマンのように」飛んだ。誰かの家の裏庭に着地して、任務を思い出し、「女の子を求めた」。願いはすぐにかなえられた。女の子があらわれ、彼に「刺激的なキスをしはじめた」。この実験でも、彼の生理的計測値と夢のなかの出来事が一致することが示された。三〇秒にわたる性行為のあいだ、呼吸がはやくなり（その夜の最高レベルだった）、陰茎の膨張も計測された。ラバージは「驚いたことに、夢のなかで絶頂に達したあとすぐに陰茎は委縮しはじめた」と記している（ミランダとちがって、ランディのオルガスムは夢のなかだけで起きた）。

このような発見にもかかわらず、ラバージが学界から注目されることはなかった。明晰夢を見ることができたところで、がんが治るわけではない。たとえ注目する人がいても、重要性のない不思議な世界というのがせいぜいの認識だった。研究をはじめて一〇年、とうとう資金繰りがつかなくなった。一九八八年、スタンフォード大学からの借り入れは二万ドルになっていた。ラバージはあるインタビューで、「あのとき資金を集めることができていれば、研究者として続けただろう。まちがいなくそのほうが私には向いている」と答えている[42]。

ラバージ以上に明晰夢の研究を押しすすめる者はいなかった。彼と明晰夢は、ルイ・パストゥールと低温殺菌法、トーマス・エジソンと電気のようなものだった。しかし、彼は研究に没頭する代わりに、資金を集める方法を考え出さなければならなかった。そこで、明晰研究所を設立し、私がペルーで読んだような明晰夢の手引書を書きはじめた。

第3章　夢は研究室へ

スティーヴン・ラバージは夢への情熱に突き動かされて、大学から在野に下ったが、マット・ウィルソンは学問の世界に根をおろしている。ウィルソンは夢の研究で名を成すつもりはまったくなかった。大学院でコンピューターと神経システムを学んでいたときに頭にあったのは、記憶はどのように形成され、どのように保管されるのか、そしてそれらの記憶がどのように私たちを形作っているのか、という疑問だった。ウィルソンのように王道を行く研究者にとって、夢は研究対象ではなかった。しかし、一九九一年のある日、一匹のラットがその計画を脱線させ、彼の運命を変える。

「自然な行動については、ラットに主導権がある」[1]。ウィルソンはマサチューセッツ工科大学の研究室で、床から天井まである窓から、日がふりそそぐケンブリッジ・ストリートを見下ろしながら、当時のことを振りかえった。ピカワー学習・記憶研究所にある研究室は、大学の研究者というより、企業の重役にふさわしい部屋だった。出世のきっかけになったのは、実験用のラットだった。「タスクを設定しようとしても、ラットは自分がしようと思ったことをする。走りまわれば、疲れる。ラットを眠らせるための実験を計画したわけではない」

ウィルソン——当時三〇歳で、アリゾナ大学で博士課程修了後の研究に取り組んでいた——は、ラットの海馬に微小電極を埋めこみ、チョコレート味の餌をばらまいた迷路に放すという実験を行なっていた。解明したかったのは、餌を求めて走っているときに、齧歯《げっし》類《るい》の場所細胞はどのように発火するのかということだった。場所細胞とは、特定の場所に着いたときには必ず活発に働くニューロンの一つで、人間を含めた動物が新しい場所で道を学ぶときに重要な役割を果たす。[2]たとえば、人間が見知らぬ森を探検するとき、新たな場所にたどり着くたびに脳内のさまざまな場所細胞が発火し、脳内に地図ができていく。さきほどいた場所に戻ったときには、脳は最初にいたときにつくった認知地図を呼び起こす。同じことが迷路のなかを歩き回るラットにも起こる。新しい場所に着いたときには新しい場所細胞が活性化する。時間をおいて同じ道をたどれば、同じニューロンが発火する。こうして使うべき細胞を学んだラットは、よりスムーズに動くことができるようになる。おもしろいことに、場所受容野の大きさは環境の大きさによって変わる。迷路が長かったり、探検する場所が大きかったりすれば、場所受容野も大きくなる。「はじめての環境にさらされたときには、場所受容野はまだできあがっていない」とウィルソンの研究室にいる博士課程の研究者ハンナ・ワートシャフターは説明してくれた。[3]「場所受容野は大きく変わるもの。最初は行く手がどうなっているかわからない。わかってくれれば、徐々に場所受容野も固まっていく」

ウィルソンは、電極が描くラットの脳波を使うつもりだったが、念のためにオーディオ・モニターにもつないだ。「音を聞けば、脳内で何が起きているかよくわかるからだ。記録がうまくいっているかも確認できる。細胞が発火した音を聞くことができ、脳の状態を聞くことができる。たとえば、この動物は活動しているか、走っているか、休んでいるか。それぞれの状態には独特のリズムがある。もし活発に走りまわっていれば、一〇ヘルツのシータリズムが聞こえてくる」

一九九一年のその日、ウィルソンは実験を終え、ラットを迷路から出してケージに戻した。疲れておなかがいっぱいになったラットは、追いかけるものもなく、すぐに眠りについた。しかし、ウィルソンは仕事を終えるわけにはいかず、データを処理しはじめた。オーディオ・モニターのスイッチを切り忘れて仕事に没頭していたとき、ふと何かがおかしいと気づいた。「とつぜん、動物が走りまわる活動の音が聞こえてきた。チッ、チッ、チッというシータリズム。それから場所細胞のバッ、バッ、バッという音が」。わけがわからなかった。さっき眠りにつくところを見たので、起きて動きまわっているとは思えなかった。なぜ動きまわっているときに特有の一〇ヘルツのリズムが聞こえたのか。

「はじめはラットが目を覚ましたのだろうと思った。それで活動を開始したのだろう、と。ところが、実際に見に行ってみると、ラットは眠っていた」。驚いたウィルソンはデータを放りなげ、スピーカーから聞こえてくる音に集中した。まちがいない。ラットの場所細胞は、迷路のなかを走りまわっていたときと同じパターンで活性化している。「驚きしかなかった。細胞はラットが走っているかのように発火しているのに、実際には眠っているのだから」。ニューロンは起きていたときの動きを再現しているようだった。「そこには覚醒時の活動が反映されていた。脳が夢を見ているときの音が聞こえたことになる」

大きな発見をしたことに気づいたウィルソンは、ラットの日中の認知活動という研究テーマを変更し、夜の脳の活動を調べはじめた。この方向転換は大当たりで、画期的な発見が次々と出てきた。細胞の発火を正確にたどる方法をあみだし、眠っているときに夢のなかの迷路のどこにいるか特定できるようにした。日中によく行った場所ほど、夢のなかでもそこに該当する場所細胞が活性化することがわかった。まるでラットの脳が、日中もっとも重視した活動に睡眠のエネルギーを費やしているかのようだった。また、日中の活動が細胞で繰り返されるのは海馬に限らないこともわかった。視覚野のような脳の感覚野も眠っているときに活性化していたのである。これはラットが眠りながら視覚心像を喚起している可能性を示唆している。

このニューロンの再現をもって夢を見ていると言えるだろうか。ラットに夢を見たかどうかは訊けないが、ウィルソンは十分に考えられると思った。「関連する心像を伴い、時間とともに変化する実際の記憶。夢を見ている状態を定義するならそういうことだろうと思う。少なくともこのラットに関してはそう思う」

ウィルソンはこの結果を一九九〇年代と二〇〇〇年代はじめに発表し、夢の研究の再興に一役買った[4]。人間である被験者の報告しか拠りどころがないから、あるいは、研究者とはいえないような人間がやっているから、という理由で夢の研究を却下する懐疑論者も、ウィルソンの研究は否定できなかった。ラットは人間とちがって、タブーの多い夢について嘘をつくことはない。夢を覚えているかどうかも問わない。しかもラットの脳はモデルとして利用できる、とウィルソンは言う。「動物の夢をモデルに利用しながら、コントロールされたしくみのなかで夢を研究することができる。これは睡眠と夢に対する認識を変える大きなきっかけとなった」。ニューロンの活性化はそれほど苦労しなくても観察できる。日中の環境はコントロール可能だ。人間の認知システムは齧歯類よりもはるかに複雑だが、それでも類似点はあり、脳は同じような機能を満たす構造になっている。「人間の海馬も齧歯類と同じように空間認識をつかさどる」とウィルソンは説明する。タツノオトシゴの形をした海馬は脳の奥にあって、場所細胞を多数持ち、空間認識のあらゆる場面で重要な役割を果たす。新しい記憶をコード化する、それを結合する、呼び起こすといった具合だ。ロンドンのタクシー運転手は道や主要建築物をたくさん覚えなければならないことから、海馬が一般の人より発達しているというのは有名な話だ。[5] 逆に、人間も齧歯類もそうだが、海馬が損傷すると空間を記憶することはできなくなる。

ウィルソンがマサチューセッツ工科大学でラットの夢に聴きいっているとき、わずか数マイル先でも睡眠と学習をテーマに独創的な研究が行なわれていた。世紀が変わるころ、ハーヴァード大学の精神医学者ロバート・スティックゴールドは、流れを大きく変えることになる論文を発表した。[6] 学生が昼間にテトリスをした場合、その夜の夢にゲームの映像が出てくるというのだ。学生たちは眠っているあいだもゲームをし続けているように見えるという。

スティックゴールドが、夢、とくに入眠時に見る夢にはもっとも強力な記憶が表現されるのではないかと考えたのは、ロッククライミングをしたときの自身の経験がきっかけだった。「あのとき私はヴァーモント州で家族といっしょに夜遅くまで起きていた」ボストンの病院の八階にある飾り気のないオフィスで、彼は語った。[7] ドアの外には『BOISTEROUS BOB〔陽気なボブ〕』というプレートがかかっていて、それがふさわしいニックネームであることはすぐにわかった。何年も前の話をしているのに、新しいものを発見したときの興奮から、実験がもたらした幸運を喜ぶ気持ち、学生のひらめきに高揚する様子までひしひしと伝わってきた。

　キャメルズ・ハンプと呼ばれる険しい山を登ってくたくただったスティックゴールドは、一晩ぐっすり寝て疲れを取ろうとベッドにもぐりこんだ。ところが、うとうととしはじめたころ、目の前に映像がうかび、その日一日果敢に挑んだ山に戻された。「眠りに落ちたとき、山にいたときの記憶が鮮やかによみがえった」という。ふたたび戻ったその場所で、なんとかして難所を乗り切ろうとした。「指には岩を感じた」。ようやく夢から覚めたものの、またうとうとしはじめると、同じ光景がよみがえった。岩の上にいるという感覚を振りはらうことはできなかった。「その日の山登りを終えてからすでに六時間から八時間はたっていたというのに。眠りそのものが記憶に働きかけているように思えた」

　休暇の残りは、眠りに落ちたときに浮かんでくる心像に意識を集中して過ごした。やがて、自分が最近チャレンジしたこと——荒れる海でのセーリングや急流でのラフティング——がよく出てくることに気づいた。それで、脳はその日の中心となる活動やもっとも大変だったことを再生しているのではないかと思うようになった。

ハーヴァード大学に戻ったスティックゴールドは、自分の仮説を検証したいと思ったが、実験室のなかでどうすればいいのかわからなかった。「被験者を集めて山登りをしてもらう計画を治験審査委員会に出そうかと、冗談で言ったくらいだ」。ある日、彼は学生たちを前に、ヴァーモントで発見した現象を実験できない不満をもらした。「すると、ある学生が『テトリスでも同じことが起きますよね』と言ったんだ」。テトリス――形の異なるカラフルなブロックを画面下に落ちるまでに操作するコンピューターゲーム――をやった夜は、よく夢のなかにそのブロックが出てくるという。この会話のおかげでスティックゴールドはひらめいた。「実験できるじゃないか」

彼は二七人の被験者を集めた。一〇人はすでに五〇時間以上はテトリスに費やしている上級者で、一七人は一度もやったことがない初心者だ。参加者には三日間、毎日七時間テトリスをやってもらった。スティックゴールドは、被験者が眠りはじめてから最初の一時間に何度か起こし、何の夢を見ていたか訊いた。すると、五分の三以上の被験者が、昼間見ていたのと同じように、ブロックが落ちてくる光景を見たと言った。テトリスに関係する夢を見ていたのは初心者に多かった。四分の三以上の人が少なくとも一回はテトリスの夢を見たのに対して、経験者では半分だった。スティックゴールドがヴァーモントの山に連れもどされてもう一度山登りに挑戦したように、眠ったときの脳は新しいスキルをもう一度練習するチャンスを被験者に与えたようだ。

初心者と上級者では、夢のなかでのテトリスのあらわれ方がちがった。初心者の夢には、コンピューターで見たのと同じ白黒のブロックが出てきたが、上級者の夢にはもっとおぼろげな記憶が反映されていることがあった。ある女性の夢には、昔やった旧式のテトリスを思わせるカラフルなブロックが出てきた。スティックゴールドによれば、女性の脳は過去の経験を呼び起こし、「その強度や構成、つながりを仕立て直して、適応するかたちにしている」という。夢は、本人も忘れていた遠い記憶を呼び起こし、似たような仕事の習得を後押しすることがある。

　スティックゴールドは、その夏、友人の精神科医が健忘症の患者を診ていたことからふと思いついて、初心者のグループに健忘症の人を五人入れてみた。健忘症の人は海馬に損傷があり、記憶を形成することも維持することもできない。実験では、スティックゴールドの研究室で助手をしていた学部生のデイヴィッド・ロッデンベリーが、ボストン郊外に住む患者の自宅に通った。訪ねるたびに彼らは「こんにちは。以前お会いしましたか」といった調子であいさつする。ロッデンベリーは毎回自己紹介し、テトリスのルールを説明した。彼は当時を思い出す。「みんないい人だった」[8]。言い争いをしても侮蔑されても、悪意や恨みに発展する前に忘れてしまうため、後ろ向きの感情を持ち合わせていないのだという。夜、被験者が寝るときにはモニター装置をつけさせてもらい、ロッデンベリーは別室で待機した。被験者がレム睡眠に入ったことをコンピューターが知らせると、ロッデンベリーは被験者の寝室に入って、起こし、何の夢を見ていたか訊く。「毎回びっくりされた。向こうはぼくが誰で、なんで自分の寝室にいるのかわからないわけだから」

　しかし、この奇妙な試みは大きな成果をあげた。健忘症の人はテトリスの記憶を維持することはできなかったが、夢のなかでブロックを見ていたのである。「彼らはブロックが浮いている光景を見たり、ブロックを一列にそろえようとしたりした。なぜそうしているのかはわからないいま」とロッデンベリーは言った。ブロックの心像をコンピューターゲームと結びつけることはできなかったが、彼らの夢はまちがいなく昼間行なったゲームに影響されていた。

「デイヴィッドがはじめて電話をかけてきて『報告がある』と言ったときのことはよく覚えている。本当にびっくりした。驚きのあまり、オフィスを出て研究室に行って、なんでこんな実験をしたんだっけ？　と思わず口にしたくらいだ。まさかこんな結果が出てくるなんて」。健忘症患者を参加させるという思いつきは、このプロジェクトのなかで最大の驚きを生んだ。「皮肉なことだが、夢は無意識への王道であるというフロイトの理論を証明したことになる」とスティックゴールドは言った（オフィスの掲示板にはフロイトの人形がとめられているが、彼は反フロイト派を自認している）。「健忘症の人はアクセスできないだけで、まちがいなく記憶を保持している」

このテトリスの夢は、健忘症の人がルールを記憶できなくても、三日間のうちにわずかながらスコアを上昇させることができた理由の一端でもある。実験が終わるころ、健忘症の女性はコンピューターの前にすわって、ブロックを動かすのに必要な三つのカーソルに自然と指を置いていた。

二〇〇〇年、「ゲームを再生する——健常者と健忘症患者の入眠時心像（Replaying the Game: Hypnagogic Images in Normals and Amnesics）」が、一流学術誌《サイエンス》に、夢をテーマにした論文としては三〇年以上ぶりに掲載された。「テトリスの論文は大きかった。なぜならこう書いてあるからだ。『これは科学として取り組める。この枠組みを使えば、何が夢に入りこんで、何が入りこまないのか、どのように入りこむのか、と問うことができる』」この論文のおかげで、科学者は学習における夢の役割を研究できるようになった。それはのちにもっとも重要な機能の一つとして認識されるようになる。

一方、カナダでは、心理学者ジョゼフ・デ・コーニンクが夢と言語学習の関係を調べていた。興味を持ったきっかけは学生時代にさかのぼる。英語を話す両親のもとに生まれたが、フランス語を公用語とするケベック・シティに育ったため、博士号取得のためにマニトバに移り住むまで、日常生活に英語は必要なかった。そのため、高い語学力は持っていたものの、引っ越し後は微妙な差異に苦労し、学業の妨げにもなった。「計算をするときにはいつも英語からフランス語に翻訳してフランス語で計算して、と行ったり来たりしていた」[9]。何週間もそんなふうに格闘していたが、ある日何かがカチリとはまり、問題は解決した。とつぜん「英語で考えられるようになった」のである。このとき気づいたことがもう一つあった。「フランス語だけではなく、英語でも夢を見るようになっていた」

デ・コーニンクは英語で夢を見るようになったことと、起きているときの飛躍的進歩には関係があるのだろうかと考えた。これはのちにオタワ大学で自分の研究室をかまえたときに、真っ先に取り組むテーマとなった。彼はまず、六週間のフランス語特訓コースをとる英語話者の学部生を集めた。[10] 彼らはバイリンガルの大学に通っているが、フランス語は高校生レベルにとどまっていたため、夏休みを返上して語学力アップに取り組んでいるのだった。終日続くフランス語の授業、夜のさまざまな活動、キャンパスでの共同生活を通じて、彼らは一日中フランス語を練習した。

学生たちはデ・コーニンクの研究室で寝ることに同意し、プログラムの開始前、開始から数週間後、プログラム終了後の三回、夢を話してくれることになった。[11]

実験の結果わかったことは、デ・コーニンク自身の体験と同じだった。最初は夢にフランス語がでてくることはほとんどなかった。「人はたいていその日行なったアクティビティに関連した夢を見るものだが、一日中フランス語漬けになっていても、すぐにフランス語で夢を見るようにはならない。第二外国語で夢を見るには、ある程度文法をマスターする必要がある。そうでなければ、夢の中で言葉は組みたてられないだろうから」とデ・コーニンクは言う。しかし、フランス語漬けの生活を数週間続けると、習得の早い学生の夢のなかにはフランス語がぽつぽつと出てくるようになった。「フランス語で夢を見はじめた学生は、語学を習得するスピードが速いか、すでに自分のものにしていた学生だった。フランス語の夢は見るようになるが、すぐにというわけにはいかない」

さらにフランス語の試験結果と睡眠サイクルのデータを比較したところ、注目すべきパターンが浮かびあがった。レム睡眠の割合が多い学生ほど成果を出していたのである。夢を見る時間が長ければ長いほど、早く上達したということだ。実際、まったく上達しなかった三人以外は、特訓コースを受けていた期間のほうが、その前後よりもレム睡眠の時間が長かった。脳が過熱状態になったために、夢のなかにまで出てきて、それが上達に一役買ったということになる。

数年後、デ・コーニンクは新しい思考様式の習得と夢の関係について、さらにつっこんだ実験を試みた。学生に上下逆さまに見える眼鏡をかけてもらったのである。最初は単純な行動すら大変だった。「読むことも、歩くことも習得しなおさなければならなかった。みんな若かったから、おもしろがってやっていたが、それでも相当大変だった。いまもう一度あの実験をやれと言われても、できるかどうかわからないな」とデ・コーニンクは振りかえる。

二四時間ぶっ通しの苦行だった。ベッドに入るときも気が休まらない。一日中眼鏡をかけて過ごした日の夜は、半数の学生が、人や物が逆さまになって出てくる夢を見た。そこまで直接的な夢を見なかった学生も、様変わりした現実をゆがんだ形でとらえていたようで、転ぶ夢や困惑する夢を見た。「観察された夢の変化は、覚醒しているあいだ逆さまに見える世界に没頭したこと、そのときの心理状態を反映している」[12]とデ・コーニンクは書いている。それから、レム睡眠の時間が「とてつもなく」伸びたという。とくに急激に伸びたのは、逆さまの世界に順応した者で、そういう学生はスムーズに歩き、普通に読み、カードを分類し、テキストのコピーまでできるようになっていた。無意識の世界で練習することが現実の世界で役に立ったのか、あるいは逆さまの夢は日中の取り組みが反映されたものにすぎなかったのか、といった論点はさておき、何かに取り組む夢とその技術の習得に関連があることはまちがいないようだ。

私が訪ねたマサチューセッツ工科大学のウィルソンの研究室は、思っていたよりもずっと活気があった。最先端の施設に、快活な大学院生たち。ここでは睡眠科学は明らかに重視されている。

次々と進められる実験の話を聞いていると、眠っているラットのニューロンの発火をとらえたときのウィルソンの興奮ぶりが少し想像できるような気がする。普通の科学はもっとゆっくり進むものだからだ。訪ねたときには大学院生のハンナ・ワートシャフターとおしゃべりをしながら、ラットが眠るのを何時間も待った。その概日リズムで私の一日とハンナのひと冬を支配したラットは、頭の一部の毛がなくなっている。ハンナが毛を剃り、三二の電極を埋めこんだからだが、ハンナはそのときのことを思い出して身震いしながら「かわいそうだけど、六時間かけて手術した」と言った。一匹のラットを丁寧に扱い、きちんと世話をする姿勢に私は感心した。麻酔から完全に回復するのに四日かかったが、ハンナはそのあいだにラットの特性を理解した。学ぶのは速かった。ときどき自分の尻尾を顔に巻いてアイマスクのように使い、発火を記録するために置いたたくさんの装置が発する光から目を守っていた。研究室の一面の壁にはスクリーンが並び、ラットのニューロンの活動がリアルタイムで表示されている。別の壁際には、大量のコードとアルミホイル、ＤＪブースのような音響設備があり、そこでラットのニューロンが発火するときの音のノイズを増幅している。ハンナが説明してくれるあいだ、ラットのニューロンは絶え間なく音を発し、ホワイトノイズのような音を響かせている。ときどきハンナは話をやめて、スピーカーから流れてくる音に集中したり、スクリーンをチェックしたりする。

「ほら、ここ！」ハンナは私にはわからないリズムの変化を教えてくれた。モニターに映る虹色の波形を指さす。「いま聞いているのがシータよ」。ハンナは見なくても、ラットは起きている、ラットは走りまわっているとわかる。「ブンブンいう音が聞こえた？」と聞かれたが、私には聞こえなかった。「ニューロンじゃないの。ひっかいているか、かじっている音。この研究をしていると、つねに聞き耳を立てるようになるのよ」

一九九〇年代、ウィルソン、スティックゴールド、デ・コーニンクといった研究者は、夢は学習に役立つということだけではなく、夢は研究対象になることを示した。誰がどう見ても正統派の学者である彼らは、それを伝えるのに理想的な人々だった。それでも、夢を研究したいという研究者はときに忍耐力を試される。

第4章　睡眠研究のルネサンス

「この会議に来ていることは、同僚には言っていない」と、ダンディな白髪の男性は小声で言った。マークはベルギー人の精神科医だ。身を乗り出してくる。私たちは会場の、これといった特徴のない食堂で食事をとりながら小声で話していた。「おかしくなったと思われるのがオチだからね」

「弟はみんなに、私が心理学の会議に行くと言っている」とトロントから来た司書のアンジーは言った。

実際にはちがう。厳密にいえば。マークとアンジーと私――それから三〇〇人ほどの参加者――は、はるばるオランダの片隅にやってきて、中世の修道院にいる。回廊はサイケデリックなコラージュや、粘土でつくられたゆがんだ顔で飾られている。いずれも製作者が夢に着想を得てつくった作品だ。科学の世界における夢の地位は上がったり下がったりしているが、三五年前に、睡眠をテーマにした会議で二流市民扱いされることにうんざりした一部の霊能者や科学者が、共有する情熱をもとに団結して以来、年に一度開かれる国際夢研究協会（ＩＡＳＤ）の会合は、夢を研究する学者と一般人の避難所となっている。

その存在をはじめて知ったとき、そこに行けば私のプロジェクトは完成するかもしれないと思った。夢についての私の疑問はすべて解決するのではないか。神経科学、心理学、歴史、文学というさまざまな分野の専門家が一堂に会し、なぜ人は夢を見るのか、夢にはどういう意味があるのか、という問いに答えを出す場所なのではないか。しかし、少し調べてみると、本当に期待していいのかよくわからなくなった。[1] ウェブサイトには、おすすめ図書として人類学の論文や科学の事例研究とともに「未来を夢見る方法」といった自己啓発書もあがっていた。[2] 組織の委員会には心理学や生化学の専門家もいたが、夢によって人生の決断をするべきだという自称パーソナルコーチもいた。会議のプログラムを眺めてみてもよくわからなかった。明晰夢を認知神経科学の見地から解説する講演があるかと思えば、夢を解釈するうえで「エネルギーフィールド」をどう活用するかといったテーマもある。

どんなサブカルチャーの世界でもどんな業界でもそうだが、ＩＡＳＤにも独自の慣習や規範がある。最初の三日間、私は会話の口火が明晰夢を見る頻度や、昨夜の夢の質についての質問で切られることに戸惑っていた。「あなたは自分の夢を活用している？」「あなたの夢生活はどう？」そういったことを、まるでニューヨークのパーティーで職業を訊かれたり、最悪のデートで趣味を訊かれたりするみたいに、何度も訊かれた。夢の信奉者にとって、年に一度のＩＡＳＤの大会はその年のメインイベントなのだ。「ここに来ると、故郷に帰ったような気がする」と、アメリカ中を回って夢のパワーを説くシェリーは言った。カリフォルニアから来た照明デザイナーのウォルターはこう言う。「ここに来ると一族の一員だと感じられる。ここに来るために生きていると言ってもいいくらいだ」

どちら側の人間なのか、見た目からはわからなかった。夢に関する専門書を四冊書いているハーヴァード大学の心理学者ディアドラ・バレットを修道院の庭ではじめて見かけたとき、彼女は、地面につきそうな長さのスカートに、スラヴォイ・ジジェクの言葉「現実とは夢に耐えられない人間のものだ」[3]がプリントされたTシャツを着ていた。イギリス人の若手研究者デイヴィッド・ソーンダーズは腰まである髪の毛を黒いバンダナでくくり、どんなに暑い日でも黒いスーツに身を包んでいた。手首には「私はいま夢を見ているか？」と刻まれたブレスレットがつねに巻かれている。ソーンダーズは綿密な調査をもとに、誰でも明晰夢を見られるようになるのかというテーマの論文を書いている。[4]会合の参加者の一人が自宅の地下室でつくっているという明晰夢の導入装置の説明には、根気強く耳を傾けていた。

ＩＡＳＤの会員は協会の奇妙な伝統を楽しみ、ドリーム・テレパシー・コンテストといったイベントに参加する。講演の登壇者の一人が送り手として選ばれ、あるイメージを選んで瞑想する。ほかの人は翌朝、自分が見た夢の内容を書いて投函し、送り手がイメージしたものにいちばん近い人が優勝となる。

最終日近くの夜、その年の送り手として選ばれた、明晰夢を見るクレアという女性は自室に戻り、暗闇のなかで「象の頭を持つ神！」と叫び、腕をぱたぱたとなびかせて象のまねをした。クレアは眠り、明晰夢に入った。そのなかで時計塔に飛び、そこから修道院のひとけのない地面にむかって、ヒンドゥー教の神ガネーシャのイメージを送った。その夜、ソウルから来た詩人のローレンは、白黒のペンが牙になっている象の形をしたペン立ての夢を見た。翌朝、彼は夢の内容を思い出せる限り詳しく書いて、主催者が夜のうちに回廊にかけた絵をチェックした。そこには棒高跳びの選手、クリスマスツリーの前にいる赤ちゃん、牧草地にいる馬、精巧に描かれたガネーシャの絵があった。ローレンは最後の絵の横に置かれた箱にレポートを投函した。翌日、クレアはローレンを祝福し、黄色の紙でできた王冠を彼の頭に載せた。

最終日の夜、ごく普通の会議室にみんなが集まった。一週間のクライマックス、待ちに待った夢の舞踏会である。参加者はみな自分の夢に出てきた登場人物に、見た目から行動までなりきることになっている。伝説によれば、悪夢を忠実に再現すべく、素っ裸であらわれた女性がいたらしい。

この年は、紫のストラップワンピースを着た女性が、麦わら帽子を持って挑発的なダンスを披露していた。妖精の青い羽根をつけ、頭に花冠を載せた女性はとつぜん「いつか夢で」を歌いだした。クリスマスの電飾を巻きつけた女性は、つま先立ちで円を描いて歩きながら、自分の後ろに赤い羽根を落としていった。床につきそうな丈のマントに身をつつみ、黒い羽根のマスクをつけた男性はユングのつもりだった。私は自分がどこにいるのかわからなくなっていた。みんなが混じりあって光とスパンコール、プチプチシート、かつらの塊に見えてきた。ある人は鏡のある部屋で、ある人は魔女で、ある人は空《そら》で、ある人は白い色だった。

みんなは一列に並んで自分の衣装を語り、最後に悟りを披露して締めくくる。「そして気づいたんです。私は自分の人生を歩んでいると」「私は現実の本質を理解しました」。まるでグループセラピーと学校のダンスパーティーを足して二で割ったようなものだった（学校の先生はダンスフロアにいなかったけれども）。ヨーロッパでもっとも成果をあげていると評判の睡眠研究所を運営する神経科学者のマイケル・シュレドル[5]は、ブロンドのかつらをかぶってギターをかき鳴らす男といっしょに歌っていた。バレットはフクロウの仮面をつけていた。

「名残惜しく思っている人が多いでしょう。帰ったら夢を共有できる人がまわりにいませんから」。カルマの浄化についての著作もあるＩＡＳＤの会長が言う。協会のリーダーたちが夢に理解がある世界をどのようにつくっていくか意見交換しているところを見ていると、私は宣教師の秘密の会合に侵入してしまったかのような気がした。ある人は車や体を使って宣伝してはどうかと提案していた。バンパーに貼るステッカーやロゴ入りのＴシャツを不特定多数の人に配るというのだ。入れるメッセージはこうだ。「あなたの夢を教えて」

こうした運動も近い将来、それほど突飛なものとは思われなくなるかもしれない。夢と睡眠はついに暗闇からその姿をあらわそうとしている。現在、夜間の意識を研究する科学者は医学と神経科学の領域に籍を置いている。彼らにはＭＲＩがあり、現代的な実験室がある。自力で装置をつくったり、人里離れた修道院に集まったりする必要はない。彼らが夢の舞踏会で仮装したり、テレパシーを受けて夢を見た人を祝福したりするのは、異端と見なされた先人たちと、証明されることのなかった考えに敬意を表しているからだ。そして、ユージン・アゼリンスキーやスティーヴン・ラバージからディアドラ・バレットやロバート・スティックゴールドにいたる数々の夢の研究者を際立たせてきた、偏見を持たない知性の証でもある。夢に興味を持つ研究者というのは、そもそも並外れた忍耐力の持ち主なのだろう。そして夢の世界にどっぷりつかって研究するうちに、その忍耐強さはさらに磨きがかかるのだろう。私自身は自分のこのプロジェクトに自信が持てなくなるときがあった。夢の謎に取りつかれているとき、私は自分が錨《いかり》を失い、物質世界から切り離され、論理を欠いて、確かなものを疑っているように感じたのである。

夢に対する科学的な関心が甦った――そのおかげでＩＡＳＤの斬新さが際立つことになった――のは、睡眠についての新しい発見がきっかけだった。数十年前から、睡眠不足は肉体的にも精神的にも多くの問題を引き起こすとされてきた。たとえば、集中力や問題解決能力の低下、不安、[6] うつ状態、[7] 心臓病、[8] 肥満[9] などがあげられる。二〇〇〇年、二人の心理学者が睡眠不足とアルコールによる酩酊の影響を比較したところ、一七時間から一九時間起きていると、目と手の協応動作、記憶力、論理的思考能力において、血中アルコール濃度が〇・〇五パーセント（飲酒二杯程度）の人と同じレベルまで落ちることがわかった。[10] 眠気のある状態で運転するのは、いまでは飲酒運転と同じくらい危険だとされている。睡眠の科学を研究するマシュー・ウォーカーによれば、「アメリカでは、疲労が原因のミスによる交通事故で、一時間に一人は亡くなっている」という。[11]

二〇〇二年にボストンの病院で行なわれた実験では、研修医のうちの半数の仕事量を減らしたうえで仕事と睡眠を記録してもらった。[12] 通常の勤務をした研修医は、週に平均一九時間多く働き、睡眠時間は一晩当たり四九分少なくなっていた。そして夕方の勤務中に、二倍以上の注意力不足（眼球の動きの鈍化により示される集中力の欠如）を記録した。追跡調査により、睡眠不足と、診断や処方の深刻な――ときには致命的な――ミスのあいだには関係があることも明らかになっている。[13]

睡眠は、細胞の修復にとってもっとも重要な時間であることがわかっている。眠っているあいだ脳の老廃物を排出する働きを促すグリンパティック系[14]は活発に活動する。[15] マウスの場合は、神経線維を守り、ニューロン間の伝達を促進する脂肪性物質ミエリンが再生される。[16] 人間の成長ホルモン――子どもの成長と大人のさまざまな代謝に関係する――も下垂体から分泌される。[17]

睡眠不足は心筋梗塞や脳卒中のリスクを上昇させ、免疫システムを弱める。[18] 慢性的な睡眠不足は高血圧のリスク因子となり、一晩徹夜しただけでも、血圧上昇の原因となることがある。[19] 食欲にも影響する。[20] 睡眠不足は、空腹を刺激するホルモンのグレリンの数値を急激に上げ、抑制するレプチンを減少させる。約五〇〇〇人の成人を一三年にわたって調査し、年齢や体力、家系などを考慮してまとめた結果からは、若年層では、一日の睡眠時間が六時間以下の人の肥満率が、そうでない人の七倍になっていることがわかった。[21] 一五〇〇人を対象にした調査では、睡眠時間が五時間以下の人たちは、七時間から八時間眠っている人たちに比べて糖尿病の発症率が二倍以上になることがわかった。[22]

精神の健康を維持するうえでも、つらい記憶を処理するうえでも、睡眠はかけがえのない役割を担っている。心を乱す映像を見せられた被験者も、睡眠をとったあとでもう一度見せられたときには、最初のときほど動揺せずにすんだ。[23] 健全な精神状態の人でも、たった一晩眠れなかっただけで怒りっぽくなったり、猜疑心にとらわれたりすることがある。[24] 村上春樹の小説に出てくる健康だった女性は不眠症になり「私の体は水死体のように感覚を失っていた」と述べている。[25]「自分がこの世界に生きて存在しているという状況そのものが、不確かな幻覚のように感じられた」

過去を振りかえれば、睡眠を軽視する私たちの姿勢は、危険な挑戦を生みだしたこともある（ただし、大発見にもつながった）。一九五九年一月、ピーター・トリップという有名なＤＪは、チャリティのために二〇〇時間（八日以上）起きていることにした。[26] 健康な三二歳は、それくらいは大丈夫だろうと思ったのだ。彼はタイムズ・スクエアにガラスのブースをつくって、そこで過ごすことにした。観光客を楽しませることもできるし、そこから毎晩ラジオ番組を放送することもできる。精神科医の一団が詰めている、近くのアスターホテルには定期的に訪れた。医師団は二四時間彼を監視し、一瞬たりとも眠っていないことを確認した。トリップがぐったりしてくると、医師団は冗談を言って笑わせたり、ゲームをしたり、ゆすったりして目を覚まさせた。《ニューヨーク・タイムズ》紙は、ほぼ毎日その様子を伝えた。初日、トリップはいつもどおりの陽気さで、笑顔を見せ、ガラス越しに手をふった。しかし、まずこの機嫌があやしくなった。三日目には、まわりにいる人にいらだちをぶつけるようになった。髪を切ってもらったときには、怒鳴り散らして理容師を泣かせた。それでも毎晩なんとか立て直し、レコードを回し、リスナーと話をした。一〇〇時間経過した折り返し地点で、《ニューヨーク・タイムズ》紙は、「疲れてはいるが、精神状態はまともである」ように見え、「普通の会話もできるようだ」と伝えている。[27]

やがて、現実が正しく認識できなくなる。トリップは靴を脱ぎ、靴底にクモの大群がいるのにどうして誰も気にしないのだろうと思った。タイムズ・スクエアの時計は友人の顔になっていた。ラジオ向けの聞き取りやすい話し方は崩れ、何を言っているのかわからなくなり、体温は危険なほど低下した。一三五時間たったところで、何を言っても何をしても起こしておくことができなくなったため、医師団は一日四回リタリンを投与しはじめた。興奮剤は彼を起こしておくことはできたが、正気を維持することはできなかった。実験も終わりに近づいたころ、トリップは一人の医師から逃げ出した。スーツを着たこの男は葬儀社の人間で、自分の死体を取りに来たと思ったのだ。「最後の夜、彼は完全にわけがわからない状態になっていて、実験を終わらせないわけにはいかなかった」と実験に参加した研究者の一人は言っている。二〇一時間、ほぼ八日半を過ごしたあとで、トリップはよろよろとアスターホテルに入り、一三時間と一三分眠った。その大半がレム睡眠だった。[28] 翌朝、幻覚は消え、気分ももとにもどったが、関係した研究者は危ない試みだったことを認めている。「細心の注意を払って行なったが、もう少し検討していれば、実施を反対する声もあがっただろう」[29]

一九六五年、サンディエゴに住むランディ・ガードナーという一七歳の高校生は科学の実験のテーマを探していて、トリップの偉業を知った。[30] 十代の男の子らしい無謀さで、ランディは自分ならもっと起きていられると思い、二六四時間、一一日間起きてトリップの記録を破ろうと決意した[31]。ウィリアム・デメントは地元の新聞でランディの計画を知り、眠らせないための手伝いを申しでたが、時間が経つにつれ、デメントの仕事は次第に難しくなっていった。とくに朝の三時から七時のあいだは大変だった。ランディが目をつぶらせてくれと懇願すると、デメントは大声でどなり、外に連れ出してキャッチボールをさせた。こうしてなんとか起こしておくことはできたものの、連日の徹夜はデメントの体にもこたえ、デメント自身が一方通行を逆走してとめられたりした。

ランディの健康は身体的にも精神的にも蝕まれていった。二日目には目の焦点があわなくなり、気晴らしに見ていたテレビを見られなくなった。三日目、ランディは吐き気を訴え、筋肉は本人の意思とは無関係に動いた。翌日には、気持ちが沈み、頭蓋骨に何かきつく巻きつけられているように感じた。一一日目、一〇〇から七ずつ引いていくように指示したところ、ランディは六五まで数えてとつぜんやめた。どうしたのかと訊くと、自分が何をしているのかわからなくなったという。二五二時間たったところで病院に行くと、危険な状態であると診断された。医者の記録によれば、「断続的な興奮、筋肉の協調運動障害、不明瞭な発音、名詞失語症、目の焦点を合わせることができない」といった症状があり、さらに妄想も見られた。話すときには「まったく抑揚がなく、不明瞭な発音で、大儀そうにゆっくりと」声を出した。顔には表情はなかった。まぶたは垂れさがり、腕はぴくぴくと痙攣していた。

一九八九年、ギネスブックは不眠記録は危険であるとして、カテゴリーから削除した[32]。

いまでは睡眠が学習に欠かせないことがわかっている。徹夜で勉強したことがある人ならわかっているだろうが、睡眠不足により避けられないことの一つが記憶力の低下だ[33]。たった一晩、睡眠が足りなかっただけで、新しい技術を習得したり、新しい情報を吸収したりする能力は落ちる[34]。実験では、よく休んだ被験者は、記憶力、空間認識能力、認知機能を測るすべてのテストで睡眠不足の被験者よりもいいスコアを出した（前日の夜に出てきた言葉や詳細を思い出したり、仮想空間の迷路にチャレンジしたり[35]、体を使った作業をマスターしたりした）[36]。現実の世界では、睡眠不足は成績の不振につながり[37]、テストでいい点が取れなくなる[38]。睡眠サイクルの構成単位を特定するのは難しいが、重要な長期記憶を形成するうえでもっとも大切なのは、夢を見ている時間かもしれない。最初のノンレム睡眠では、近い過去を思いかえすが、その後の夢を見るレム睡眠の段階では、より古い重要な記憶を扱う。「ノンレム睡眠では、最近の体験の記憶が再生される」とウィルソンは説明している。「短い断片的なシーンが次々に再生される。短く編集されたシーンの連続という点で似ていることから、私は『MTV型の記憶』と呼んでいる」。ところが、レム睡眠では「過去の体験を取り出して終わりということにはならない。最近も昔も含めた過去に学んだすべてが再評価される」。

睡眠不足が身体と精神におよぼす影響の本当の犯人は、夢の欠如なのかもしれない。レム睡眠の機会を一回逸すると、その反動で次のレム睡眠は長くなる[39]。レム睡眠は欠かせないものなので、体は不足を補おうと自然のリズムを調整するのである。実験でレム睡眠を完全に奪われた動物は、まったく眠らせてもらえなかった動物と同じ症状を示す（ただし変化のペースはゆるやかで、レム睡眠をとらなかったラットは四週間から六週間で、睡眠そのものをとらなかったラットは二、三週間で死んだ）。[40]ウィリアム・デメントは一連の実験により、猫を膝にのせて眠らせ、レム睡眠に入るたびにやさしく鼻をつつけば、猫は夢を見ずに眠り続けられることを発見した。レム睡眠をとらずに何日か過ごした猫は、睡眠をとっているにもかかわらず、よく興奮し、乱暴になっていった。[41]それまでは近くにネズミがいても無視していたのに、「獰猛に」襲いかかった。「前には見られなかった貪欲さで餌をがつがつ食べた」。発情も見られ、ふだんはほかの猫と関わらなかった猫が「しきりにマウンティングするようになった」。

新しい睡眠科学は教育方針や政策にも影響を与えている。睡眠の重要性を訴えるデータを掲げ、米国小児科学会のお墨付きを得た親や活動家たちは、高校の始業時間を繰りさげる運動をはじめた（誰もが一度は学生時代に夢見ただろう）。睡眠不足は貧困の原因であると断定する声もある。数年前、ペンシルヴァニア大学の開発経済学者は、インドのチェンナイに「貧困研究所」を立ちあげ、通りの騒音やひっきりなしに飛びまわる蚊に悩まされながら眠る人々にアイマスクと耳栓を配った。[42]研究所を立ちあげた一人である経済学者のヘザー・スコフィールドは、このように睡眠を手助けすることで生産性にどのような変化が見られるか調べようとしている。

睡眠の科学が特殊な隙間産業から、潤沢な資金を持つ業界に発展するにつれて、夢の科学者は睡眠医療の世界に自分の居場所を見つけるようになった。二〇〇〇年代のはじめごろまでには、夢の科学を復興し、忘れられた古い研究を再検討するための舞台は整ったといえる。こうした発見を学ぶことは、自分たちをより深く理解することにつながるだろう。

第5章　夢で問題を解決する

八月のじめじめとしたある土曜日、私はよさそうに思える男性とデートに出かけた。ビールを二杯飲んで、少し歩いた。彼は通りすぎたビルの好きなところを語った。誰かが玄関先に捨てた本の山を二人であさり、彼はウィリアム・フィネガンのサーフィン人生をつづった自伝を読むべきだと力説した。私たちはキスをした。その息は煙草くさく、私は歯磨きに走りたい衝動と闘った。家に帰ってから、週末の予定を尋ねる絵文字満載のメールをもらったが、返信する気にはならなかった。

よく言ってもまあまあのデートだった。もう会うことはないだろう。しかし、日が経つにつれて私は考え直すようになった。見限るのは早かったのではないか。もう少し様子を見てもいいのでは？　いいところだってある。ハンサムで背が高くて定職についている。しかも同業者ではないので新鮮味がある。

数週間後、リアルな夢を見て私は自分の直感を疑うのをやめた。夢のなかで私は二回目のデートに出かけた。このときは友人を二人連れていき、私たちのやりとりを観察して見定めてもらうことにした。デートも終盤にさしかかったころ、友人は私をひっぱり、二人で一致した意見を告げた。つまらない男。私の直感は正しかった。目が覚めて夢を振りかえりながら、わかったことが二つある。彼を一瞬たりとて好きだったことはない。そしてもっと重要なのは、恋愛について自分の気持ちを見極めるときには、人を頼りにしないで、自分の直感を信じるべきだということ。

　夢は、運がよければ、個人的な問題の本質に気づかせてくれたり、創造的なプロジェクトのアイデアをくれたりする。ただぼんやりと答えを探すより、非現実的な世界で何らかの比喩を目にするほうが、新しい視点を得やすいだろう。私たちは象徴の意味するところを考え、奇抜さに驚き、本当の気持ちを反映していることに驚く。

　一九九〇年代、ディアドラ・バレットは、人は日々の問題に夢をどのように活用しているのか調査した。[1]まず大学生に、夢は問題解決に活用できるかもしれないと教え、夢がきっかけで何かを発見した話を紹介した。次に、夢で取り組んでみたい個人的な問題を選んでもらった。一般的な学生と同じように、恋愛や進路に悩んでいる人が多かった。その後一週間、毎晩寝る前に一五分間その問題について考えてもらい、朝起きたときには見た夢を書いてもらった。一週間後、夢日記を提出してもらい、独立した判定人二人に読んでもらった。すると、学生の半分は一週間のどこかでそれぞれの問題の夢を見ており、四分の一は解決方法まで夢に見ていた（多くの学生が、夢には何かしらのアドバイスが含まれていて、ときにそれは理解できない比喩の形で出てくるのだと信じていた)。

心理学者を目指すある学生は専門分野の選択に悩んでいて、臨床心理学と産業心理学の両方の大学院課程に出願していた。彼女は夢のなかでアメリカ上空を飛ぶ飛行機に乗っていた。すると、とつぜんパイロットからエンジンが故障したというアナウンスが入った。安全に着陸できる場所を見つけなければならないという。そこでマサチューセッツはどうかと提案した。自分が育ち、大学に通った場所で、家族はいまもそこに住んでいる。だが、州全体が「非常に危険」で、西海岸までなんとか飛ばなければならないとパイロットに言われた。目が覚めたとき、彼女ははじめて気づいた。出願した臨床心理学の課程がある大学院はマサチューセッツにあり、産業心理学のほうは遠く離れていることに。「自宅にいてはいけないと思った。おかしな話に聞こえるかもしれないけれど、どの課程をとるかということより、親元を離れることのほうが私にとっては重要だったのだと思う」。不規則な月経に悩む別の学生は、医者に激しい運動と厳しいダイエットが原因だと言われる夢を見た。いずれも本当の医者には伝えていないことだった。「ダイエットと運動のことは言うべき」だと、夢を振りかえって彼女は認めた。

バレットの研究の流れをさかのぼると、一九世紀にたどりつく。このとき生物学者チャールズ・チャイルドは、意思決定過程で夢を利用するかどうか学生にアンケートをとった。一九七〇年代には、ウィリアム・デメントがもっと厳密な方法で調査を実施している。デメントは、まず五〇〇人の学部生に難しい問題が書かれた用紙を渡し、寝る直前まで見てはいけないと指示をした。[2]学生は三日間、夜寝る前に問題を一問あけて、一五分間取り組む。翌朝、夢に見たことすべてを書きだし、それからもう一度問題に取り組んだ。

最初の問題は、O、T、T、F、Fという文字が、ある無限に続くパターンのはじまりだとして、続く文字を考えるというものだった。ある学生は、画廊で歩きながら壁にかけられた絵を数える夢を見た。「一、二、三、四、五（one, two, three, four, five）」。ところが、次の六枚目と七枚目があるはずの場所には、額縁しかなかった。「空っぽの額縁を見ながら、ぼくは何かの謎が解けそうだと奇妙な感覚を持っていた」と学生は翌日の夢日記に書いた。「そのとき六枚目と七枚目の場所が問題の答えだとひらめいた！」（答えは、デメントが『夜明かしする人、眠る人』［大熊輝雄訳、みすず書房］に解説している。「この連続文字における次の二文字は、S、Sである。これらの文字は〝One, Two, Three, Four, Five, Six, Seven……〟という数列の各数字を完全な綴りで書くときの最初のかしら文字である」）

デメントは、全部で一一四八の夢日記を回収した。うち八七では問題への言及があり、七つには答えが含まれていた。調査に限界があることはわかっていた。すべては自己申告によるものだし、学生にはどうしても解きたいという強い思いはない。研究者にいいところを見せたいという思いが、進路や恋愛の問題における気持ちに勝ることはない。それでも、デメントは「この実験で得られた夢のなかでの解決は、問題解決の確実な実例であったと私たちは確信している」という。さらに次のように述べている。「私たちすべてが、自分がもっている問題の解答を夢のなかで規則的に与えられている可能性を、私たちは否定することはできない。たぶん、もっとも知覚力のすぐれた人だけが、夢のなかで変装的または象徴的な様式で示される解答に気づく能力を持っているのだろう」

一九八〇年代、ロンドンの精神科医モートン・シャッツマンは、夢と創造性の関係を探る自身の研究のために、新聞や雑誌の読者に協力を求めた。[3]《サンデー・タイムズ》紙や《ニュー・サイエンティスト》誌などになぞなぞを掲載し、夢で見た答えを送ってほしいと呼びかけたのである。これもまた管理された実験ではなかったが、大勢の読者から事例を引き出せるという利点があり、実際、おもしろい話がたくさん集まった。《ニュー・サイエンティスト》誌を購読していたある人は、夢のなかでこのなぞなぞに取り組むことにした。「次の文章のすぐれた点は何か――I am not very happy acting pleased whenever prominent scientists overmagnify intellectual enlightenment.（高名な科学者が知性の啓蒙を誇張するとき、私はいつも不本意ながら満足げな顔を見せることにしている）」。この問題を読んだ日の夜、その人は夢を見た。科学者のグループに催眠術の講義をするのだが、腹立たしいことに誰も聞いてくれない、という内容だった。翌朝、夢のなかの聴衆がおかしなすわり方をしていたのを思い出した。一つの机に一人がすわっていた。となりの机には二人がすわっていた。そのとなりの机には三人が、さらにそのとなりには……と続いていたのである。「この問題は数字が重要なのではないかと思い、私は単語の数を数えてみた。すると、単語に含まれるアルファベットの数が重要だと気づいた」。そして答えにたどり着いた。最初の単語はアルファベット一つ、二つ目の単語は二つ……と続いていたのである。

《サンデー・タイムズ》紙を読んでいたある女性は、シャッツマンの「次の動詞のなかで仲間外れはどれか――bring, catch, draw, fight, seek, teach, think」という問題を夢で解いてみようと思った。女性はイギリス人俳優マイケル・ケインが肩越しに後ろを指さしている夢を見た。何かを表現している。過去形を示しているのではないか。目を覚ました女性は問題について考えた。すると答えがわかった。「これらの動詞のなかで過去形が〝-ght〟で終わらないのは、draw だけだ」

シャッツマンは控えめに結論づけた。「こうした例は、夢のなかには、単なる心の落書きではなく、意味や目的を持つものがあることを示している」[4]

私たちは夢を見るとき、ブレインストーミングをしたり、自由に連想したりするときと同じように、判断を下すことなく、見過ごしていたかもしれない考えを検討し、認めたくない本当の自分の気持ちに向き合う。心理学者も夢と自由な連想のあいだには質的に似た点があるとしている。夢も白昼夢も感情と視覚には強く訴えるが、味覚や嗅覚に訴えたり、身体的な苦痛や喜びをもたらしたりすることは少ない。どちらも現在の関心や将来への不安を反映し、私たちをありえない状況や奇妙な状況に追いこむ。夢を見ている人は白昼夢にふける人と同じく、「メタ意識」を欠いている。自分が置かれた状況を無視し、架空の世界がすべてであるという幻想に身をゆだねる。詩人テニスンはこれを「より高き汎神論（The Higher Pantheism）」のなかで的確に表現している。「夢は続いている限り現実である。われわれは夢のなかで生きているのではないか」

眠りが訪れ、精神の活動が落ち着いたとき、神経科学者が「デフォルト・モード・ネットワーク」と呼ぶものが作動する。「何かに取り組んでいないときに活動する脳領域のネットワークである」とハーヴァード大学のロバート・スティックゴールドは説明する。[5] この矛盾するように思える脳の活動は偶然発見された。[6] 一九九〇年代、人間の認知の研究にＰＥＴ（陽電子放射断層撮影）が使われるようになったとき、研究者は安静時の脳（受動的に制御される状態）をベースラインとして扱い、何かをしているときに活発に活動する脳と対比させようとした。よくある実験では、被験者は短い文章を読むとか、動く点の方向を判断するといった認知作業を行ない、それからＰＥＴ装置に横たわって休む。こうしてスキャンすることで、研究者は異なる脳の状態が比較できる。当初は作業を終えた脳はすぐに活動をやめるものと思われていた。ところが、内側前頭前野と外側頭頂皮質はさらに活発に動きはじめたのである。「何もしていないときも、脳はつねに働いていることがわかった」と、スティックゴールドは言う。「運転しているとき、通りを歩いているとき、注文したメニューをウエイトレスが運んでくるのを待っているとき」あなたはとくに何かに集中していることはないかもしれないが、脳は曖昧な状態を思索したり、終了していない仕事を反芻《はんすう》したりしているのである。

以降、デフォルト・モード・ネットワークはぼんやり考えたり、[7] 創造的に考えたり、[8] 夢を見たりといった思考状態と結びつけられるようになった。「人が眠りにつくと、脳はデフォルト・モードになり、その日あったことを振りかえる。未了のタグがついているものをすべて検討している」。それはテトリス、山登り、理解できなかった会話、神経をすりへらすプロジェクトなど、新しい経験であれば、あやふやなものでもはっきりしたものでも対象となる。

夢はある意味、究極の空想だと言うこともできる。ハーヴァード大学の神経生理学者チームが、学生から聞いた夢と起きているときの空想を比較したところ、どちらも奇妙な内容だったが、登場人物の不可解な外見やストーリーの脈絡のなさといった奇妙な要素は、夢のほうが二倍多かったという。神経のレベルで見れば、夢と空想は共有するメカニズムが多い。二〇一三年、キーラン・フォックス率いる心理学者チームが、空想しているときと夢を見ているときの脳の画像を比較したところ、どちらも内側前頭前野と内側側頭葉という脳の認知領域が活動していることがわかった。[9]また、レム睡眠でも視覚処理に関わる大脳皮質部分が使われることから、フォックスは、夢は「本来それほど極端な心像になることはない、自然に生じる空想が誇張されたもの」と見なした。

夢のもっとも重要な機能の一つは、型にはまらない考え方を促すことだ。夢は私たちにわけのわからない断片を大量に投げかけてくるが、そのゴミのなかには思いがけない宝物が隠れている。スティックゴールドは語る。「私はときどき言うんだ。私たちは夢を見ているとき、ベンチャー・キャピタリストになると。五パーセントの利回りを保証するような安全な投資には興味はない。求めているのはリスクの高い投資だ。ほとんどがクズに終わってもかまわない。夢は一晩中見るものだから。八〇パーセントが無駄で、意味あるものは一時間分しかなくても、夢でなければ得られない連想は貴重なものだ」

一九九九年、スティックゴールドは、人は完全に目が覚めて注意を払っているときよりも、夢から覚めた直後のほうが、言葉の連想の幅が広いということを発見した。[10]このときは大学生を集めて、三日間実験室で寝てもらい、一晩に二回起こした。この二回と寝る前、そして朝起きたときに、スクリーンを見てもらう。まず一つの単語が一瞬映しだされ、その後、文字が一つずつ出てくる。彼らは一つずつ出てくる文字が本物の単語になるのか、意味のない羅列にすぎないのか、できるだけ早く判別する。ある組み合わせでは、二つ目の単語は一つ目の単語と強い結びつきがある。たとえば、最初の単語が「長い」だったら、次は正反対の「短い」。あるいは、もう少しゆるく結びついている組み合わせもあり、その場合、学生は間接的なつながりを見つけなければならない。たとえば、「泥棒」と「悪」、「カウボーイ」と「荒くれ者」といった組み合わせだ。普通は、関係が明らかである場合のほうが、二つ目の単語は早く思いつく。ところがレム睡眠から目覚めたばかりだと、このパターンが逆になる。学生は弱いつながりを判別するほうが早かった。こうした遠い結びつきは「創造性の先駆け」になるとスティックゴールドは言う。創造性というのは「すでに持っている二つの情報を取りあげて、それらを新しい方法でつなぐことを意味するからだ」。

「夢を見ているときは、日中あるいはベッドのなかであれこれ考えているときと比べて、ずっと大きな連想ネットワークを利用している。とくにレム睡眠のあいだは、結びつきの強いものより弱いものを連想する力が働く」とスティックゴールドはつけ加える。夢を見ているときの認知状態は、新しい結びつきを試すのに最適な環境となっている。論理をつかさどる前頭葉のスイッチは切れ、同時に新しい記憶を保管する海馬へのアクセスはできなくなる。そのため脳は、最近の経験を再生する代わりに、記憶の保管庫にアクセスする。そこでは、遠く離れたファイルを手にする傾向がある。

夢を利用して問題の答えを得ようとするなら、夢を覚えておく必要がある。スティックゴールドとウィルソンが強調した機能——学習と記憶形成において夢が果たす役割——は、夢を思い出す能力に左右されない。脳内を覗きこむのはおもしろいが、この場合は必要ない。しかし、夢を忘れてしまえば、最大限活用することができなくなる。

夢はその性質上、覚えておくのが難しい。夢はとりとめがなかったり、物語の構成がいいかげんだったりするものだ。無秩序な心像の連続は、整然とした物語よりも再構築しにくい（単語よりもランダムに並んだ文字のほうが覚えにくいのと同じことだ）。記憶は反復を通じてコード化されるが、夢は一つひとつが異なる。心理学者のアーネスト・シャハテルは、夢を思い出す難しさと子ども時代の記憶を思い出す難しさを比較して、一九五九年にその著書『変身（*Metamorphosis*）』のなかで、どちらも「文化の伝統的な枠組みを超越した経験と思考を伴う」と書いている。[11]

夢の想起を妨げるもののなかには、どうにもならないものもある。女性よりも男性のほうが夢の想起に苦労する。[12] また、年をとるにつれて難しくなる（ピークは青年期）。[13] 夢をよく覚えている人には共通点があり、心理テストでは「経験への開放性[14]」と「曖昧さに対する耐性[15]」で高いスコアを出す傾向がある。こうした性質には大人になるまでにできあがるものもあるが、伸ばせるものもある。最近の研究によれば、認知症予防のプログラムには、高齢者の「経験への開放性」を高める副次的な効果もあるという。[16] いろいろなものに好奇心を示して創造力を発揮し、新しい考えを積極的に検討するようになったというのだ。プログラムの実施者は、こうした性質は人生の後半になってからは伸ばせないものと思っていた。ところが、四カ月間にわたる実験の終わりには被験者の高齢者たちは、難しい数独やクロスワードパズルも解けるようになっていた。彼らは問題解決やパターン認識といった特定の能力を身につけられることを示しただけではなく、経験への開放性も高められることを示した。この実験に参加した教授の一人は言う。「機能的に見てその人の性格は二〇歳から三〇歳以降は変わらないとする説がある。しかし、この実験により、(平均)七五歳の人たちでも変えられることがわかった」[17]

しかし、幸いなことに、夢を思い出す力は性格を変えなくても、ほんの少しの努力で伸ばすことができる。ほとんどの人は、夢を覚えておきたいと思うだけでいい。眠りに落ちるときにそう思えば、翌朝にはたくさんの夢の記憶とともに目覚めるだろう。「夢を覚えておこうと自分に言い聞かせるときにもっとも重要なのは、自分は本当に夢に興味があり、本当に覚えておきたいと、一点の曇りもなく心から思うことだ」と、長年、夢を語る会であるドリーム・グループを主催しているジェレミー・テイラーは、著書『夢の教え(*The Wisdom of Your Dreams*)』のなかで述べている。[18]「夢を覚えておきたいという希望と決意を、とくに寝る直前に意識することで、ほとんどの場合は目覚めたときに覚えている夢の数と質を向上させることができる」。生活スタイルも影響する。アルコールはレム睡眠を妨げるので、[19]寝る前には飲みすぎないようにすることが大切だ。ネット上には夢を促進するビタミンやサプリメントを勧める声が多数あるが、科学的にはあやしい。よく売られているのはビタミンB_6だが、その宣伝文句を見ると、一二人の大学生を被験者としたたった一度の実験を根拠にしており、実施した研究者自身が実験は予備段階のものだとはっきり述べている。[20]

夢を記憶するのにもっとも簡単で効果的な方法は夢日記をつけることだ。毎朝起きたらまず書く。心理学者のメグ・ジェイは、患者が夢を利用することに興味を示したときには、夢日記をつけるように勧めている。[21]

「起きたときに書き留めれば、脳は徐々にうまく対応できるようになっていく。毎日つけていれば、そのうちに『夢なんて覚えていない』という状態から『昨日の夜に見た夢は三つでも四つでも全部覚えている』となる」

一九七〇年代に、心理学者のヘンリー・リード（シャツの製造を手掛け、ヤギ牧場の経営者でもある）は一七人の大学生に夢日記をつけてもらい、週に二回、夢の意味を考える授業に出席してもらった。[22] 一二週間のあいだに、学生の夢の記憶はどんどん鮮明になっていった。プロジェクトの前半は、日記の五八パーセントに視覚的な内容が見られたが、後半には七三パーセントに上昇していた。一方、色に言及した夢の割合は三三パーセントから五二パーセントになっていた。プロジェクトに参加した学生は、夢を覚えておけるようになったことが楽しくて、もうやめていいと言われても記録し続けた。三カ月後、一七人中一二人が夢日記を継続していたという。

夢日記をつけるなら、目覚めてすぐに書くことだ。コーヒーを入れたり、携帯電話を見たり、ベッドから起き出したりする前のほうがいい。可能なら、目を開ける前のほうがいいくらいだ。体を動かしたり、物理的な環境にかかわる動作をしたりすると、精神世界から振りだされて、夢の記憶が消えてしまう。二〇〇九年、二人の心理学者は、ほんの少し気が散っただけで夢の記憶に悪影響がおよぶことを示した。エイミー・パークとキャロライン・ホートンは、二八人の被験者を電話で起こし、半分の人には夢日記を書く前に簡単な認知作業（文章のなかのeを囲むなど）をしてもらった。[23] 二人が予想したとおり、作業をした被験者のほうが、夢の文章は短く、簡単になっていた。

夢日記の形態は問わない。ノートに書いてもいいし、パソコンや携帯に打ちこんでもいい。ボイスレコーダーにふきこんでもいいし、スケッチブックに描いてもいい。形より続けることが重要なので、続けやすい方法がいちばんだ。私自身は、昔は紙の日記帳にペンで書いていた。寝る前に翌日の日付を書き、ページを開いて準備し、翌朝起きたら真っ先に書きつけられるようにした。最近は、夢の内容を細かく覚えていられるようになったので、ワードに打ちこんで記録している。朝起きてまずコンピューターを開かなければならないという難点はあるが、数百ワードの文章となると手書きよりもキーをたたいたほうが楽だし、パターンを探すにもタイプした文章のほうが探しやすい。もちろん、手書きしてから打ちこむ方法もあるし、ボイスメモを打ちこむ方法もある。夢日記は何度も読みなおして、繰り返し登場するテーマや現実の世界の出来事を反映したものを探すといいだろう。

こうしたやり方で効果がなかったときのために、ジェレミー・テイラーは別の方法を考え出した。[24] 朝起きてまったく夢を思い出せなければ、眠っていたときの体勢を再現することで、記憶が甦るかもしれないというのである。「人はだれでもその人なりの寝相のパターンがある。一つひとつの寝相を順番に再現してみることで、その寝方をしていたときに見ていた夢の記憶が解放されるかもしれない」。もしこれでもだめなら、あなたが何かしらの強い感情を抱いている人の顔を思い出して、記憶を揺さぶってみよう。そういう人は夢によく出てくる人だからだ。

自然に起きることも大切だ。心理学者のルービン・ナイマンは目覚まし時計で起きるのは、「映画のエンディング近くでいきなり映画館から出されるようなものだ」という[25]。目覚まし時計をセットするなら、レム睡眠の終わり（入眠後九〇分の倍数分たった時間）に鳴るようにするといいだろう。実験では、レム睡眠のあいだに起こすと被験者はたいてい夢を覚えていて、レム睡眠から時間が経過すればするほど、覚えている夢は少なくなる[26]。（人はレム睡眠のときに頻繁に夢を見る。ただし、レム睡眠時に限定されるものではない。神経科学者のマーク・ソームズは、「最も強硬な主張はレム睡眠からの目覚めでは九〇～九五％から夢の報告が生まれるのに対して、ノンレム睡眠からの目覚めでは五～一〇％しか同等の夢の報告が生まれないというもの」であると述べている[27]）。この理屈により、夜のあいだに戦略的に起きれば、つまりレム睡眠の終わりごろに起きれば、思い出せる夢の数を最大にすることができる。もし八時間眠るなら、目覚まし時計を三回目のレム睡眠（四時間半後）か四回目のレム睡眠（六時間後）に合わせてセットすればいいだろう。ロバート・スティックゴールドは、もっと自然な方法を勧める。寝る前に水を何杯か飲めばいいという。

夜、目を覚ましたときには、たとえそれが真夜中であっても必ず、そのとき見ていた夢に出てきた重要な要素をメモしておくことだ。メモを取らずに眠りに戻ると、そのときの記憶は、次の夢から起きたときにはすっかり抜け落ちているだろう。箇条書き程度でも、翌朝起きたときに思い出すきっかけになる。

こうした方法は、少なくとも習慣になるまでは、眠りの質を犠牲にすることになるかもしれない。スティックゴールドは言う。「夢を覚えていないと言う人は、眠りに落ちるのが早く、ぐっすり眠って、目覚まし時計で飛び起きる人だ。夜中にちょっと目が覚めるということはないのだろう」

夢が持つ創造的な力は、芸術家や発明家らにとくに効果的に利用されてきた。夢のおかげで成し遂げられた偉業は、文学、視覚芸術、音楽、科学、スポーツ、テクノロジーとあらゆる世界に見られる。ベートーヴェンとポール・マッカートニーは、夢のおかげでひらめいてつくった楽曲があると言っている(マッカートニーの「イエスタデイ」はその一つ)。イングマール・ベルイマン監督の「野いちご」、フェリーニ監督の「8½」、リチャード・リンクレーター監督の「ウェイキング・ライフ」には夢の光景が出てくるが、いずれも監督の夢を表現したものだ。メアリー・シェリーは夢のおかげで『フランケンシュタイン』が生まれたと思っている。E・B・ホワイトの『ちびっこスチュアート』も同様だ。世界最古の芸術は夢が生みだしたと信じる研究者もいる。「ラスコー洞窟などのすばらしい壁画を描いた芸術家は、世界ではじめて夢を思い出した人たちなのではないか。壁画は彼らの夢日記なのでは?」とケリー・バルクリーは問いかける。人間に似た獣や野生動物が点描の上に重ねて描かれた壁画は、たしかに幻想的で夢の世界のように見える。そして、ギリシャ人が夢に病気の診断を求めたように、人間がひらめきを求めて洞窟に入ることはめずらしくなかった。

夢と空想の世界では、羽目を外して自由奔放に振る舞うことが許される。芸術家は、夢を見る人と同じように、空想の世界の誘惑に屈し、物理的な環境よりも心の目で見るファンタジーを選ぶ。夢のなかでは、創造しているときや連想しているときと同じように、非合理な思考に浸り、昼間はしたがう論理にはしばらく目をくれない。文学者ミケイラ・シュラーゲ・フルーはその著書『哲学、夢見、文学的想像力（*Philosophy, Dreaming and the Literary Imagination*）』のなかで、人間は夢を共有して理解するために物語を書きはじめたのではないかとまで述べている。「書き記された物語のなかでもっとも古いものは作者の夢を解釈し、記録したものだった。たとえば、シュメール人の夢を描いた『ギルガメシュ叙事詩』。五千年前に粘土板に刻まれたものだ。物語を伝えたいという気持ちは、一つには夢を伝えたいという気持ちから生まれたのかもしれない[36]」

並外れて創造的な人は、鮮明な夢を見る傾向がもともと強いのかもしれない。高い確率で夢を想起できる人は「経験への開放性」があり、「曖昧さに対する耐性」が高く[37]、空想を好むことが多い[38]が、こうした性質は芸術家によく見られるものだ。毎晩見る夢を覚えていられる人は、簡単にプロジェクトに没頭し、「私はアイデアにあふれている」「抽象的なものに興味がある」といったフレーズに共感する傾向がある。

医者のジェームズ・パジェルは、一九九〇年代に数年かけて、サンダンス映画祭に来ていた脚本家、俳優、監督にインタビューして、日々の生活のなかで夢はどのような位置づけにあるか、芸術的なインスピレーションを得たり、個人的な問題の解決に役立てたりすることはどのくらいあるかと訊いた[39]。「普通の人とは比較にならないレベルだった[40]」と、現在はコロラド州で睡眠障害のクリニックを営むパジェルは言った。思い出す夢は普通の人のほぼ二倍で、仕事では「つねに活用している」という。「夢を利用しない人はほとんどいなかった」。彼らはさまざまな可能性を持つ夢を自分のジャンルに合わせて活用する方法を習得していた。「脚本家は問題解決に夢をよく使うようだ。創造のプロセスのなかで問題となっていることを視覚化しながら眠りにつくと言っていた。問題を頭に置いて眠り、翌朝は新しいアイデアとともに起きる。俳優はもっとすごい。彼らは創造的なプロセスで活用するだけではなく、人生のすべての面で利用する。恋愛するときも、決断するときも、自分や他人と向き合うときも」

パジェルは逆の領域も見てみたいと思い、まったく夢を覚えていない人を探した。そうした人たちに何か共通する点はあるのだろうか。たとえば認知障害があったり、普通の人にはない特性があったりするのだろうか。パジェルのクリニックで治療を受ける患者で、夢を見たことがないと訴える人は意外に多かった（六パーセントから九パーセント）。しかし、そういう人でもタイミングよく起こされれば、ほとんどの人は夢を覚えていた。パジェルとの対話のなかで子ども時代に見た夢を思い出した人もいた。研究に必要な人数を集めるのには何年もかかったが、最終的には本当に夢を思い出せないらしい一六人を見つけた。二六二人に一人という割合だった。見たところ何の問題もなかった。家族がいて、仕事があって――一人は数学の教授だった――、明らかな精神障害の症状はなかった。

ただし、一つだけ普通の人とは異なる特性があった。パジェルが調査した人々はみな、工芸、スポーツ、音楽といった何らかの創造的な趣味を持っていたが、夢を思い出せない人はそうではなかったのである。「人間が夢を見る理由の一つは、創造性に役立てるためだと思う」とパジェルは言った。「創造性は、人類の存続にとって重要なものだ」。ほとんどの人が夢を見ている限り、ごく少数の夢を見ない人が人類の運命を決めることはないだろう。「創造性を発揮しなくても個人としては生きていける。だが、人類としては、問題に対して複数のアプローチを考えていかなくてはならない」

芸術家は生まれながらにそうした資質を備えているのかもしれないが、ほとんどの人は夢日記をつけたり、特定の夢を見る練習をしたり、さらには明晰夢を見ることを覚えたりすることで、より多くの夢を思い出すことができるようになる。詩人のチャールズ・シミックは、《ニューヨーク・レビュー・オブ・ブックス》誌に、夜中にピザを一枚たいらげて、目覚ましをセットして眠り、朝四時に起きて夢をつづるのを習慣にした物書きの友人について書いている。[41]世間とは距離を置いて暮らしたシャーロット・ブロンテ[42]は、アヘンを吸うなど、何か経験したことのないことを書いてみたいと思ったときには、それを夢に見ようとした。サルバドール・ダリとロバート・ルイス・スティーヴンソン[43]は、明晰夢を見ることができた。ダリは自分が開発した方法を、画家志望の人に向けた指南書『ダリ――私の50の秘伝』[44]で紹介している。[45]まず重い鍵を手に持ち、すわって昼寝をする。うとうとしたときに鍵は落ちる。その音で目覚める。こうすれば、眠っているときにあなたの心のなかをさっと横切る「入眠時の幻影」を見ることができるだろう、というのである。まともなストーリーがあろうがなかろうが、関連性があろうがなかろうが、夢は芸術家に、たとえスランプのときであっても、想像の世界をうみだす能力があることを思い出させてくれる。夢日記には、さまざまな約束事にとらわれることなく自由に書くことができる。朝、紙にペンを走らせる、あるいは軽快にキーボードを打っていると、すらすらと言葉が出てきて、もっと労力が必要な執筆作業にも楽に移れるのだろう。

イギリスの作家グレアム・グリーンは一六歳のときに夢日記をつけはじめた。上流階級の寄宿学校でいじめにあい[46]、不安につきまとわれた子ども時代を過ごしたグリーンは、やがてうつ病を発症した。十代のときには、創造する才能の片鱗を見せて、興味深いが効果のないやり方で自殺しようとした。脚の静脈を切ったり、一般に毒になるといわれるもの――アレルギーの薬から、もう少しロマンチックなものではベラドンナ〔薬用にもなるナス科の有毒植物〕まで――を大量に摂取したり、アスピリンを大量に飲んで一人で泳ぎにいったりした[47]。そのうちに家族の手には負えなくなり、ロンドンの精神療法医のもとに送られた。のちに、このときのことを「一九二〇年に驚くべきことがあった」と書いている[48]。医者の強い勧めで、グリーンは毎朝夢を書くことになった。数カ月でセラピーを終えて学校に戻ったあとも夢日記はやめず、生涯を通じて書き続けた。ベッド脇にノートとペンを置き、目が覚めるたびに夢をつづり、ときには一晩に四回も五回も書いた。

グリーンの情婦イヴォンヌ・クロエッタは、彼は夢の創造力を十分に活用できるように一日の仕事を組みたてていたと振りかえった。朝、小説の原稿を書き――一日のノルマとしていた五〇〇ワードに達するまでキーをたたいた――、それを夜寝る前に読みなおして「潜在意識に浸透させ、夜寝ているあいだも仕事ができるようにした」[49]。

「夢のなかには〝閉塞感〟を打開するものもあった。ときには短篇小説の材料となることもあったし、新作のアイデアが浮かぶことさえあった」とクロエッタは書いている。グリーンはこう言っていたという。「夢をすべて思い出せたときには、歓喜が押し寄せ、別の世界に放りこまれるような気がする。気がつけば、意識が支配する世界から遠くかけ離れた世界に身を置いている」

グリーンは晩年、夢日記から自分の死後に出版してもいいものを選び、承認した。こうして死後に恥ずかしい思いをしないですむ段取りを整えてから、多数の小説を生み出した自分の夢の世界の一部を読者に披露した。『私の世界――夢日記（*A World of My Own: A Dream Diary*）』に収録された多くは、短篇小説そのものだった。ある夢では、ベッドに母の死体を見つける。近づいて体を持ちあげようとすると、母は口を開いて体が冷え切っていると文句を言った。また別の夢では、シドニーとシエラレオネに行き、尊敬する作家と語り、口ひげを蓄えたT・S・エリオットや愛想のいいD・H・ロレンスからの批判を受けとめた。

グリーンの夢への執着は作品のなかにも見られる。『情事の終り』に登場するモーリス・ベンドリックスは、友人の亡き妻との過ぎし日の恋愛を理解しようともがいている小説家で、彼にとっては、夢は痛みとインスピレーション両方の源泉である。ベンドリックスは愛する人に捨てられてから見た夢を振りかえって憤慨する。「こうしたぼんやりとした数日間、あるいは数週間、私はよくサラの夢を見たことを覚えている。苦痛を感じつつ目覚めたこともあれば、歓喜とともに目覚めたこともある。昼間のうちに女性のことをずっと考えているのだから、夜になってまで彼女の夢を見なくてもいいではないか」[50]。しかし、夢に苦痛を感じつつも、ベンドリックスは夢に頼っている。まったく同じ段落で、創造の過程における夢の重要性を称賛しているのである。彼は続ける。「買い物や所得税のこと、思いがけない会話などに気を取られているかもしれないが、無意識は乱されることなく流れ続け、問題を解き、先の計画を立てている」。そしてついに「唐突に言葉が空から降ってくる……それは眠っているとき、あるいは買い物しているとき、友人とおしゃべりしているときなどに、頭が働いていたからだ」。

夢はプロジェクトが成功するか、失敗するかを判断する手がかりになることがある。マヤ・アンジェロウは、建設中の高層ビルを見つけて足場をのぼっていく夢を見るとき、執筆は順調に進んでいるとわかる。「自分が真実を語っている、それも上手に語っているということです」「足元がおぼつかないとか、不安になるとか、目がくらむということはまったくありません」とアンジェロウは、『夢をみる作家たち』をまとめたナオミ・エペルに答えている[51]。「ただ、上っていくだけ。これが言いようもなく楽しいのよ！」

ところが、作家のキャスリン・デイヴィスにとっては、最初の構想をあきらめさせてくれたのが夢だ[52]。短篇小説の成功に奮起し、彼女は長篇小説を書くことに決めた。しかし、万国博覧会とイヌイットをテーマにした歴史小説は、なかなか進まなかった。作家なら誰でもそうだと思っていたデイヴィスは、自分の迷いを押しのけて取り組んだ。「小説を書いているときには、書くのはそもそも大変なことで、どんなに大変でもやりぬかなければならないと考えるものだから」。だが、鮮明な夢を見てこの前提を考え直した。「夢のなかで私は家を出て、納屋に向かった。そしたら納屋の扉の上から馬が頭を出していたの。それがミスター・エドだった。しゃべる馬の。エドが言うのよ。『つまらないよ』って。私にはわかった。ああ、私の小説のことを言っているんだなって。それでその小説をやめて、新しい構想を練り、それが最初の長篇小説『ラブラドル（*Labrador*）』になったのよ」。小説はかなりの好評を博し、デイヴィスの出世作となった。

「すべてはミスター・エドのおかげってこと」

スティーヴン・キングは『ＩＴ』を数百ページ書いたところで、行きづまった。[53] すでにベストセラー作家としての地位は確立していたが、この子どもに忍び寄るピエロの話は、キングのなかでももっとも野心的な試みだった。「この超大作を完成させることができると信じて膨大な時間を費やし、物書きとしてのセンスもたっぷりつぎ込んだ」と彼はエペルに語った。それなのに先がどうなるのか見えなくなり、恐怖でいっぱいになった。作品が完成しないかもしれないと思うと怖かった。「何が起こるのかわからなかった。だからそれが心配でたまらなかった。だって本が完成しないときって、そんなもんだからさ」。不吉な考えが頭から離れないまま、ある晩、「何か思いつかなきゃ。何か考えつかなきゃ」と自分に言い聞かせながらベッドにもぐりこんだ。

数時間後、キングは古い冷蔵庫がたくさん捨てられているゴミ捨て場をさまよっていた。小説のなかで行きづまっている箇所だとすぐにわかった。不思議な光景のなかを探索し、やがて冷蔵庫の一つに近づき、ドアをこじ開けた。腐食した棚から貝の形をしたパスタのような物体のかたまりがぶら下がっていて、そのうちの一つが飛んできて手にとまった。「麻酔薬を皮下注射されたときみたいに」腕に温かい感じが広がった。血を吸われていた。「そのとたん、冷蔵庫の中にいたやつらがみんな飛び出して、ぼくに襲いかかってきた。パスタのように見えたのはヒルだったんだ。やつらはぼくの血を吸ってどんどん膨れあがっていった」。悪夢から目覚めたキングは、「恐ろしくて胸がどきどきしてた」が、同時に「すごくうれしかった」という。探し求めていたものが見つかったからだ。キングはその夢をそっくりそのまま小説にした。こうして一〇〇〇ページを超える大作『ＩＴ』は完成した。それはキングの壮大な野心を満たし、大勢の読者を恐怖に陥れ、アメリカ中のピエロを失業に追いやった。「この夢については、ぼくが眠ってからも潜在意識がずっと働きつづけていて、最終的に送ってよこしたものなんだって本気で思ってる。気送管で社内連絡メモを送るような感じでね」。キングは、インスピレーションを刺激する夢の力や、夢を見ることと書くことの類似点についてよく知っている。「ぼくの夢の使い方は、面と向かっては見えないものを見るときに鏡を使うのと同じなんだ。後頭部の髪の毛を見るのに鏡を使うみたいなもんさ」と言っている。「作家としてぼくが果たすべき務めのひとつは、目を覚ましたまま夢を見ることだ」。そうして、夢うつつの状態で物語やイメージを自由に膨らませていくのである。

現実的な科学者や数学者も夢の創造的な力に影響されることがある。一九〇二年、若いドイツ人生理学者オットー・レーヴィは、神経と筋肉の情報伝達についての議論に関心を持った[54]。電気を使って信号を送っているのか。それとも化学物質を分泌してそれが体のなかを駆け巡るのか。

レーヴィは神経とある薬物が同じように筋肉に影響を与えることを知り、当時劣勢にあった化学物質による伝達理論を支持した。しかし、どのように検証したらよいのかわからなかったので、この考えはいったん棚上げして、動物の代謝についての研究をすすめた。

約二〇年後、忘れていた問題の答えが真夜中にとつぜん降ってきた。「一九二一年、イースターの土曜の夜、目を覚ました私は電気をつけて、紙きれにいくつかメモを書きつけた。それからまた眠った。朝六時になって、昨日の夜、何か重要なことをメモしたと思い出したが、見てみると読めなかった。日曜日、必死に思い出そうとした。私の科学者人生のなかでも一、二を争う必死さだった」とレーヴィは書き残している。[55] しかし、夜が来て幸運に恵まれた。もう一度同じ夢を見たのである。「私は三時に目が覚めた。はっきりと覚えていた。もうリスクを冒すようなことはしない。私はすぐにベッドから抜け出し、研究室に駆けこんで実験をはじめた」

半ば夢うつつの状態で、レーヴィは夢のなかで自分がしたことを再現した。まず、二匹のカエルを解剖して心臓を取り出し、それぞれを食塩水に浸した。こうすれば心臓は体外でも脈を打ち続ける。次に、電池を見つけてきて、それを使って片方の心臓の迷走神経を刺激したところ、予想どおり、脈が遅くなった。その遅くなった心臓が入った食塩水の一部を、今度はもう一方の心臓が入った容器に移した。すると、その心臓の脈も遅くなったのである。レーヴィがかつて得た直感は正しかった。電気ではなく、迷走神経が生成した化学物質が心臓の脈の速さを変えている。「朝五時、神経インパルスの化学伝達は証明された」と書き残されている。レーヴィははじめて神経伝達物質を特定し、神経科学分野の土台を築いた。

レーヴィの夢――および現実世界におけるその成果――は、理性的な研究者に「ときには疑いすぎずに直感を信じてみる」ことを促す。

「それまで神経インパルスの伝達問題にまともに取り組んだことはなかった。だから、生理学のなかで長年解明が待たれていたこの問題を、自分が解決するとも、できるとも思っていなかった」。このアイデアをもし昼間思いついていたら、あらばかり探して却下していたかもしれない、と彼は思った。

レーヴィたち学者は、自分の理論を厳重に守ろうとする。競争の激しい学問の世界では、引用は数少ない役職と出世と引き換えるための通貨となる。しかし、一九六〇年代、マサチューセッツ工科大学の数学者ドナルド・ニューマンは論文の謝辞を書くにあたって、自分の手柄とせず、自分の夢の功績をたたえた[56]。ニューマンと友人のジョン・ナッシュは、それぞれが取り組んでいる数々証明の問題についてよく話をした。数学は彼らの長年続く深い友情の中心にあった。だが、この問題を解く鍵――ひらめきをもたらした会話――はニューマンの頭のなかで生まれた。行きづまったニューマンは、ケンブリッジのレストランでナッシュと食事をする夢を見た。そこでニューマンはナッシュにどうしたらいいのか相談した。目覚めたとき、答えがあった。「私が出した答えではない。私一人では成しえなかった」とニューマンは二〇〇二年にテレビのインタビューに答えてそう言っている。

「私一人では成しえなかった」。ニューマンの控えめなコメントは、夢のなかでインスピレーションを得る可能性を示している。魅力的な考えではないだろうか。創造性を、説明できない不思議な力に突き動かされたものとしてとらえる考えにもなじむ。夢は創造の苦労を軽減してくれるかもしれない。ミューズと出会えるかもしれない場所としての夢の可能性には、心奪われるものがある。

第6章　夢で人生の危機に備える

少し前のことだが、気味の悪い夢を続けて見ていた時期があった。近く体験することになっていたイベントに緊張していて、それが夢に反映されていたのは明らかだった。私はベジタリアンとして育てられた。二五年間の人生で、肉や魚を食べたことは（自分が知る限り）一度もなく、死んだ動物に触れた野菜も避けてきた。肉料理のレストランの前を通るときには息を止めた。高校時代には、自分の前で肉を食べたボーイフレンドに歯を磨かせた。

しかし、ほぼ四半世紀、肉を食べずに生きてきて、もう十分だと思った。ベジタリアンであることに思想的な理由はなかった。動物が好きで好きでたまらないわけでも、健康に問題があるわけでもない。それは体に染みついた習慣でしかなかった。ブルックリンを出て、ベジタリアンにあまりやさしくない場所に行ったときには面倒だったし、友人やもてなしてくれる相手を煩わせるのにも疲れてしまった。ある夕食会で友人は私のために、わざわざベジタリアン料理を別につくってくれたのだが、うっかり魚醤を加えてしまい、もう一皿つくるはめになってしまった。このとき私は思った。なぜ私はこんな面倒をかけているのだろうか、と。それに自分が失っているものにも興味があった。みんなおいしそうに肉を食べているから。

友人たちは、雑食の世界に私を迎え入れるための肉パーティーを企画してくれた。肉の世界の入門編としてはフィッシュ・タコスがいいだろうということになった。淡白な魚の味は、サルサやブロッコリーの強い風味の陰に隠れてしまうだろうし、大量のアルコールで流し込めばきっと大丈夫。私は心の準備に一カ月かけた。そのあいだに私は肉を食べる鮮明な夢を三回見た。

場所はセルフサービスの食堂。メインはチキン料理のようだ。ゴム製のスティックみたいに見える。私は食べることに決める。なんとか一、二本食べる。私は食堂にいる人に向かって、私は肉を食べていますと叫ぶ。誰も興味がなさそうだった。

クラッカーのようなものを食べる。おいしくない。ベーコン味だった。

私は大きなボウルから虫みたいに見えるサラミを食べている。ちょっとぬるっとしているが、味は大丈夫だった。あっけなかった。だがとつぜん、サラミってユダヤ教徒が食べていいんだっけ、と不安になる。私はグーグルで検索し、改革派ユダヤ教連合が大丈夫だといっているウェブサイトを見つける。

こうした夢を見るたびに、心の準備が整っていき、きっと大丈夫だと思うようになった。最終的にティラピアを一口食べたとき、私は不安になり、少し気持ち悪く感じた。それでも私は飲みこんだ。そのとき感じたのは強い既視感だった。

脅威シミュレーション説によれば、夢には心理面に影響をおよぼす重要な機能があるという。[1]だから、私たちは夢のなかというリスクの低い環境で、ストレスを感じる出来事のリハーサルをしたり、悲しみやトラウマに向き合って不安に対処したりすることができるようになっているというのだ。フィンランド人研究者のアンティ・レヴォンスオが一九九〇年代に指摘したように、私たちが夢で経験する感情のほとんどは、恐怖、無力感、不安、罪悪感といったネガティブなものである。レヴォンスオのような進化心理学者にとって、これは難問だ。なぜ心は私たちを一貫して不快な状況に置くのか。彼が考えた理由はこうだ。私たちの祖先は眠っているときに危険な状況に対処する練習を積んでいれば、実際にその状況が訪れたときに有利な立場に立てたのではないか。太古の人々の暮らしは、野生動物、予期せぬ環境の変化、敵対的な人間など危険にあふれていたはずだ。どんな強みでもあれば、生存の確率は上がっただろう。この理論は、ネガティブな夢や攻撃的な夢が多い理由を説明すると同時に、夢の環境の本質も明らかにしている。都市部に住み、自然のなかで暮らしたり、直接的な暴力を経験したことがない人でも、凶暴な動物に襲われたり、見知らぬ人に攻撃されたりする夢を見るものだ。読んだり書いたりといった活動——人類の歴史においては比較的新しい進化である——が夢に出てくるのはめずらしい。

脅威シミュレーション説から予測できるように、動物も狩りや戦いや食べることなど生存に関する行為の夢を見るようだ。レム睡眠を失うと、動物はもっとも基本的なこともできなくなる。二〇〇四年、ウィスコンシン大学マディソン校の精神医学者のグループは、ラットから夢をはく奪した場合、脅威に反応する能力にどのような変化が生じるか実験を行なった。[2] 彼らは、全体の睡眠時間を変えずにレム睡眠だけをなくすために植木鉢を利用した（植木鉢と言うとのどかに聞こえるかもしれないが、ラットにとってこれは拷問である）。水を入れた器に植木鉢を逆さまに置き、その上にラットを置く。疲れてくるとラットはそこに横たわり、眠りにつく。レム睡眠に入ると筋肉が動かなくなり、植木鉢から落ちて水につかって目が覚める。ラットは植木鉢をよじ登ってまた上で横になり、これが繰り返される。こうしてラットはほとんどレム睡眠をとれずに眠ることになる。

数日後、かわいそうなラットは普通に眠ったラットといっしょに能力を試された。見慣れない物体を与える、空の容器に落とす、迷路に放す、電気ショックを与えるといったメニューが用意された。どのメニューでも、きちんと眠ったラットは適切に反応したが、レム睡眠を奪われたラットは無謀な行動に出た。見たことのない物体を前にしたときには、それを埋める代わりに、毛づくろいをはじめた。迷路や空の容器に入れたときには、暗い隅（自然環境では捕食者に出くわす確率が低い）に向かう代わりに、危険の多い開けた場所に向かった。電気ショックを受けても動きをとめることはなかった。レム睡眠を奪われたラットは、一時的に覚醒させるアンフェタミンを投与しても、動きが改善することはなかった。ラットを自己破壊的な行動に走らせたのは、単なる疲労ではなく、夢を見る睡眠の欠如だった。

テレビ番組「サバイバー」や映画「ハンガー・ゲーム」の出演者でもない限り、現代の生活のなかの脅威は生死をかけたようなものにはならず、私たちの不安夢にもそれが反映されている。試験の夢――重要なテストなのにまったく準備ができていない、服もまともに着ていない――は、競争するネズミや狩りをする猫の夢に匹敵する、現代人の典型的な不安夢だろう。夢のなかで失敗したとしても、実際の試験のときに一度受けたことがあるような気がすれば、それは有利に働くかもしれない。私自身の試験の夢は見るたびにうんざりすると同時に、思い出すたびに脈が速くなる。「試験会場を出てから、何も書いてこなかったことに気づいた」「試験を受けようとして、パンツをはき忘れたことを思い出した」。こうした悪夢は学校を卒業したあとも見ているが、見るのは決まって何か心配事があるときだ――締め切りが近いとか、これから出る記事の反応が気になるとか。逆に、何かストレスを抱えたときには実際にはうまくいった試験の夢を見る、という心理学者もいる。脳は、恐れていたことに打ち勝ったときのことを思い出させて、私たちに自信を与えてくれるらしい。フロイトの不安夢には、失敗した医事法ではなく、実際には合格した植物学と化学の試験が出てきたという。私の場合、現実には、大学の卒業試験にちゃんと服を着ていったし、空白のまま出してもこなかった。だが、最悪のシナリオを冷静になって考えてみれば、それがどれだけ起こりえないことか、場合によってはばかばかしいことかわかる。突きつめてみれば恐ろしさは薄らぎ、笑ってしまうことさえある。私は目を覚まして安堵のため息をつく。今日の会議がどれだけ準備不足であろうとも、少なくとも裸で行くことはない。記事が不評だったとしても、もう一度大学に行く必要はない。編集者が私のドラフト原稿を見て悩んだとしても、私の過去のボーイフレンド全員に原稿を送りつけてコメントを求めることはない。秘密の悪魔条項を発動して、悪魔に変身して私の契約を解除することもないだろう。

二〇一四年、ソルボンヌ大学の研究者は神経科学者イザベル・アルヌフを中心に集まり、数千人の医者を目指す学生に、医学学校の入学試験の日に連絡をとった。[3] 四分の三近くの学生が、学期中少なくとも一度は試験の夢を見たと言い、そのほとんどが悪夢だった。試験会場に行く途中で道に迷った、試験問題が読めない、答案用紙に見えないインクで書いていたといったものだ。アルヌフらは彼らの夢と成績を比較した。すると驚くべき関係が浮かびあがった。試験の夢をたくさん見た学生のほうが成績がよかったのである。さらに上位五人の学生は、全員が試験に関連した障害を夢に見ていた。たとえば、目覚まし時計がならなくて寝過ごしたとか、時間が足りなかったといった夢だ。「悲観的な予測が実際のパフォーマンスを最大化するのかもしれない。チェスのプレーヤーは可能な手をすべて頭に描くが、良い手を指す前には、負けにつながる手を考える。これと同じではないか」とアルヌフは述べている。[4]「夢のなかで経験した恐ろしい状況（虫垂炎、遅刻、試験を受けられない）と、翌朝の現実（健康、間に合う、持ち物も大丈夫）の落差に学生はほっとして、心して試験にのぞめるようになるのではないか」

試験に失敗する夢は、古くからある世界共通の夢の一つにすぎない。何千年ものあいだ、人々は飛ぶ夢、落ちる夢、裸でみんなの前にあらわれる夢、歯を失う夢を見ては書き残してきた。その普遍性を鑑みれば、そこには何か根本的なものがありそうだ。言語や音楽、社会集団のように、深いところで進化に役立っているのではないだろうか。フロイトは、飛ぶ夢は幼少期に揺られたた。ドイツ人精神医学者マイケル・シュレドルは憶測ではなく実証研究にもとづいて、飛ぶ夢は「実生活で何かに挑戦して乗り越える行為と結びつけ記憶がもとになっているとした。[5] ユングは、実生活で経験した前向きな感情を反映している」とした。

よく見られるものの不可解なのが歯を失う夢で、こちらについてもさまざまな見解があり、エジプトのパピルス紙から、[6] インドの聖典ヴェーダ、[7] 日本の大学生[8] について調査した記事にいたるまで記載がある（この悪夢が典型的と言えるのかどうかは難しいところだが、ある研究によれば、アメリカ人大学生の二一パーセントが歯が抜ける夢を見ており、多くは実生活におけるストレスと関係があるとされている）。[9] 古代のユダヤ人霊媒師バー・ヘディヤによれば、歯が抜ける夢は親族に不幸があることを示唆しているという。[10] ナバホ族も家族に不吉なことが起こる警告としてこの夢を受けとめた。[11] フロイトは例によって、去勢の象徴とした。[12] 私が気に入っている解釈は、ハンガリー人セラピストのシャンドール・ローランドが主張する、歯のない時代、つまりセックスのない子ども時代に戻りたいという気持ちを反映しているというものだ。[13] 科学者は、夢を見る人の生活や、人によってさまざまな夢のパターンを考慮せずに、夢の個別の要素を取り出して解釈するのは意味がないとしているが、インターネットの世界では伝統は続いている。多くの人に閲覧されている夢辞典サイトによれば、歯を失う夢は、その人が加齢を恐れている、[14] 何かまずいことを言った、[15] 人生に問題をかかえているといった状況を象徴しているという。[16]

一九八四年、このテーマで二人の心理学者が実証研究を行なった。[17] 歯の夢がよく見られる理由を解明すべく、二人は繰り返しこの悪夢（歯がなくなる、抜かれる、折られる、ボロボロになる）を見る一四人と、飛ぶ夢をよく見る一四人を被験者として集めた。

二つのグループを比べてみると、性格に多少のちがいが見られた——歯の夢を見る人のほうが、不安やうつ症状の項目のスコアが高かった——が、もっとも大きなちがいは拍子抜けともいえるものだった。歯の夢を見る人たちは起きているときに、より長い時間、歯のことを考えて過ごしていたのである。それでも、この夢を見るメカニズムについての彼らの仮説は一考の価値がある。「考えられるのは、歯がなくなる夢は、歯が重要な役割を果たしていた太古の時代から無意識に受け継がれてきたもの、すなわち元型なのではないかということだ。実際に歯がなくなれば、食べるものを変えなければならなかっただろうし、食や体を守るしくみに困難が生じて、死につながったかもしれない。いまこの夢を見る人たちは、無力感や統制不能といった心理状態がきっかけとなって、歯を失うという元型の夢が呼び起こされたと考えてもいいのではないか」。夢に登場する舞台、行為、体の部位には原始的な要素がよく見られる（荒野が舞台、凶暴な人から逃げる、生存に欠かせなかった歯が登場するなど）。原始的な要素より心理的適応力が問われる現代社会においては、過去の名残は異なる文脈であらわれるものの、おそらく同じように進化の役割を担っているのだろう。

最近の研究からは、新しいスキルを夢に見ることと、実生活でそのスキルが上達することのあいだには強いつながりがあるとわかっている。二人のブラジル人神経科学者は、ハーヴァード大学のロバート・スティックゴールドの実験をヒントに、テトリスの代わりに暴力的なビデオゲーム「ドゥーム」を使った実験を行ない、その結果を二〇〇九年の北米神経科学学会で発表した。[18]

シダルタ・ヒベロとアンドレ・パントージャは、二二人の参加者を集めて、スティックゴールドと同じように、初心者と経験者に分け、寝る前にプレーしてもらった。ドゥームは、銃やチェーンソーでモンスターを次々に殺していくファーストパーソン・シューティングゲームである。これをプレーしたあとに見る夢はゲームと同じように血まみれのものとなった。

　参加者には朝起きて、ふたたびプレーしてもらった。夢の報告とゲームの成績を分析すると、そこには明らかな関係があった。夢のなかにドゥームがよく出てきた人は、翌朝のゲームで、より正確に敵を倒し、障害をよけてアバターを動かせるようになっていたのである。夢を見ることで現実に上達する現象について、脳波は別の見方を示していた。実際のプレーでも夢のなかでも、最初はアバターを動かすのに苦労していた初心者の場合、手の動きをつかさどる脳の領域が活発に動いていたが、経験者は、複雑な論理や判断をつかさどる前脳部分が活発に活動していた。考えられるのは、上達が求められる技術がなんであれ（基本的な操作であっても、より高度な戦略立案であっても）、夢はそこに集中するのではないかということだ（ヒベロは《ニュー・サイエンティスト》誌のインタビューで別の可能性を説明している。[19] すなわち、ドゥームの夢を見る人は、うまくなりたいという意識が強かっただけかもしれないというものである）。

　ドゥームのようなサバイバルゲームは、テトリスのようなパズルよりも実生活の動きが反映されやすいだろう。認知神経学者エリン・ワムズリーは、スティックゴールドの方法論を利用してさらに深く踏みこみ、スポーツや新しい道を覚えるといった日常の行動を習得するうえで夢がどのような役割を果たすのか研究した。[20]「興味を持てる課題を与えると、その人はそれを夢にも見るようになる。夢に見れば見るほど、記憶として定着する」[21]とワムズリーは解説した。

サウス・カロライナ州のファーマン大学に研究室を持つワムズリーは、ゲームセンターにあるスキー滑降の「アルペンレーサー」というゲームを、四三人の学部生にやってもらった。学生たちはスキーコースが映し出されたスクリーンの前に立ち、障害をよけながら何時間も滑った。最初の夜、学生の半分近くがこのゲームに関する要素が含まれた夢を見た（難しいカーブが目の前にあらわれたという直接的な夢を見た学生もいたし、サンフランシスコでマラソン大会に出たという間接的な夢を見た学生もいた）。

別の実験では、ワムズリーは九九人の学生に昼ごろに研究室に来てもらい、四五分間、3Dの迷路ゲームをやってもらった。その後半分の学生は暗い別室で昼寝をする。残りの学生は研究室に残り、定期的にワムズリーから頭に浮かんだことをすべて教えてと言われ、それに答えながら過ごした。五時半、全員に迷路に再チャレンジしてもらった。すると、ここでも迷路の夢を見ることと、実際にうまくなることに強い関係が見られた。夢で見た学生は見なかった学生に比べて一〇倍はうまくなっていたのである。夢を見た学生のなかには、明らかに迷路に関連する夢を見た者もいれば、昔、迷路のような洞窟に行ったときの夢を見たというように、多少の接点のある経験を思い出す者もいた。だが、ずっと起きていた学生は、迷路のことを考えたり、頭のなかで再現したりしていても、うまくはならなかった。夢を見ているときには何か特別なこと、覚醒しているときには再現できない何かが起きているようだ。

夢は、もっと深刻な問題に取り組むときの準備にも役立てることができる。一九七一年、ルイス・ブレーガー率いる三人の心理学者は、病院で手術が予定されている患者の夢を調べた。[22] 患者は手術を待つストレスにさらされている。すでに病気で弱っていて、そのうえで意識のない自分が台の上に横たわっている図を想像するわけだから、どんなに冷静な人でも緊張するだろう。術前の夢には、こうした不安や恐怖が、直接的ではなくても象徴や比喩のかたちで反映されていた。手術の心配はしていないと言う人でも——心理学では「抑圧傾向が強い」という——これから起こることをよく夢に見た。退役軍人のアルは社交的な六十代で、これから受ける血管の手術について何も心配していないと言っていた。しかも痛みを感じたことがないから怖くもないとまで言い張った。しかし、夢はちがった。折れたナイフと詰まったパイプがあちこちに散らばった夢だった。夢のなかでその体は恐怖の支配下にあった。目の前には大勢の見知らぬ人がいて、みんなアルの喉を切りさこうとしているように見えた。手術日が近づくにつれ、夢のなかのアルは積極的に行動し、主導権をとろうとするようになっていった。ある日は、夢のなかで壊れたストーブを修理した。またある日の夢では、詰まったパイプを掃除した。ブレーガーによればこれは自身の詰まった血管を示しているという。「アルの夢には主に手術に対する恐怖が、象徴的、間接的に反映されている」とブレーガーは述べている。壊れた器具はアルの悪夢に頻出するものではなかった。それは手術後の夢の一五パーセントにしか出てこなかったが、術前の夢の半分以上に登場していた。

夢が重要なもので、その機能を生かせるかどうかは私たちの理解にかかっているとしても、夢は理解不能に思えるものが多い。それはなぜか。なぜ意味不明なメタファーや支離滅裂なイメージのまま行き交っているのか。なぜアルは手術ではなく詰まったパイプの夢を見るのか。フロイトならこう言うかもしれない。それはアルが手術に向き合う心の準備ができていないからではないか。あるいは、アルが考えやすいように夢が配慮してくれたのかもしれない。そののずばりの教訓よりも謎めいているほうが説得力があるものだ。

私たちは、夢を不思議なものとして議論したがるが、ほとんどの夢は思うほどおかしなものではない。ブルックリンとベセスダの研究所で収集した六〇〇〇以上の夢を分析した結果、心理学者のフレデリック・スナイダーは「夢を見ているときの意識」は「起きているときの意識に驚くほど忠実である」とした。[23] 夢の舞台の三八パーセントは、夢を見ている人が知っている実在の場所だった。四三パーセントは知っている場所に似たところだった。「異国の地」はわずか五パーセントで、「想像上の土地」は一パーセントにも満たなかった。スナイダーはこれらの夢に対して「物語として筋が通っているか」「あまり起こりそうな出来事ではないが、起こりえることか」といった観点から論理的一貫性を測定した。すると半分の夢にはおかしな要素は一つもなく、九割は「日々の経験を語っていると見なしてもよい」ものだった。

それでも、どう見てもありそうもない場面を脳が紡ぎだす夜はある。一九九〇年代、ロバート・スティックゴールド、アラン・ホブソン、シンシア・リッテンハウスの三人は、夢の想像力には制限があるのかという研究に乗り出した。[24] 学生の二〇〇の夢から九七の支離滅裂な夢を選んで分析したところ、規則とパターンがあることがわかった。物理的な法則に縛られてはいないもの、自由落下でもなかったのである。スティックゴールドが「種別内変容」と呼ぶものは、「種別間変容」よりも多かった。つまり、夢の登場人物が変容するときには、無生物ではなく、見た目の異なるほかの誰かになることが多かった（無生物が変容するときには、やはり変容後も無生物となる）。そして、同じ種別内でも、変容はランダムには程遠く、プールはビーチに、叔父さんは近所の人に、車はオートバイにといった具合だった。「この研究による成果で、これまでになかった驚きの発見としてあげられるのは、とりとめもなく夢に出てくるものには、実は一貫性があったということだ。あるものはランダムに別のものになるのではなく、もとのものから連想できる性質を備えたものに変わっている」

また、哲学者のアンティ・レヴォンスオと心理学者のクリスティナ・サルミヴァリが、学生から数百の夢を集めて分析したところ、ほとんどの場合、夢のなかで覚える感情はその状況に――たとえどんなに奇妙な状況であっても――ふさわしいものであることがわかった[25]。そして、もう一つ大切な要素が驚くほど一貫していることもわかった。夢を見る人自身は「ほぼそのままで」「現実の世界と一致しない性質が入りこむことはめったにない」という。「自身の描写は、長期記憶システムの土台の一部となっているようだ」。夢のなかでも私たちは自分をよくわかっているらしい。

心の健康にとって夢と睡眠がどのような役割を果たしているか理解するために、それらがなくなったらどうなるか見てみよう。ある研究によれば、一三歳未満の子どもが睡眠に問題を抱えていた場合、青年期に自殺を考えるようになるケースが多いという[26]。また、一〇年以上、睡眠障害を患った六五歳以上の人は、自殺のリスクが三四パーセント上昇するという研究結果もある。[27]睡眠と心の健康の関係については完全には解明されていないが、睡眠と夢の変化がうつ症状を悪化させるという者もいる。疲労は被害妄想を呼ぶ。レム睡眠は、社交上の手がかりを的確に解釈するのを助けてくれるが、夢を見なければ、最悪を想定した状態から抜け出せないままとなることが多い。二〇一五年、カリフォルニア大学バークレー校のマシュー・ウォーカーのチームは、一八人の若者にさまざまな感情を伝える顔写真（リラックスした目に口角が上がった親しみを感じる顔から、眉をしかめて口をすぼめた何か言いたげな顔まで）を見てもらい、どういう感情か解釈してもらった。[28]実験は日を変えて、一回目はたっぷり睡眠をとったあとで、二回目は二四時間起きていたあとで行なわれた。普通に眠った被験者は、何の問題もなく写真の表情を読み取った。ところが、徹夜明けの日は感情を読み取れず、実際よりも敵意を持っていると受けとる傾向が見られた。

うつ病の人の睡眠の変化でもっとも大きいのは、夢を思い出せなくなることだ。睡眠サイクルの適切なタイミングで起こされれば、健康な人は八〇から九〇パーセントの確率で夢を報告できる。[29]ところが、うつ病患者の場合、この数字は五〇パーセントにまで落ちる。[30]さらに思い出せる夢はそれほど鮮明ではなく、短くなり、伴う感情は乏しく、[31]登場人物も少なくなる。[32]因果関係はともかく、夢を見なくなると苦痛を処理する機会が奪われ、うつ症状が重くなるのかもしれない。

『邪悪な亡霊――ふさぎこんだ作家たち（*Unholy Ghost: Writers on Depression*）』[33]にエッセイを寄せた作家のなかには、暗黒の時代のしるしとして、混沌《こんとん》とした浅い夢をあげる人たちがいた。

ヴァージニア・ヘファナンは「形を変える細い光を夢に見た」[34]。レズリー・ドーマンの夢は「水でいっぱいだった」[35]。ウィリアム・スタイロンは自殺願望が出るほど悪化したとき、細切れにしか眠れなくなり、元気なころには鮮明だった夢はぼやけていった。スタイロンはこう述べる。「睡眠の機能を満たすためには、人は夢を見る必要があるのだと思う。だからうつ病にかかって耐えがたかった点は、夢を見ないことだった。薬によって引き起こされた、いわば人工的な眠りから目覚めたときには（当時、眠るために精神安定剤を飲んでいた）、眠っているあいだにひとつも夢を記憶に刻みつけていないことに、自分でもはっきり気づいていた。ニワトリが先か卵が先か、どちらかはわからないが、ようするに夢を見ないことはわたしの病気と非常に密接にかかわっていたのだ」[36]。回復は夢の再開とともに訪れた。病院を退院したまさにその夜、「わたしの脳が、こうした驚異的なノンストップの夢を通して、健全な状態に戻ったことを宣言しているかのようだった」という。

スタイロンが感じたように、うつ状態になると睡眠サイクルのパターンは大きく変わる。健康な人は普通眠りに落ちるとまずノンレム睡眠となり、九〇分後にレム睡眠となる[37]。この最初のレム睡眠はだいたい五分から一〇分ほど続き、その後訪れるたびにレム睡眠の時間は長くなる。六時間から九時間の睡眠であれば、四回から六回の睡眠サイクルがあり、最後のレム睡眠は一時間くらい続くだろう。うつ病の人は、最初のレム睡眠が早く来て、長く続く[38]。最初のレム睡眠は四五分ほどで訪れ、二〇分くらい続くかもしれない（症状が重くなればなるほど、早く訪れ、長く続く）。うつ病の人はレム睡眠の割合が高くなるが、合理的な思考を行なう脳の領域は過活動となるため、脳は夢を見られる状態にならない可能性がある。一九九八年の研究によれば、夢に伴う感情のパターンも変わる。[39]一般的には、夢はレム睡眠を重ねるほどに楽しいものになっていき、朝方に悪夢で苦しむことは少なくなる。ところが、うつ病の人は逆の経過をたどり、感情の薄い夢から始まり、だんだん苦しいものになっていく。

一九七〇年代後半から二〇〇〇年代半ばにかけて、心理学者のロザリンド・カートライト――マシュー・ウォーカーは「フロイトと並ぶ夢研究の先駆者」だと言う[40]――は、高い確率でうつ状態にある人々の夢を調査した。離婚した人たちである。あるときは、離婚経験者六〇人（約半数の人がうつ症状を示していた）を、離婚手続きをはじめたころと一二カ月後の二回研究所に招いて、三夜過ごしてもらう実験を行なった。[41]最初の実験のときは、うつ状態の人の三分の一が別れた相手のことを夢に見たと言った。一年後には、最初にパートナーのことを夢に見た人は、物理的にも心理的にも回復が見られる傾向にあった。気持ちは前向きになり、経済的にも安定し、なかにはより充実した恋愛をしている人もいた。離婚の夢は乗り越える手助けとなったようだ。

また別の調査では、どの夢がセラピー的な効果があるのか特定するために、カートライトは被験者の夢日記を精査した。[42]このときは二九人の女性（うち一九人はうつ状態だった）を対象に、別れてからの五カ月間を追った。カートライトは、回復途上にある人は、夢のなかで別れた相手に言いたいことを言いながら、積極的にかかわっていることに気づいた。ある女性は、元夫がパーティーで恥ずかしいことをしていて、いっしょにいなくてよかったと思ったという夢を見た。別の女性は元夫とその新しい恋人に怒りをぶつけていた。こうした夢は鮮明で込みいった内容だった。さまざまな人が登場し、本人の過去と現在がごっちゃになっていた。一方、うつ状態から抜け出せない人たちは、受け身に終始し、単純であまり感情を伴わない夢を見ていることが多かった。たとえばある人の夢は、元夫が新しい相手とデートしているところを横で静かに見ているというものだった。別の人は、元夫が靴を見ているところを眺めていた。

夢は、人生で避けることのできない苦悩に向き合うときも助けてくれる。死はその一つだ。死を悼む過程は複雑で一人ひとり異なるものだが、ほとんどの人は夢のなかでも嘆き悲しむ。リアルで忘れがたい夢のなかに死者はもどってくる。二〇一四年、ニューヨーク州北部にあるホスピスで近親者を亡くした約三〇〇人を対象に調査をしたところ、五八パーセントの人が少なくとも一回は亡くなった人が夢に出てきたと言った。[43] 楽しい夢とは限らなかったが、見るといくらかの安らぎを感じたという。夢は喪失を受けとめるにあたっての助けとなり、スピリチュアルな気持ちと幸福感を高めてくれる。夢のなかの死者は若返って病気とは無縁に死後の世界を楽しんでいたり、生者のために希望に満ちたメッセージをもってあらわれたりする。

ジョーン・ディディオンは長く幸せな結婚生活のなかでいつしか、朝起きるたびに夫に夜見た夢を話すようになっていた。夢を分析しようとしたわけでも、何かを生み出そうとしたわけでもなかった。ただ心にたまった感情を吐きだして新しい一日をはじめたい、と思っただけだった。夫のジョン・ダンはしぶしぶこの儀式に参加した。ディディオンはこう書いている。「『君の夢の話をするのはよしてくれ』。朝に私が目覚めると彼はそう言ったものだが、結局耳を傾けてくれた」[44]

ダンは七一歳で亡くなった。[45]二人で夕食をとったあと、心臓発作で倒れたのだった。そのとき読んでいた本（第一次世界大戦の原因について新しい説を展開する内容だった）の話をしていて、とつぜん倒れてそれきりとなった。

四〇年近くいっしょに過ごした夫をとつぜん失ったディディオンは、深刻なうつ状態に陥った。ダンが亡くなったときに娘のクィンターナが肺炎で昏睡《こんすい》状態にあったことは、彼女の悲しみを倍増させていた。理屈には合わないが、彼女は二つの悲劇について自分を責めた。自分は夫を救えたのに、娘を治せたのに、と感じていた。「私は『不運』がジョンを死なせ、クィンターナに打撃を与えたとは信じなかっただけでなく、実際にそれとはまるで反対のことを思っていた。私は起きたことはどれも、この私が防げたはずだったのにと信じていた」と、ディディオンは悲しみにくれた最初の一年をつづった回想録『悲しみにある者』に書いている。

ダンが亡くなってから数カ月間、ディディオンは夢をまったく見なかった。[46]はじめて一人で過ごす夏が来て、ようやく夢はもどってきた。それはたいていジョンからはじまった。初期のころ、こんな夢を見た。彼女とジョンはパラマウント社が手配してくれた飛行機で、カリフォルニアからハワイに向けて飛ぶことになっていた。サンタモニカ空港で、ディディオンは飛行機に搭乗するが、ジョンが見あたらない。それで降りて、車の中で夫を待つことにした。そのうち、飛行機は飛び去ってしまう。彼女は一人滑走路に取り残される。「夢のなかで私が最初に覚えるのは怒りだ。ジョンは私を連れずに飛行機に乗ったのだ」。ディディオンはこの感情を現実に結びつけた。「私は捨てられたと感じていたのだろうか？　タルマック舗装の滑走路の上に残されたと？

私を置いていったのでジョンに腹を立てていたのだろうか？　怒りを覚えつつ同時に責任を感じるのも可能だったのだろうか？」のちにこの夢が転換点だったと気づいた。この夢を見てから、彼女は自分で創った罪を許せるようになった。「サンタモニカ空港のタルマック舗装の滑走路の上にとり残される夢を見た後になってようやく、自分が実際に責任を持てないレベルというものがあるのだという考えが心に浮かんだ」

ディディオンの夢は、近親者を亡くした者が見る夢のパターンそのものだ。[47]あまり夢を見なくなる、あるいはディディオンのようにまったく見なくなるのは、とつぜんの喪失を受けてうつ病になる人の特徴である。夫の死のショックから少し立ち直ってくると、夢はもどってきて、痛みを乗り越える手助けをしてくれた。

心理学者パトリシア・ガーフィールドは父が亡くなったとき、自分と同じように大切な人を最近亡くした女性にインタビューしはじめた。[48]すると、悲しみの段階ごとに対応する夢があることがわかった。残された者が喪失を受容しはじめると、夢の性質は変わっていく。最初は故人が生き返って、死んだときのことを話したがっているといった夢を見る。この「生き返る」夢は、残された者の心を乱す。まるでその人が逝くのを「許した」かのような、不合理な罪悪感を刺激するからだ。フィリップ・ロスは父が亡くなって六週間後、父がこの世に戻ってきて、埋葬されたときの服が気にいらないと怒っている夢を見た。「死に装束から覗いて見えたのは、父の死顔に浮かぶ不快の念だけだった」[49]とロスは回想録の『父の遺産』に書いている。夢を見る人は、故人にばかにされている、あるいは苦しめられていると憤るかもしれない。楽しい夢を見れば、その分目覚めたときの喪失感が強くなって苦しむかもしれない。こうした夢はつらいものだが、故人が本当に逝ってしまったことを理解するうえで役に立つ。

ガーフィールドが「解体」と呼ぶ次の段階では、故人がまたあらわれて、さよならを告げたり、どこかへ旅立ったりする。ガーフィールドの調査に参加した、妻を亡くした男性は、妻と二人で空港に行く夢を見た。空港につくと妻は一人で車から降りて、さよならと手を振り、あとから来てねと言った。男性はこの夢を見て、ふたたび自分の人生を生きる許可をもらったのだと解釈した。自分の世界を立て直し、場合によっては再婚してもいいと言っているのだろうと。残された人が完全に喪失を受けいれた最後の段階では、楽しい夢を見ることもあるだろう。そうした夢では故人は若返って元気になって出てきたり、慰めの言葉をかけてくれたり、助言をしてくれたりする。

ディアドラ・バレットが会った、面倒を見ていた祖母をがんで亡くした若い女性の夢はまさにこうした経過をたどった[50]。最初のころの夢には、罪悪感に悩まされる女性の気持ちが反映されていた。そのなかで祖母は、死ぬところをもう一度やりなおさなければならないと言う。そうすれば、孫が今度はきちんと送ってくれるだろうからと。別の日には、警察を呼んでと言う。自分はがんで死んだのではない、毒殺されたのだと。女性の気持ちが落ち着いてくると、今度は自分が子どもにもどった夢を見た。祖母は幼い女性をお風呂に入れて、愛してるよと言い、自分はいま天国に向かっていると教えてくれた。「そのときから、祖母のことを考えて安らげるようになった」と女性は言った。

哀悼の過程をうまくたどることができず、喪失にとらわれてしまうなど、生き残った人の悲しみが複雑になってしまったときには、夢も複雑になる。ガーフィールドによれば、「死者に誘われる」夢――亡くなった友人や家族が生き残った者にいっしょに墓に入ろうと誘う夢――は、自殺願望をあらわすという。作家のダフニー・マーキンは母親が亡くなったとき、これで果てしなく続くと思われた母親による非難から解放されると思った。ところが、母娘のねじれた関係はマーキンの夢のなかで続いた。「母が亡くなって最初の一年間、待ち望んだ解放感を味わうことはなかった。それどころか、母は私の夢にあらわれ続けた。そのたびに心はかき乱された」マーキンは回想録『幸せまであと一歩（*This Close to Happy*）』につづっている。[51]「ある夢では、母はペニスをつけてあらわれ、私たちはセックスをした。歓びを感じて目覚めたのを覚えている。長年の探求が終わったように思えた。人生にぽっかりと大きな穴があいたような気がして、ときおり母と一つになりたいと思っていたとしても、それほど驚くことではないだろう」

夢は、死ぬ運命を予期したときのショックと向き合うときにも助けとなる。眠りと死には密接な関係がある。ソクラテスは、死は夢のない眠りだと考えていた。[52]ラビの教えによれば、睡眠は死の六〇分の一に匹敵する。[53]魂は、死んだときには永遠に体から離れてしまうように、眠っているときにも短時間ながら体から離れるというのだ。ギリシャ神話では、死の神タナトスと眠りの神ヒュプノスは双子の兄弟である。死ぬ夢は忘却の断崖に立つに等しく、来世への神聖な入り口とされてきた。歴史家アンドルー・バースタインは、一九世紀のアメリカで「人々が危篤状態の人の夢を記録しようとしたのは、半ば超自然的な啓示を期待してのことだった」と記している。[54]

死刑執行前に聖職者に報告された罪人の最後の夢は、ヴィクトリア朝のタブロイド紙に描かれた。[55]

どの文化においても、死に向かうときには夢が主張するようになり、ときにその内容は予想できる。ケリー・バルクリーとパトリシア・バルクリーがその著書『死のまぎわに見る夢』で「自分より先にこの世を去った人物、とくに自分が愛していた人物が自分に会いにこの世へ戻ってくる。そしてその人は、自分の進むべき道を示し、迷っている自分の現在の姿を肯定してくれ、そして警告までも与えてくれる」と記した、死者が訪れる夢は世界中で聞かれる。[56]また、旅の夢もよく見られる。「『旅する』『通り過ぎる』『ある場所から別の場所に渡る』といった光景は、死を迎えようとしている人に、自分に重大な変化が訪れること、そして先に待ち受けるものを予期させ」る。それによって「目先の恐怖にとらわれていた絶望感が、いつしか心静かに運命を受け入れる気持ちへと昇華し、時にはそれが期待感にまで変化する」のである。

ホスピスに入所していた五九人を対象にした二〇一四年の調査によれば、ほぼ全員が、亡くなる数週間から数カ月前に少なくとも一度は鮮明な夢を見ている。[57]よく出てきたのは宗教関係の人物やすでに亡くなった家族だった。オードリーという八一歳の女性は夢に五人の天使が出てきて、自分はもう準備ができているのだと知ったと話した。八八歳のバリーは、夢に母が出てきて、この世を握っていた手を放すのを助けてくれたと言う。夢のなかで彼は行き先もわからずに運転していて、何年も前に亡くなった母は「愛している」「大丈夫、すべてはうまくいくから」と励ましてくれたのだった。患者たちは、こうした夢は安心感を与えてくれて、おかげで死の恐怖が薄らいだと証言した。

二〇一四年、歴史家ヴォイチェフ・オヴチャルスキは、ポーランドの介護施設の入居者一〇〇人に夢についてインタビューした。[58] 彼らは、高齢者ならだれでもかかえる病気や老いのストレスだけでなく、捨てられたという意識にもさいなまれていた。「ポーランドでは、ほかの中東欧諸国同様、そうした施設にいるということは、多くの場合孤独であり、家族に拒絶されたということを意味する。介護施設はたいてい、嘲りの意味を込めて『老人の家』と呼ばれ、『死ぬための場所』として認識されている」とオヴチャルスキは書いている。そんな入居者たちの夢は、自らを若返らせてくれて、幸せだった時代に連れていってくれる。彼らは「手に入らないもの、起きている時間には体験できないことを夢に見る」。だが、そうした夢は郷愁の念や後悔ではなく、安らぎと歓びをもたらす。ある女性は夢のなかで娘と話ができると感謝している。当の娘は実際にはもう一年も訪ねてきていない。死の床にいる男性は、子どもが小さかったときの幸せな場面を夢に見ると、成人した子どもたちが近くにいるような気がするという。

モーリス・センダックは子どものときから、自分がいつか死ぬことを強く意識していた。ヨーロッパからのユダヤ系移民だった両親は、息子にホロコーストを忘れさせなかった。そのため、老化と喪失は繰り返し彼の作品のテーマとなった。その作品のなかでももっとも有名な『かいじゅうたちのいるところ』に出てくる、気味の悪いキャラクターたちは、シバ〔ユダヤ教における葬式後の七日の服喪期間〕のときに親戚と過ごしていて思いついた。[59] どんなに成功してもセンダックの恐怖はおさまらなかった。高校時代からの友人に、成功してどんな気分かと訊かれたときには「それでも必ず死はやってくる」と暗い表情で答えた。死を恐れるのと同じくらい、センダックは雪を恐れた。雪の重みで屋根がつぶれてしまうのではないか、緊急時に吹雪で病院にたどり着けないのではないか、と恐れたのである。また、ケーキが好きで犬が大好きといった子どもらしい面を持ち合わせたまま大人になった一方で、クリスマスを嫌った。ユダヤ人の息子で子どもを持たない者として、クリスマス休暇にはいつも疎外感を味わっていた。コネチカット州の病院で死を迎えるとき、センダックは恐れる二つのものが両方出てくる鮮やかな夢を見た[60]。大好きな看護師のリンがソファに横になっていて、その後ろにはクリスマスの小さな村が描かれた大きな絵がある。村は雪で覆われていた。だが、センダックはリンに打ち明けた。悪夢ではなかった、心安らぐ美しい夢だったと。

『死のまぎわに見る夢』で紹介されるビルという名の男性は、がんが転移していて余命は数週間だろうと医師から告げられて絶望の淵にいた[61]。ビルはふさぎこんだ。混乱した気持ちのなかで、唯一はっきり感じられたのが恐怖だった。ホスピスの牧師が自宅を訪れたとき、ビルの顔は青白く、やつれていた。ところが数日後、牧師がふたたび訪れたとき、「彼の気分が明らかに変化しているのが」わかった。「瞳は好奇心で輝いて」、「表情はリラックス」していた。前回の訪問からこのときまでに起きたことといえば、ビルが夢を見たことだけだった。ビルは商船の船長として人生の大半を過ごしてきた。そのビルが夢のなかで船を操縦し、海図に載っていない夜の海を進んでいく。忘れていた冒険心がよみがえってくる。海は荒れていたが、自分が正しい航路を進んでいることはわかっていた。「不思議なことに、もう死ぬことが恐くないのです。いつあの世へ行ってもいい……。日に日にこの気持ちは強くなっています」とビルは牧師に語った。

信心深くない人の場合は、人気歌手が夢のなかで救いの手を差し伸べてくれることがある。一九九〇年代、民俗学を研究するケイ・ターナーは、歌手のマドンナの夢を見る女性の話を集めた。[62]インタビューした女性の多くは、マドンナの夢に精神的な支えを見いだしていた。目覚めたときに感じる安らぎや決意は、起きている間も続いた。二九歳のマージは、マドンナに言われてお風呂に入ると、マドンナが「ライク・ア・プレイヤー」を歌いながら、体をスポンジで洗ってくれて、ふわふわのタオルで包んでくれるという夢を見た。[63]目が覚めたときには、「愛とセックスの洗礼を受けたような気がしました。マドンナが、暴力の絶えなかった前夫との思い出をすっかり消し去ってくれたのだと思いました」という。三五歳のクリスは精神科病院に入院して、昔受けた暴力による心の傷の治療を受けていた。[64]マドンナは夢にあらわれて、性的虐待の啓蒙活動に協力すると言ってくれた。この夢を見たのは「精神的にとてもつらい時期」だったため、「魔法のように思えました」とクリスは語った。

アーネスト・ハートマンはタフツ大学の精神医学の教授で、トラウマを抱える人の夢には、よい結果をもたらす一定のパターンがあることを発見した。[65]つらい体験をした直後は悪夢が続き、そこには出来事が起きたときの感情が反映されている。たいていは恐怖、罪悪感、喪失感といったものだ（「大きな津波が押し寄せてきた」「子どもたちを遊ばせていたら、みんな車にひかれてしまった」「私は何もない空間にいる。まわりにあるのは撒かれた灰のみ」）。トラウマとなった出来事がそのまま再現された夢もあれば、一つか二つ要素が変わっている夢もある。時間が経つにつれて夢は変化し、トラウマとなった体験と、その人の過去の出来事や読んだり聞いたりしたことが混じりあうようになる。こうした夢はトラウマを客観的に見る視点を与えてくれ、自分以外にも同じような経験をして生きのびた人はいるし、自分自身もこれまでいろいろな苦難を乗り越えて生きてきたことを思い出させてくれる。「あなたが築いてきた心はこの出来事を吸収できる。大丈夫」。脳はそう言っている。そして回復すれば、ふたたび普通の夢を見るようになる。

二〇〇一年九月一一日、地下鉄の駅を出たところ、ツインタワーから次々に人が飛びおりるのを見たあるニューヨーカーは、数週間、その場面を夢に見続けた。[66] 精神的に回復してくると、夢の内容は変わっていった。ある夢では、犠牲者は着地しやすいようにカラフルな傘を持っていた（ＰＴＳＤの場合はこの機能がうまく働かない。[67] 夢は進化せず、犠牲者の気持ちと同じように、過去にとどまったままとなる。トラウマとなった出来事は変わることなく延々と繰り返される。ほかの記憶が入りこむ余地はなく、夢を見る人に支配権が渡ることはない）。

アラン・シーゲルは、カリフォルニア大学バークレー校の心理学者で、精神的に大きなショックを受けたあとに見る悪夢に関心を寄せており、住んでいた地域が立て続けに自然災害に見舞われたとき、これは研究のチャンスだと思った。[68] 一九八九年、ロマプリータ地震は死者六三人、負傷者約四〇〇〇人という被害をもたらした。そのわずか二年後、大きな山火事がオークランドで発生し、二五人が死亡、数千の家屋が焼失した。山火事のあと、シーゲルは自宅を焼失した二八人と焼失を免れた一四人の計四二人に夢を記録するようにお願いした。

調査期間が終了し、彼らから夢日記を集めてみると、北カリフォルニアの人たちの夢には対照グループの人たちよりも、数多くの死や負傷、災害が出てきていた（意外なことに、火事で家屋が焼け落ちなかった人のほうが、完全に焼け落ちた人よりも不安を感じているようだった。死に関する夢は前者のグループの夢の一七パーセントを占め、一方、後者では一一パーセント、対照グループでは五パーセントだった。シーゲルは生存者の罪悪感がトラウマを複雑にしているのだろうと考えた)。離婚の直後に見る別れの夢がその後の経過を予測させるように、火災後に生存者が見る夢は、その人の一年後を占う指標になっていた。火事あるいは津波や洪水などの自然災害の夢を見て、そのなかで受動的に観察するのではなく、立ち向かって制御した人の場合、一年後には回復しているケースが多かった。

カナダ人心理学者キャスリン・ベリッキは、二八人の女性(うち半数は性的虐待の経験者)から、最悪の悪夢を集め、独立した判定者にそれらを読んでもらった[69]。読んだ人は、その夢が虐待経験者のものかどうか、ほぼ当てることができたという。ちがいは明らかだった。虐待の経験者の夢にはかなりの確率で、暴力、性的場面、凶悪な人物、顔のない男が出てきた。悪夢を見る頻度もまた、夢のなかでトラウマを処理していることを示す目安となる。ベリッキが五〇〇人以上の女子学生を対象に調査したところ、暴力を受けた女性はそうでない女性に比べて、約二倍の悪夢を見ていた[70]。

PTSDの場合をのぞき、本物の記憶がそのまま夢で再現されることはほとんどない。とはいえ、夢の源泉の多くはその人の生活にあり、現在と過去の経験の糸が絡みあって夢となる。一世紀以上前にフロイトは、夢を見ている脳は日中の「残滓《ざんし》」を呼び覚ましていると書いたが、現代の実証研究からも、夢の半分には少なくとも一つは最近の経験が出てくることがわかっている[71]。

夢には過去の重要な出来事だけではなく、現在進行中の活動も反映される。紛争地域に住む子どもは、平和な地域に住む子どもより暴力的な夢を見る。[72] スポーツ研究を専攻する学生は、心理学の学生よりも運動の夢を見る。[73] だから環境が変われば、夢も変わる。倫理規定[74]がいまほどうるさくなかった一九六〇年代後半から一九七〇年代にかけて、精神医学者のハワード・ロフワーグは、大学の学生に、緑と青の波長を除去してすべてが赤っぽく見えるという特別なゴーグルをかけて数日間生活してもらう、という実験を行なった。[75] 見ている物体が本当は白、灰色、緋色であっても、すべてピンクに近い色に見える。[76] ストレスを感じる機会も多かった。[77] ある学生はハンバーガーが大好きだったが、ピンクのケチャップが気持ち悪くて食べるのを躊躇した。

時間がたつにつれて学生は赤い世界に慣れていき、それに伴い夢にも変化が見られた。実験が始まったころは、眠りについてから最初に見る夢の半分は赤い色調で、あとのレム睡眠で通常の色調に戻るというパターンだった。ところが、一週間後には、一晩中赤い色調の夢を見るようになった。最初の夢の八〇パーセントは異様に赤く、さらに朝方の夢も半分くらいはやはり赤かった。ロフワーグの実験は、少なくとも夢の視覚は最近の経験にとらわれるということ、そして、日常生活の現象の変化に適応するにつれて、夢のなかでも変化が起こることを示している。

しかし、どの経験が夢に入りこむかは予想できない。私がロバート・スティックゴールドに、どのような記憶が夢にあらわれやすいのか尋ねたところ、三つの要素が返ってきた。「推測するに、強い感情を伴うもの、繰り返されるもの、それから新しいものだ」。しかし、長年夢の研究の最前線にいるスティックゴールドでさえ、「推測」しなければならないのである。哲学者も心理学者も神経科学者も誰一人として、なぜある光景がある夜に出てくるのかを説明できないし、長らく会っていない友人や亡くなった家族の夢を見られるかどうかを断言することもできない。

しかし、感情と時系列が影響していることを示す手がかりもある。一九八〇年代後半、カナダ人神経科学者トーリ・ニールセンは「夢のタイムラグ効果」と呼ぶ現象を発見した。日中の出来事が夢に出てくるときには、たいていはその日の夜に出てくる。そのままの再現であっても、抽象的な表現であっても、一場面だけとか一人だけ出てくるといった場合でも同じだ。翌日になると、出てくる確率は半分になる。当日の夢に出てこなかった場合は、一週間後に出てくる可能性がある。

ニールセンは被験者に、インドネシアの村人が生贄《いけにえ》にするために水牛を殺すビデオを三〇分見てもらった。被験者は毎晩夢を記録した。すると、ほとんどの人が同じ時期にビデオの夢を見たことがわかった。一日から三日後のあいだに一回、それから六日目か七日目にもう一回。私たちは悪夢と普通の夢を交互に見ることで、自然な睡眠サイクルを乱すことなく、その出来事を処理しているのかもしれない[78]。

夢は、トラウマを乗り越えさせてくれる以上の役割も果たし、苦しいときに安らぎを与えてくれることもある。南北戦争のとき、寂しさをかかえた兵士は家族の夢を見て、生きのびる決意を新たにした。「南北戦争中のアメリカ人は、とりつかれていたとまでは言わないが、夢や精神世界、そのほかの宗教的な体験に魅力を感じていた[79]」と歴史家ジョナサン・ホワイトは、兵士の手紙のなかに出てくる夢の話を調査して述べている。「戦場の男たちがいちばんよく見たのが、故郷の愛する人たちの夢だった……多くの兵士はそうした夢に安らぎを見いだしていた」[80]

オーストリア人精神医学者ヴィクトール・フランクルは、ナチの強制収容所で三年間過ごした経験があり、一日二八〇グラムのパンとカップ二、三杯のスープで生きのびた人々は「ケーキの、煙草の、気持ちのいい風呂の夢」を見たと記した[81]。二〇一五年、オヴチャルスキはアウシュビッツ博物館の保管文書をあさり、生存者が戦争中に見た夢について心理学者が記した文書を探した[82]。読んで気づいたのは、夢が往々にしてセラピー効果を発揮しているということだった。夢は収容者を明るい気分にさせ、希望を持たせ、信仰を支えていた。もっともよく見られたのは、オヴチャルスキが「慈しみの夢」と呼んだもので、「人々は家族や神に慈しまれ、支えてもらう夢を見る」。たとえば、その誰かは、きっと生きてアウシュビッツを出られると励ましてくれる。ある収容者は、白いローブをまとって希望のメッセージを携えた神があらわれる夢を見た。「心配はいりません。あなたはこの地獄から生きて帰ることができます」。収容者は神を信じていなかったが、この夢を御守りのように大切にした。「この夢は、私の潜在意識に深く根づいた。収容所での厳しい日々のなか、私は唯一の命綱としてこの夢にしがみついた」。別の収容者はチフスで苦しんでいたとき、むりやり急流に引きずりこまれる夢を見た。おぼれそうになったとき、死んだ兄が近づいてきて、巨大な魚を差しだし、これで大丈夫と言った。家に帰る夢を見た人は、つかの間の休息を楽しみ、普通の暮らしの良さをかみしめた。「こうした『自由の夢』を見たあとには、しばらくのあいだ、ときには数日間は、悪夢のような収容所生活の厳しさが和らぐような気がした」とある生存者は証言している。

収容所から解放されると、夢に登場する人も変わった。ルーマニア人心理学者イオアナ・コスマンは、ホロコーストを生き抜いた二二人にインタビューし、戦争中と戦争が終わったあとでは夢が大きく様変わりしていることに気づいた[83]。収容所にいたときの彼らの夢には「明るい幸せな場面がよく出てきた」。ところが、少なくとも肉体的には解放されたあとは、暗く恐ろしい夢を見るようになった。戦争中の恐ろしい場面が再生され、殺された家族を夢に見て苦しんだ。夢は適応力を発揮し、自衛本能と結託して、その人が最悪の記憶に向き合う準備ができるまで、悪夢を見るのを先伸ばししていたのだろう。

夢を見ているあいだに記憶を変えられる可能性があることを示した研究がある。PTSDの治療に利用できるかもしれないという。二〇一五年、ガエタン・ドゥ・ラヴィレオン率いるフランス人神経科学者チームは、マウスが寝ている間にニューロンを刺激して人工的な記憶を植えつけることで、通る道を変えさせることができるかという大胆な実験を試みた[84]。まず、実験用の空間にマウスを放し、マウスがあちこちに行くたびに場所細胞が発火するのを記録する。ドゥ・ラヴィレオンの期待どおり、マウスはでたらめに動きまわり、とくにどこかの場所を好むことはなかった。眠りに落ちると、脳は日中の動きを再現し、場所細胞は同じパターンで発火した。

特定の場所細胞が活性化したとき、ドゥ・ラヴィレオンは眠っているマウスの内側前脳束——セックスやドラッグなど報酬と結びつく神経路——を刺激した。目覚めたマウスをもう一度空間に放すと、今度はランダムな動きを見せなかった。見えない力に導かれるかのように、報酬センターが刺激されたときに活性化していた場所細胞に対応する場所に向かったのである。とくにその場所を好む理由はなかったにもかかわらず、マウスはそこに四倍から五倍長くいた。「マウスは（場所について）目的を明確にした戦略を持っていた。まるで、そこにご褒美があると思い出したかのようだった」と、実験を手伝ったカリム・ベンシェナンは《サイエンティスト》誌に語った。[85] 神経科学者マット・ウィルソンによれば、この研究結果は「適切な報酬と組み合わせることができれば、睡眠中の学習は可能だということを強く示唆している」という。「彼らは、経験に基づいてではなく、睡眠中にその場所の報酬を与えることで、特定の場所を好むようにマウスを条件づけることに成功した」。この研究はまだはじまったばかりだが、実用化の可能性に期待したいところだ。これは生き物が眠っているあいだに記憶を植えつけることに科学的に成功したはじめての事例であり、トラウマの治療に新たな道が開かれる可能性を示している。

トラウマの記憶に楽しい報酬を組み合わせることができれば、記憶が修正されて苦しい部分がなくなるかもしれない。「理屈としては、眠っているあいだに脳の処理に修正を入れて、記憶をやわらげたり、伴う感情を変更したりすることができる」とベンシェナンは述べている。

悲嘆や不安の夢は苦しいものだが、それによって癒やされることがわかっているのだから、私たちはそれを受けいれるべきだろう。夢のこうした癒やしの側面を最大限に利用したければ、夢を思い出す術《すべ》を磨かなければならない。夢を覚えていればいるほど、そこから得られるものも増える。時間をかけて夢の意味を分析すれば、それらが意味する問題に向き合うことになり、心の回復を早めることができるだろう。時間をかけて夢をたどれば、快方に向かっているしるし——

たとえばパターンが変わる、自分を主張するようになるなど――に希望を見いだすことができる。「守られている、自分でコントロールできるようになるといった夢を逃さないようにして。それを自分の思考や感覚に転化して、癒やす力にすればいい」と心理学者パトリシア・ガーフィールドは助言する。[86]

夢は、感情を整える、苦しい体験を克服する、記憶を形成し、場合によっては記憶を修正するといったときに重要な役割を果たす。しかし、光が強ければ影もまた濃くなる。夢には破壊的な側面もある。

第7章　悪　夢

遅刻だ。私はこっそりオフィスに入る。目をふせたまま。「いないいないばあ」をする赤ちゃんのように、私が見なければ同僚も私を見えないと言わんばかりに。営業チームは、スタンドアップミーティングの名のとおり、立ったまま打ち合わせをしている。私は自分の席にすべりこみ、顔をあげずにコンピューターのスイッチを入れる。

今朝は体を引きずるようにして家を出た。朝起きたとき、脳内には悪夢の記憶があふれていた。昨夜見た夢――正確に言うなら、明け方のレム睡眠で見た夢――のなかで、私には六カ月の赤ちゃんがいた。だが、妊娠した記憶も産んだ記憶もない。私は困惑した。この赤ちゃんは半年ものあいだ、お母さんがいなくてどうやって生きてきたのだろう。赤ちゃんはやせこけていまにも壊れそうなくらい華奢《きゃしゃ》だった。しわしわの老人の姿をした小さなベンジャミン・バトンみたいだった。そこに私の担当編集者があらわれた。腕には赤い頬っぺたをした健康そうな赤ちゃんを抱いている。その赤ちゃんを彼女は自分の膝のうえではねさせた。赤ちゃんは喜んで笑い声をあげる。

私も真似をするが、どうもうまくいかない。汚い毛布に包まれた、しわしわでまるで生気のない赤ちゃんは、私が真剣にやっていないことを察している。赤ちゃんは歯をむいて、目玉をぐるりと回す。ああ、もう絶対に私を許してくれないだろう。育児放棄をなかったことにはできない。ここで私はゆっくりと、不承不承ながら意識を取りもどした。朝もやのように罪悪感が私を覆っている。私はナイトテーブルのノートに手を伸ばし、義務的に書きつけた。マンハッタンに向かう地下鉄のなかでは、育児放棄された子どものことで頭がいっぱいで、車内のいつもの光景——出版業界にいそうな眼鏡をかけた男性が《ニューヨーカー》誌を読み、十代と思われるバスカー二人が車両の真ん中で踊っている——は、目に入らなかった。

私はバレエ『くるみ割り人形』で持ちあがった人種問題について記事を書くことになっている。締め切りは明日。しかし、顔を上げて担当の編集者を見るたびにうっすらといやな気持ちが甦る。休息を十分にとった様子で、いつもどおりのエレガントな装いに、きれいに化粧をしている。高所得者向けのライフスタイル雑誌の一ページから抜け出てきたみたいに見える。じっと画面を見て仕事に没頭している。私の悪夢に出てきたのは知らないだろう、などと考えるのはそもそもおかしな話だ。現実世界とのずれをここまで感じたことはほとんどなかったし、他人の心の内はわからないという事実にこれほど動揺したことはなかった。

私はコンピューターのスクリーンの角度を変えて、こっそりと自分の心配事を、あらゆる心配事がつまっている保管庫に照会する。インターネットである。赤ちゃんが出てくる夢、妊娠する夢――思いつく限りの言葉をグーグルで検索する。どうしても答えが欲しい。会社が私の検索履歴を見てどう思おうとかまうものか。結果は予想どおり役には立たない。「ドリームウェル」というサイトは、赤ちゃんは自分の内なる子ども、あるいは、人生における新しいプロジェクトを象徴しているという。私は懸命に考える。失敗しそうな新しいプロジェクトがあったっけ？「ドリームムード」というサイトは、夢のなかの赤ちゃんは「純潔、ぬくもり、新しいスタートを表している」という。どれもあてはまらなそうだ。私はメールを立ちあげて、中国のお茶の精を演じたダンサーに文化的に正しかったと思うかと問い合わせる代わりに、親友にメッセージを送って夢についてどう思うか訊く。「立ち直れないのよ」と私は訴える。「妊娠検査薬を使おうかと思ったんだから。いま生理中だっていうのに」。昼になっても私は立ち直れずにいる。それで今度は夢のなかで父親だった男性にメッセージを送る。「絶対、あなたの子どもよ」言いがかりも同然の言葉をタイプする。「悪魔みたいな子どもだった」

「調子はどう？」編集者の問いに、私はなんとか目をあわせて普段どおりを装う。本当は疲れている。一晩中起きていて、体を休める代わりにモンスターを生んで、地獄のような夜を過ごした気がする。といっても、どう話をしたらいいのかわからない。打ち明けてみようか。「もうぐったりです。実は変な夢を見て――」。やっぱりやめたほうがよさそうだ。

悪い夢は現実に対する準備となるが、どんな夢でも効果が見込めるわけではない。完全な悪夢となると話は別だ。悪夢から目覚めたときには動揺のあまり、眠りに戻れなくなったりするし、悪夢が怖くてベッドに入ることすらできなくなり、不眠症を悪化させる人もいる。しかし、多くの人にとって悪夢は逃れることができないものだ。人は二歳くらいから悪夢を見るようになる。次第にその回数は増えていき、一〇歳くらいでピークを迎える。[1] 大人になってもほとんどの人はときおり見る。ある調査によれば、成人の五人に四人は、過去一年に少なくとも一度は悪夢を見ている。[2] もっとも多いのが、逃げる夢（見知らぬ悪人、現実にいる敵、モンスターなどに追いかけられる）で、次が襲われる夢（暴力の被害者となる）だ。[3]『精神疾患の診断・統計マニュアル』は、成人の約六パーセントが月に一度、一パーセントから二パーセントの人が頻繁に悪夢を見ると推定している。頻繁に悪夢を見る人には女性が多く、男性の二倍となっている（子どものうちは男女差はなく、一三歳から一六歳ころに差が出てくる。この時期には、不安障害やうつ病でも女性が男性を上回るようになる）。悪夢がその日一日を決めてしまうこともある。夢を見た人の気分や、同僚や友人に対する認識に影響するからだ。

筋違いな話かもしれないが、私たちは夢に出てくる悪人に腹をたてながら目を覚ます。二〇一三年、メリーランド大学で心理学を研究するディラン・セルターマンは、夢が恋愛関係におよぼす影響を調査した。[4] セルターマンは長くつきあっている相手がいる六一人に、二週間、夢を記録してもらい、相手に対する気持ちを訊いた。すると、相手から軽んじられたり、裏切られたりする夢は、実際の関係に影響することがわかった。恋人が浮気する夢を見た女性は、翌日、相手への愛情を控えめに報告してきたし、けんかをするカップルもいた。

「夢の幻想」があまりにも強烈で、現実なのではないかと思ってしまうこともある。[5] エリン・ワムズリーの患者で、ナルコレプシー〔日中とつぜん強い眠気に襲われて眠ってしまう病気〕を訴えるある既婚者は、夢の中で浮気をして罪悪感を持っていた。罪悪感は、「（夢のなかの）浮気相手に偶然会ったときに、会ったのは久しぶりで、そもそも恋愛関係になったことはないという事実に気づくまで続いた」という。ワムズリーが診た別の女性は、家族の葬式を準備しようとしたが、途中でその人は自分の夢のなかでしか死んでいないことに気づいた。夢と現実の境界に悩む人にとっては、夢と現実の混同は深刻な問題となる。「鮮明な記憶とともに目覚めるので、実際に起きたこととの区別がつかなくなる」とロバート・スティックゴールドは言って、ある例を紹介してくれた。ナルコレプシーの症状を持つオーストラリア在住のイギリス人男性は、上司から電話で解雇すると伝えられた。仕事がなければオーストラリアにいる理由もないので、本国に帰る時期だと思った。「彼は引っ越しの準備をしているときに、同僚から電話をもらった。一週間欠勤しているからどうしたのかと思って、と同僚は言った」。解雇されたのは夢だったのだ。

作家のジュリー・フライガーは大学生のときに、眠ってはいけない時間に居眠りするようになった。アイビーリーグに通う意欲的な学生だったジュリーは、講義中にはじめて居眠りをしてしまい、ショックを受けた。あわててトイレに駆けこんで水で顔を洗ったが、その後も居眠りは続いた。教授に話すこともできず、成績は落ち込んだ。感謝祭のときには、何時間もかけて実家に帰ったものの、休暇中はほとんどソファで寝て過ごした。運転中にまぶたが閉じそうになったこともある。病名を告げられたときには、ほっとした。ナルコレプシーだった。

自分ではどうにもできない眠気がとつぜん襲ってくるだけでも十分に困った事態だが、ジュリーが本当に怖かったのは夢だった。あまりにも鮮明なので、現実との区別がつかなくなったのである。大学卒業後を振りかえると、現実かと思うような悪夢はある意味、引っ越しを繰り返した二十代の軌跡を表していた。ワシントンＤＣで、ジュリーはトウガラシ・スプレーを手に外に走り出て強盗に対峙するが、相手は夢の産物だった。ロサンゼルスでは、家のなかで大声をあげながら足を踏み鳴らす恋人に怒った。その夜、恋人は家にはいなかったのに。ボストンでは、見知らぬ男が窓を割って侵入してきて殺されそうになる夢を見た。「男の腕が私の首に伸びてきたのを覚えている。恐怖のあまり震えながらも、なんとか逃れようと必死に抵抗した。なのに、ふと顔をあげると、男はいなくなっていた」[6]。彼女は勇気を出してベッドから起き出し、侵入者を探した。窓は割れておらず、ルームメイトは何事もなく眠っていた。そこですべてが夢だったと気づいた。「本当に起きたことのように感じた。私に言わせれば『夢を見た』んじゃなくて『強盗が来た』のよ。だって本当に経験したんだから」

診断を受けてから一〇年が経ち、そのあいだにジュリーは自分の記憶を信頼しないことを学んだ。夜のあいだに起きたと思うことは、実際に起きていないと自分に言い聞かせた。しかし、これだけの年月がたっても、夢に伴う感情の威力は衰えていない。泣きながら目覚めることもある。「意識がはっきりしたらすぐに、これは実際にはなかったことなんだと理解しなくちゃいけないのはわかってるけど、二つの境界線はとても曖昧なのよ」

深刻なケースでは、夢と現実が混じりあって躁《そう》病を引き起こすことがある。トルコの睡眠学者メフメット・アガーグンは、悪夢が躁病の引き金となった双極性障害の患者の症例を集めた[7]。一八歳の高校生は、ある朝起きて父に夢の話をした。地面が揺れ、人々が家から飛び出してきて、倒れたり泣きさけんだりしていた。彼は家族に、地球最後の日は近い、死に備えよと言い、病院に入院させられた。

ストレスの多い出来事の夢は予行演習として役立つが、トラウマとなった出来事を夢で再生するのは逆効果だ。一九七〇年代に心理学者ジョゼフ・デ・コーニンクは、動揺した経験を夢に見た場合、その経験に対処する能力にどのような影響を与えるかを調べた。[8] 被験者となった学生たちには、寝る前に、職場の安全を促す古い暴力的な公共広告を見てもらった。工場で働く二人の労働者は機械に挟まれて指を失い――カメラは血だらけの切り口を長々と映す――、別の一人は同僚が誤って投げた板を胸に受け、転んで死んでしまう。デ・コーニンクは学生を二つのグループにわけ、片方の学生たちがレム睡眠に入ったところで、不穏なサウンドトラックを流した。死亡事故を起こした労働者が、電動のこぎりの耳障りな音をバックに、重々しい声で語る。「あのときおれは――ラッキー・ウィリアムズは人を殺した。この手で殺したようなものだ。起きてはならないことが起きてしまった」。そのあいだ、もう一方のグループは静かな部屋で寝ていた。

デ・コーニンクが予想したとおり、サウンドトラックを流された学生はかなりの確率で、公共広告の夢を見た。全員にもう一度広告のビデオを見てもらったときには、サウンドトラックを聴いて夢に見た学生は、さらにストレスを募らせた。夢はショックを和らげるどころか、さらに大きくした。悪夢がトラウマの影響力をさらに強めるのと同じ効果があったようだ。

PTSDをかかえる人は、忘れたいと思っている出来事がフラッシュバックする悪夢から深刻な打撃を受けることがある。「昼間が、フロイトの悪魔がときおり忍び足でうろつく時間なら、夜は彼らの牙城であり、彼らが自由に行動できる神秘と変容の暗黒の世界である」とPTSDを経験したデイヴィッド・モリスは『邪悪な時間（*The Evil Hours*）』に書いている。[9]「悪魔の夜とそれが生みだす悪夢は、生存者にとってつねに地獄だった」。一般に悪夢は自傷につながる。中国の農村部で頻繁に悪夢を見る若者とそうでない若者を比べると、自殺を試みた数は前者のほうが三倍近くになっている。[10]フィンランドの成人三万六〇〇〇人以上を長期にわたって追跡した研究によれば、頻繁に悪夢を見る人は、ときおり見る人に比べて、自殺率が一〇五パーセント高くなっている。[11]

アメリカ先住民のズーニー族によれば、ほとんどの病気は悪い夢の副産物だという。[12]メキシコ北西部に住むララムリ族は、邪悪で病原性を持つ精神は夢のなかに潜むと信じている。[13]悪夢のストレスが本当に病気を引き起こすことがあるのは、すでにわかっている。「夢に危険なものが出てくると、起きているときに本物の危険に接したときと同じように交感神経系が作動するから」と、精神医学者ジーン・キムは説明してくれた。[14]

このストレス反応は、喘息や偏頭痛の患者にとって症状悪化のきっかけとなる。一九九六年、心理学者ゲイル・ヘザー－グリーナーは、三七人の偏頭痛患者に夢を記録してもらい、朝頭痛があったときに見た夢五つとなかったときに見た夢五つをあげてもらった。[15]頭痛が起きたときに見た夢には怒り、暴力、恐怖が多く含まれ、夢のなかで本人は自分ではどうにもできない状況に置かれることが多かった。偏頭痛の原因は完全には解明されていないが、心理的なものと身体的なものの両方が作用することはわかっている。セロトニンを減少させるストレスが原因となることは十分考えられる。偏頭痛患者が見た悪夢は、ストレス反応を引き起こしたのかもしれないし、実生活におけるストレスが夢に反映されたのかもしれない。しかし、いずれにしても、悪夢は偏頭痛の引き金の一端を担っているように見える。

友人のケイティは高校の卒業試験以来、八年間、偏頭痛に苦しんでいる。「はじめて偏頭痛を経験したときは、気が変になるかと思った。頭と心にプチプチのシートが巻きついてるみたいだった」。いまではうまくコントロールできるようになったが、それでも生活に支障がないわけではない。ケイティはコーヒーを断ち、アルコールもやめるように言われている。「ひどいときには動けなくなる。枕を頭にかぶせて暗い部屋でじっと横になっているしかないのよ。ときどき脳が完全に動かなくなって、そんなときには脳内の配線が溶けちゃってるような気がする」。偏頭痛がはじまる前には、よく強烈な悪夢を見るという。「絶対に関係があると思う。最悪だったのは、たぶん、弟が死んだ夢で、死んでいるってわかっているのに私、必死に話しかけてたのよね。それから、殺人事件の被告人として裁判を受けている夢。空港でドラッグの密輸を疑われる夢も。こういう夢を見て起きたときには、もうぐったりしてめまいがする。私の場合、それが偏頭痛の始まりの合図」。やはり偏頭痛持ちの別の知り合いは、引き金になるものを探して日記をつけている。記録しているのは花粉の数、食べたもの、そして夢。「悪夢と偏頭痛がセットになることは多い。どこかの塔や物入れに閉じこめられる夢とか、火事になったり、洪水やハリケーンが来ているのに家族が誰も逃げられなかったりとか」

身体的な痛みを感じる夢は普通一パーセントにも満たないが、病気の人のあいだではこの数字は上昇する。モントリオールの医者がやけどをした患者に、入院して最初の一週間の夢を記録してもらったところ、三九パーセントの患者が少なくとも一度は痛い夢を見た。[16] ある人は「自分の体のなかが燃えていた」夢、別の人は、ボウリングのボールの形をした手榴弾が天井から落ちてくる夢を見た。こうした夢は回復の妨げとなることがある。痛い夢を見た人は、眠りが断続的となり、傷のことを考えてよりストレスを感じ、実際の治療の際にはより激しい痛みを感じたという。こうした夢は日中の状態を反映したものかもしれないが、医者は、回復を妨げる「痛み‐不安‐不眠のサイクル」の一因だと考えた。

西洋の医学文献には、健康に見える人が悪夢から目覚めて数時間以内に心臓発作に倒れる事例まである。[17] 三〇代後半の男性は、非喫煙者で心臓病の家族歴もなかったが、交通事故で自分が死ぬ夢を見て、起きてから嘔吐し、二時間後には、胸に痛みを感じて病院にいた。二三歳の男性は、父親とともに殺される夢を見て六時に目が覚めて、七時に心臓発作を起こした。早朝と眠りの最後の段階――レム睡眠がいちばん長く、悪夢が鮮明になる時間――は、循環器疾患を持つ人にとってはもっとも危ない時間である。心臓発作は、朝の六時から正午までがもっとも起こりやすく、この時間帯に起こると重症化しやすい。

一九八〇年代に、アメリカ中西部の健康に見える若者が寝ているあいだに次々に亡くなるという事案が発生し、医者や疫学者を困惑させたことがある。[18] 若者は朝の早い時間にあおむけで、恐怖の表情を浮かべて亡くなっていた。その数は一一七人にものぼった。医者は亡くなった若者たちの食生活、心機能、精神疾患の既往歴を調べたが、原因はわからなかった。「われわれは一人ひとりを解剖して調べたが、何も出てこなかった」[19] と検死官は困惑しながら《ニューヨーク・タイムズ》紙に語った。唯一の手がかりは、彼らの特異な経歴だった。亡くなったのは丘陵地帯に住む部族として知られるモン族の人々で、ラオスからアメリカ（主にミネアポリスからセントポールにかけての地域とカリフォルニア）に移住してから日が浅いという共通点があり、その期間は平均して一年半にも満たなかった。

ラオスにいたときには、北ベトナムに対峙するアメリカを支援し、壮絶な戦いを繰りひろげた。一九七五年、ラオスは戦争に敗れ、モン族は人口の約四分の一を失った。生き残った者は逃げ、数万人がアメリカに亡命を求めた。アメリカはこれを受けいれたが、歓迎はしなかった。移民の担当官は彼らをばらばらの都市に送り、「薄くバターを塗るように国中に広げ、消えてなくなるようにした」。ある移民担当官はそう語った。[20]

モン族の人々は戦争からは逃れたものの、外国の文化のなかで人生をやりなおすのは困難を極めた。英語の習得に苦労し、安定した仕事を探すのに苦労した。失業率は九〇パーセントに達していた。昔から受け継いできた世代による階層やジェンダーの役割は通じなかった。親はプライドを捨てて子どもに通訳してもらい、男は妻が稼いでくるどんな金でも受けいれるしかなかった。うつ病になる人が増え、ラオスでは聞いたこともなかった自殺が問題となった。「自分の将来を見なくてすむように、いますぐ死にたい」と、生活保護を受けながらサンディエゴに住んでいた元兵士の中年男性はジャーナリストに語った。

カリフォルニア大学サンフランシスコ校の人類学者シェリー・アドラーは、一五年かけてモン族の信仰を研究し、生きのびた人々から話を聞いた。二〇一一年、アドラーは所見をまとめて発表した。謎の疫病の原因は「悪夢」だった。少なくとも、犠牲者はそう信じていた。生計の手段とよりどころにしていた密なコミュニティを奪われた彼らは、邪悪な悪夢の精霊ダー・ツォを恐れるあまり、その恐怖で眠っているあいだに心臓がとまってしまったのである。物理的な理屈は誰も説明できなかったが、アドラーはストレスと生理的要因、そして純粋な恐怖が組み合わさった結果だと主張した。

モン族の信仰では、ダー・ツォは眠っている人を狙うとされる。女性の夢に出てくると、不妊や流産を起こす。男性だと死に至らしめる。ただし、最初の一撃で死に至ることはめったになく、標的になった者は精霊をなだめるために、シャーマンに相談したり、生贄をささげたりする。とどめを刺されるのは三回目と言われている。精霊は祖先を崇拝しない者にはとくに厳しく当たるとされるが、ラオスの神聖な山岳からも、祖先の墓からも遠く離れたアメリカにあっては、手の込んだ儀式は行なえない。新しい土地でも信仰を継続しようとした移民の約半数がダー・ツォの訪問を受けたが、キリスト教に改宗したモン族のあいだではさらに多かった。おそらくは罪悪感の結果だろう。

精霊の攻撃を受けながら助かった人も、大きな精神的ショックを受けた。経験した者は、胸に重石《おもし》をおしつけられているようだった、体を動かせず怖かったと語った。痙攣しながら青ざめていく夫を、妻はなすすべもなく、恐怖を感じながらただ見ているしかなかった。五八歳の生存者チュー・ローは、アドラーにダー・ツォが来たときのことを話した。「私は夜ベッドで寝ていた。家の隅に家族がいて、話をしているのが聴こえた……全部聴こえた。だが、それ以外にも誰かがいるのがわかった。とつぜん、巨大な物体があらわれた。このあたりで売られている動物のぬいぐるみのようだった。それが私の体にのってきたので、私は何とか逃れようとした。ところが、体は動かず、口はきけない。やめてくれ、と叫ぶこともできなかった。必死に抵抗したが、本当に怖かった」

アドラーは、モン族の死における生理的な要因を否定しない。病院に運びこまれた人のなかには、心電図をとると不整脈があった人もいた。しかし、ストレスの力は強く、心停止の引き金になりうる。彼らはすでに日々戦っていたし、ダー・ツォの夢は家族と口論したあとや、悪いニュースを聞いたあとなど、強いストレスがかかったときに見ることが多かった。睡眠負債も事態を悪化させた可能性がある。死者のなかには、前の晩に遅くまでテレビを見たり、あるいは、皮肉にもダー・ツォを追い払うために寝ないで起きていたりした者もいた。耐えきれずに眠りに落ちたときには、脳はそれまでの疲労を回復すべく、すぐにレム睡眠に入り、鮮やかな悪夢を生み出す環境を整えたのだろう。

悪夢を手なずける安全な方法はない。プラゾシンという薬は、悪夢の原因とされる神経伝達物質のノルエピネフリンをブロックする作用があり、ＰＴＳＤ患者の睡眠を改善するために処方されることがある。しかし、絶対確実ではない。吐き気や頭痛の副作用のリスクがあり、なかにははじめて服用したときに呼吸困難に陥ったり、意識を失ったりする人もいる。認知行動療法の一つであるイメージ・リハーサル療法もあるが、これは時間がかかる。[21] 患者は一日最低でも一〇分かけて、悪夢を自分のなかで再生し、新しい結末を思い浮かべる。つらい作業となるので続けられる人はきわめて少ない。[22] とくにＰＴＳＤ患者の場合、トラウマとなった悪夢を思い出すのは、益より害のほうが大きくなる恐れがある。[23]

五月のとある月曜日、雨模様の朝、私は悪夢治療の最新技術を自分で試してみるために、列車でボストンに向かった。そこにはパトリック・マクナマラが取り組むプログラムがあった。ケンモア・スクエアにあるセンター・フォー・マインド・アンド・カルチャーという研究所のなかのカーペット敷きの狭い部屋で、私は黒いゴーグルを装着した。顔の上半分がすっぽり覆われ、ゴーグルの一部は数センチ突きでている。これで私は、マクナマラのパイロット研究に参加した被験者と同じように、イメージ・リハーサル療法を基本とした治療の一環として、悪夢を操作する練習を行なう。しかし、従来のイメージ・リハーサル療法とはちがい、自分で悪夢のイメージを呼び起こす必要はない。ヴァーチャル・リアリティを体験させてくれるゴーグル「オキュラス・リフト」が私に代わってやってくれる。

ヴァーチャル・リアリティを利用して恐怖症やＰＴＳＤを治療する試みは、ずいぶん前から行なわれている。たとえば、飛行機が怖い人は、乱気流のなかを飛行しているときのように揺れる椅子にすわり、空を映しだすスクリーンを眺める。人前で話す恐怖を克服したい人は、ヴァーチャルな観客を前に、コンピューターがつくったステージ上に立つ。「安全な環境のなかでトラウマに向き合い、安全な病院の一室でそれについて話し、体験を修正すれば、次第に不安は消えるということだ」と、ヴァーチャル・リアリティを治療に利用する研究をしている精神医学者スキップ・リッツォは言った。[24]「PTSDの慢性化については、トラウマについて考えるのを避けることが理由の一つになっている。恐怖の対象を避ければ、一時的な安心感が得られ、その安心感が避ける気持ちをさらに強化してしまう。私たちは、安全な環境のなかで患者がトラウマに立ちもどり、再現できるようにすることで、回避しないようにすることを目指している」

マクナマラの研究では、悪夢と同じ心理的反応を起こす画像が使われている。いずれも必ず感情の三つの因子——感情価、覚醒度、支配性——のどれかが表現されている。「感情価がマイナスになっているものは、見る人を不快にさせるでしょう。覚醒度のスコアが高いものは、見る人を興奮させます。そして支配性が高いものは、見る人を支配します」アシスタントのケンドラ・ムーアは説明してくれた。患者は手元のコントローラーを使って画像を操作し、恐怖が和らぐようにする。たとえば怖いと思う部分を小さくしたり、塗りつぶしたりして、その変化を説明するストーリーを考える。マクナマラは、患者が画像を操作する時間が長くなればなるほど、悪夢が減り、視覚心像のコントロールテストのスコアが向上するのではないかと考えている。このテストでは、被験者はあるシーン——たとえば家の前に車が一台止まっている——を想像し、頭のなかでその光景にさまざまな修正を加えるよう要求される。車の色を変える。車を走らせる。車が家につっこむ。これがうまくできない人は、悪夢をコントロールすることもできない。「ここに来て治療を受ける人の多くは、恐怖の制御にかかわる扁桃核が過剰に活動しています。前頭前野で画像の処理がうまくコントロールできなくなっているんです」とムーアは説明する。治療としては「悪夢の原因となる脳の働きをコントロールできるようになることを目指して訓練するわけです」。

ムーアはプログラムについて説明しながら、私を中心にして約一メートルのところに黒い小さなプラスチック製のボールを円状に並べ、私がこれから入る世界の範囲を区切った。私は重量感のある黒いゴーグルを下げて目を覆った。きっとまぬけに見えるだろうというのはすぐに忘れた。外の世界も完全に忘れた。私は神秘的なホテルのロビーにいた。ゆっくりと三六〇度回転すると、それにしたがって見える光景が変わった。ヴァーチャルな暖炉にはオレンジ色のキューブ状の炎が輝き、ぱちぱちと心地よい音が聞こえる。壺と彫像と赤いロボットが並んで立っていて、まるで異星人のガレージセールみたいだった。外には桜の木が見え、異様に青い空をバックに揺れている。ピンク色の花は紙で作ったランタンのように見える。ムーアが引いたラインまで進むと、輝く青緑色の格子があらわれた。

私がゴーグルを通した世界を十分に見たところで、ムーアがボタンを押すと、ロビーは消えた。目の前には、未来の教室の壁に映し出されるかのように、新しい映像があらわれた。今度は子犬がたくさんいる。反応をあまり引き出さないようにデザインされた映像だった。私がクリックすると、犬は消えた。次に見えたのは花にとまる蝶だった。これもまたとくに感情を呼び起こすものではなかった。ウォーミングアップが終わり、本番がはじまった。黒光りするゴキブリが大写しになって二匹出てきた。ひょろ長い触角が不気味な影をつくっている。光る足の毛まではっきりと見える。ムーアが長年私の精神分析をしていたとしても、私からこれ以上ネガティブな反応を引き出せる映像を選ぶことはできなかっただろう（イメージ・リハーサル療法を本能的に行なったのか、四年生のときにゴキブリのレポートをまとめたことがある。しかし、効果はなかった。一〇年後はじめて一人暮らしをしてトイレの床に見つけたときには、逃げまどい、元カレと仲直りした）。画像を見て私は固まったが、すぐに正気をとりもどし、大急ぎで右のコントローラーをクリックした。ペイント機能があり、画像を黒く塗りつぶすことができる。一匹のほうの顔をただの黒い塊にすると、脈がもとに戻るのがわかった。続けて、体も塗りつぶし、なんだかわからない黒い物体にした。そして耳を描きたし、羊だと思うことにした。こうして画像は、見てもショックを受けるようなものではなくなり、不格好ながら怖くない動物となった。

私は心の準備を整え、クリックして次に移った。しかし、今度はそれほど驚かなかった（あとから覚醒度が高い画像だと聞いた）。スカイダイバーの集団が、手を広げて構え、まばらに木が見える地面に向けていまにも飛び出そうとしている。装備は万全のように見える。とくに不吉な予感もしなかったし、興奮もしなかったので、何も手を加えることなくスクロールした。次は蛇だった。画面いっぱいに映された蛇はいまにも襲い掛かってきそうに見えた。これは高い支配性を表現していた。私は、相手を飲みこもうと準備しているように見える、先の割れた長い舌を塗りつぶした。それから左手を左右に振って、全体を小さくした。とたんに蛇は弱々しくなった。

プログラムは終わり、私はゴーグルをはずした。部屋は先ほどよりもくすんで見えた。全体的になんとなくのっぺりした感じがして、窓の外の空はどんよりしていた。できるならまたセッションを受けたいと思った。そこがポイントだ。ヴァーチャル・リアリティを使ったセラピーは従来のイメージ・リハーサル療法よりもずっと人気がある。ある調査によれば、恐怖症の患者一五〇人中一一四人はイメージ・リハーサルよりヴァーチャル・リアリティで治療を受けたいと答えたという。[25] リッツォは解説してくれた。「従来の療法では、患者に目を閉じて、避けたいと思ってきたものを想像してくださいとお願いする。かなり難しい注文だし、こちらも患者の頭のなかで何が起きているのか見ることはできない。ヴァーチャル・リアリティを使えば、コントロールされた状態で体系的に効率よく実施できる」

これほどのハイテクを必要としない治療方法もある。もし夢のなかで意識を取りもどすことができれば、目を覚ますこともできるし、敵を追い払うこともできる。二〇〇六年、オランダのユトレヒト大学の心理学者は、明晰夢で悪夢を克服できるかどうかを調べる研究に乗り出した。[26] 彼らは、少なくとも週に一度は悪夢を見て目を覚ます二三人の男女を集め、三つのグループに分けた。一つ目のグループの人には一対一でセラピーを行ない、そこで明晰夢を見るための方法を教え、恐怖を感じたときや、悪夢を思い出させる状況になったときには必ずリアリティ・チェックを行なうように伝えた。彼らは夢を書きかえる練習をし、悪魔から支配権を奪いとり、恐怖を伴わない新たな結末を作りだすことを学んだ。二つ目のグループの人には同じことを行なってもらったが、一対一ではなくグループで実施した。最後のグループは対照グループで、何もしなかった。

最初の二つのグループの被験者は、練習を続けるように指示を受けて自宅に帰り、一二週間後に研究所に戻ってきたときには、治療は成果をあげたように見えた。実験開始時には、グループセラピーを受けた被験者たちは、平均で週に三・一回悪夢を見ていたが、終了時には平均で二・六回に減っていた。個人でセラピーを受けた被験者は、平均三・六回から一・四回にまで減っていた。何もしていない被験者は平均三・七回からほぼ変わらず三・六回となっていた。成果は明晰夢を見られるようになったかどうかには関係ないようだった。明晰夢を習得できなかった何人かの被験者も、悪夢を見る回数は減っていたのである。結末を変える訓練そのものに効果があったのだろう。

ライターのスティーヴ・ヴォルクは、二〇年間同じ悪夢に悩まされ続けた[27]。数カ月おきに、たいていは体調が悪いときかストレスがたまったときに見る夢だった。見知らぬ男が窓の外に浮いていて、中に入れろ、殺してやると脅してくる。恐怖で身をすくませること数分間、やがて男は窓を割って侵入し、ヴォルクを殴りはじめる。ヴォルクはパニック状態で、手を握りしめたまま目を覚ますようになった。あるとき境界科学の本の調査をしていて明晰夢について知った彼は、ラバージの技法を試してみようと思った。そこで明晰研究所に連絡すると、インストラクターから起きているときに悪夢を再現して、意識を取り戻したい瞬間を特定するよう助言を受けた。ヴォルクは男が窓の外にあらわれる瞬間を選び、何度も思い描いた。

ある夜、ヴォルクは夢を見る予感がしたが、このときは「自分はそこにいた」。二〇一二年、彼はラジオのインタビューに答えて言った。「眺めが変わり、私はこの体のなかに、この場所にいた。外から観察しているんじゃなくて、内側にいた。自分の指で手のひらをくすぐれば感覚があったし、床を踏みしめる足の感覚もあった……ドアまで歩いていって、ドアノブに手を伸ばすと、ドアノブはドアノブだった。本物を触っているとしか思えなかった」。男があらわれたが、いつもと少しちがった。はじめて男は武装していたのである。「夢は戦いの場となった。これは夢だ、外的現実性はない、とわかっている真実と、二〇年間自分を苦しめてきた男が銃を取り出したときに当然感じる恐怖が激しくせめぎあった」。だが、男が撃ちはじめても、痛みは感じなかった。ただの夢だった。「起きたときには自分がスーパーマンになったような気がした」。この後、二度と悪夢を見ることはなかった。

悪夢を放っておくと、身体的には健康であっても、現実の生活に悪影響をおよぼしかねない。しかし、新しい治療の研究は進んでいるし、悪夢のストレスが明晰夢の引き金になることもある。明晰夢は、あとで詳しく見るように、場合によっては悪夢を自由な冒険に変えてくれる。そして、本当の悪夢はきわめて少ない。ほとんどの夢は、悪い夢であっても、有益な影響をもたらしてくれる。

第8章　夢を診断に役立てる

夢のセラピー機能には、脳が何を処理しようとしているのかがわかるという、うれしい副次効果もある。だから、日記に記した夢を医者やセラピストのもとに持っていけば、貴重な診断材料となる。これは「スパンドレル」と呼ばれるものだ。もともとは建築用語で、アーチとアーチに挟まれた三角形のスペースのことをいう。スパンドレルは意図してつくられたものではなく、水道橋をつくるときに副産物として生まれたものだが、ローマの建築家はそこにチャンスを見いだし、凝ったデザインや宗教的なシンボルを彫刻した。「彼らはそこに装飾的な作品をつくったが、本来は別の機能を果たすために存在している」[1]夢を研究するロバート・スティックゴールドは言った。生物学においては、スパンドレルとは、人間がそこに機能を見いださなければ別のものだった、何かの副産物として進化したものをいう。たとえば、心臓の鼓動。スティックゴールドはこう説明する。「鼓動があるのは、心臓が動いているからだ。だが、われわれはそこにすばらしい使い道を発見した」。医者は鼓動を聴いて雑音を聞きとることができるが、心臓は医者に問題を伝えるために鼓動しているわけではない。これと同じように、夢は「起こるべくして起こるものので、私たちは利用できるものを利用する。人間は夢を役立てることを学んできた……医者にとって心臓の鼓動が使えるように、夢は何かを創造する人や、内省したり心理学的にものを考えたりする人にとって利用価値が高い」。

　かつて心理学者は、人間の不完全で神経症的な部分を明らかにする夢の機能――フロイトが固執した理由はここにある――に利用価値を見いだした。現代の心理学者は、フロイトとの関係を絶つために長い年月を費やし、最終的には、夢は診断において重要な役割を果たすという、忘れられていた事実に戻ってきたようだ。夢は漏らすつもりのない不安や、自分でも気づいていない妄想を明らかにしてくれる。分析を通して解きほぐさなければならない複雑な象徴があろうと、実生活の様子をありのままに描写しようと、夢は厄介な心の内をあらわにする。

　セラピーにつきまとう問題の一つは、患者が正直に話しているというその前提にある。患者は普通ではない症状や自己破壊的な習慣を告白し、遠い記憶や過去のトラウマを掘り起こすことになっている。しかし、お金も時間ももったいないことに、患者は嘘をつく。セラピーを受ける五〇〇人以上を対象にした調査によれば、ほとんど全員――実に九三パーセントの人――が、嘘をついたことがあると認めている[2]（とくによく隠されるのが、自殺願望、薬物の使用、セラピーの効果への不満である）。医者は決めつけない、秘密は守る、患者の味方である。そうわかっていても、患者は望む反応を引き出すために、非難を逃れるために、面目を保つために、医者に不快な思いをさせないために、嘘をつく。

夢が貴重な診断材料となるのは、患者が責任を感じなくてすむからだ。人に言いたくない恐怖や根拠のない不安を口にするより、夢――はっきりしない潜在意識によるものかもしれないし、たまたま受けた肉体的刺激によるものかもしれない――のなかで起きたことは話しやすい。たとえば、ギリシャ語のように、夢を見ることとつくることのちがいを認識し、話し手が夢の責任を負わないこと、目撃者としての受動的な役割しか持たないことを許容している言語もある。[3]ギリシャ語を話す人なら「I dreamed」とは言わずに「I saw a dream」と言うかもしれない。多くの宗教が、夢のなかで犯した罪は許している。誘惑に負けたとしても夢そのものには責任はない。「眠っていて、理性による判断を欠いているあいだにしたことは、躁病患者や知的障碍者の行動と同じように、その者の罪とはならない」[4]とトマス・アクィナスは「夢精」について書いている（すべての宗教がそれほど寛大なわけではない。正統派ユダヤ教徒やカバラ信奉者の男性は、夢精をしたときには清めの儀式を受ける。[5]贖罪の日には、伝統的に大祭司はセックスの夢を見ないように一晩中起きていることになっている[6]）。

心理学者のなかには、フロイト以降、夢を無意識への王道としている人たちがいる。精神分析医のスティーブン・グロスはその一人で、患者の夢を突破口として成果をあげた。著書『人生に聴診器をあてる』のなかで、グロスはある患者のことを語る。[7]六六歳の寡婦エリザベスは、毎回診察に来ては、些細な問題について不満を言う。財布と鍵をなくした、赤ワインを友人宅のソファにこぼした、姉の誕生日のランチを忘れた、といった具合に。エリザベスは絶え間ない不安に苦しんでいたが、最近夫を亡くしたという大きな問題に入る前に決まって時間がきてしまうのだった。そんなやりとりが何カ月も続いた。「常に、緊急に対処しなければならない新たな問題が発生するのだった」とグロスは書いている。そして、エリザベスは夢を覚えていなかった。

診療も一年がたってようやく、エリザベスは夫の最後の月日について話しはじめた。夫がすい臓がんで臥《ふ》していたとき、彼女は夫を避け、あらゆる理由をつけては家を空けた。夫が死にゆく現実から逃れたくて、夫が衰弱していくのが怖くて、背を向けたのである。

エリザベスはついにグロスに夢の話をした。家で電話が鳴っていて、夫からだとわかっているが、電話機が見つからない。いつもの場所にない。電話は彼女をののしるかのように鳴り続ける。家中をひっくり返して探すが、やはり見つからない。エリザベスは泣きながら目を覚ました。そして、夢を思い出してふたたび泣いていた。夫のことを話して、はじめて診療中に泣き崩れたのである。この夢の話と、それを思い出して泣き崩れたことから、グロスはようやく彼女の心のよろいの内側を覗くことができ、長々と続いた些細な問題の意味と、あふれんばかりになっていた罪悪感を理解したのだった。「鬱屈した不安な気持ちから逃れる方法はいろいろある。たとえば、性的妄想や病気探しに耽ったりするのはめずらしいことではない。エリザベスは自分が被った災難を利用して、自分をなだめた。彼女にとって災難は精神安定剤だった……私たちは災害をたくみに利用して、自分たちの内部に変化が生じないようにすることもできる」

フロイトを支持しない心理学者は多いが、実証研究が進むにつれて、日中に無視しようとした問題が夢にあらわれることを示す証拠は出てきている。ネガティブな感情を押し殺している人——「問題があるときにはあえて考えないようにしている」「考えたくないことがある」などと言う人——は、不安や心配といった感情をはらんだ記憶を夢に見る傾向がある。[8] 昼間は問題を無視できても、夜は逃れることはできない。

心理学的にはこれを「夢のリバウンド効果」という。ハーヴァード大学の社会心理学者ダニエル・ウェグナーは、夢は避けたい問題を呼び起こすのかという疑問に目を向ける前に、考えないようにするとたいてい徒労に終わることを示していた。[9] 一九八〇年代、ウェグナーは学生たちに、考えていることを五分間話すようにお願いした。ただし条件が一つ。シロクマについては考えないこと。[10] もしシロクマという単語を言うか考えたときには、ベルを鳴らして失敗を宣言しなければならない。アメリカの都市に住み、北極の野生動物に気を取られる理由はまったくないはずの学生たちは、少なくとも一分に一度はベルを鳴らした。

次に、学生たちは好きなだけシロクマのことを考えてもいいと言われた。今度は、先ほどより頻繁にベルを鳴らした。そして、注目すべきは、最初からシロクマのことを考えていいと言われたグループよりも頻繁にベルを鳴らしたことだ。考えないようにした試みは失敗に終わっただけではなく、リバウンド効果をもたらし、ほかのことはほとんど考えられないようになったのである。ある考えを意識的に避けようとすると、その試みに意識が集中して、すべてが失敗する。リバウンド効果は実生活のなかでもあらゆる場面で見られる。煙草を吸う人は、煙草のことを考えまいとして、結局、煙草が頭から離れなくなる。[11] 体重を減らしたい人は、チョコレートのことを頭から追い払おうとして、結局、それ以外は考えられなくなる。[12] なんとか明るい先行きを思い浮かべようとする落ち込んだ人は、最悪のシナリオしか思い浮かばなくなる。[13]

ウェグナーは、レム睡眠のあいだ、脳のなかで思考をコントロールする部分は活動を停止していることを知っていた。このシロクマのように日中に抑圧した考えは、夢にも出てくるだろうか。これを検証するために、ウェグナーは三〇〇人以上の学生を集めて誰か知っている人を選んでもらい、さらに、寝る前の五分間に思っていることを書いてほしいと依頼した。一つ目のグループには、選んだ人のことを考えないようにして書いてもらった。二つ目のグループには、選んだ人のことを考えながら書いてもらった。三つ目のグループには、選んだ人のことを一瞬考えてから、好きなことを書いてもらった。翌朝、夢について書いてもらったところ、結果は明白だった。最初のグループは、ほかのどのグループよりも選んだ人の夢を見ていたのである。

フロイトが主張したように、夢はその人の欲望を明らかにする達人なのかもしれない。南アフリカのマーク・ソームズは、脳科学を利用してフロイト理論を再検討する神経精神分析という分野の第一人者だ[14]。ソームズは、脳幹の橋《きょう》に損傷を負った患者が夢を見ていることを発見して、ホブソンとマッカーリーの活性化合成仮説（橋《きょう》の神経伝達物質が夢を引き起こすとする説）では説明できないことに気づいた[15]。

ホブソンとマッカーリーは、夢を見るのはレム睡眠中に限らないことを知らなかった。入眠直後、あるいは起きる直前にも夢を見ることはある。どの場合でも、脳は何らかの形で覚醒している。レム睡眠中にアセチルコリンが放出されることもあれば、寝入りばなに日中の意識の残りかすが作用することもあり、起きる前にホルモンが分泌されることもある。もし、夢の主な源泉が脳幹の橋《きょう》でないなら、それはどこにあるのか。

神経科学者が注目するのは、恐怖、パニック、怒り、探索に反応する脳内の情動処理システムだ。[16] これらは基本的なシステムで、動物にもあり、人間の脳のなかでもっとも原始的な領域に関係している。これらは外部の刺激によって作動する。たとえば蛇を見れば、恐怖のシステムが作動し、それが血流の変化や心拍数の上昇といった体内の反応を引き起こす。

探求のシステムは報酬系としても知られていて、私たちに周囲に関心を持ったり、探検したりするように促す。また、食べ物、水、セックスの動機づけも行なう。不足を探知するシステムが不均衡を認識したときには、欲求行動を刺激する。たとえば、水分不足が探知されれば、私たちは何か飲むものを探すように促される。

しかし、夢を見ているあいだは、筋肉は麻痺し、体は動かない。となれば、私たちは探索するようにプログラムされた報酬を求めて歩くことはできない。そこで代わりに想像する。これは、眠っている被験者に、探索システムを活性化させるドーパミン作動薬を投与して行なった実験が裏づけている。被験者は「夢を見ることの頻度、鮮明さ、情動の強さ、奇妙さにおいて、著しい高まりを経験した」という。[17]

感情あるいは精神に問題を抱えている人がそれらを自分のなかで消化できるようになると、夢ははっきりと認識できる形で変わる。夢を言語化できるようになれば、それをセラピストに話すにせよ、自分のなかにとどめておくにせよ、変化があったときには気づくことができる。夢にはさまざまな内容があり、人によってちがうものだが、一人が見る夢は驚くほど一貫しているものだ。私たちは恐怖や執着を自身の言葉で表現し、何年にもわたって同じ象徴や人物を登場させる。夢のテーマやスタイル——男女比、知り合いと知らない人の割合、味方と敵の割合、動物の数、性行動の頻度など——は、若いときから老年にいたるまで変わらないことが多い。「夢は一貫性がなく、ばらばらなものだという固定観念があるが、長期間繰り返されるテーマや要素があることは研究の結果わかっている。実際には、夢にはきわめて高い規則性と反復性がある」と、カリフォルニア大学サンタ・クルーズ校の心理学者ウィリアム・ドムホフは述べる。[18]

カルヴィン・ホールとヴァーノン・ノードバイは著書『個人と夢（*The Individual and His Dreams*）』[19]に、ドロシアという女性の夢の記録を取りあげている。ドロシアは一九一二年、二五歳のときから半世紀にわたって詳細な夢日記をつけた。繰り返し出てきたテーマはたくさんある。六回に一回は、何かをなくした。一〇回に一回は、母親が出てきた。一六回に一回は、バスか列車を逃して途方にくれた。しかし、ドロシア自身の不安や社会的立場の変化とともに変わっていったテーマもある。中年のころには、若くて忙しかったころには見なかった、疎外感を味わう夢を見た。さらに年を取って、自分の社会生活と独身女性という立場を受けいれるようになると、そうした夢は見なくなった。

よく見る夢は収集しやすい。成人の六〇パーセントから七五パーセントにはよく見る夢があると推定され、たいていはストレスが引き金になるとされている。そのほとんどは、悪夢とまではいわないものの、不快な夢で、典型的なのは追いかけられる夢だ。カナダの心理学者アントニオ

・ザドラによれば、大人は「強盗、見知らぬ人、暴徒、姿がはっきりしない人物」に追いかけられ、子どもは「怪物、野生動物、魔女、得体の知れない生き物」に追いかけられる。[20] 繰り返し同じ夢を見る人は、うつ病を測るスコアが高く、生活に不満を訴える傾向がある。[21] 同じ夢を見なくなるのは、内在する問題やストレスが解決したサインだ。ある研究によれば、昔は反復する夢を見ていたが、いまは見なくなったという人は、もともと反復する夢を見ない人に比べて、心の健康が保たれていたという。[22]「弱点を克服するために心の筋肉を使わざるを得なかった人が、結果として、筋肉を使う必要に迫られなかった人よりも健康になった」かのようだった。[23]

ケルシー・オズグッドは、十代のときに拒食症に苦しみ、食べ物への不安を夢に見たことをいまでも覚えている。[24]「ある日はシリアルで、またある日はフローズン・ヨーグルト。たっぷり食べて目が覚めると、本当に食べたのかどうかよくわからなくって。あのときは本当に苦しかった」[25]。拒食症で入院していたときには、スーパーマーケットに閉じこめられるという夢を見るようになった。「スーパーにはよく行っていた。といっても、買い物をしに行ってたわけじゃない。どうしたらいいのかわからなくなって、いつも何も買わずに店をあとにしたから。夢のなかでは、食べ物がたくさん並ぶ大きなスーパーにいるんだけど、レジが見つからなくて困ってた」

ケルシーはこの五年間は健康的な生活を送っている。ヘルシーさをうたった加工食品をむさぼったり、迷路のようなスーパーマーケットで迷子になったりする夢は見ていない。しかし、自分の体形への不安を夢に見ることはある。最近は、あるジャーナリストに太っていると言われる夢を見た。「出版社から精神的苦痛のお詫びとして百万ドルを提示されるけど、私はショックのあまり断ってしまう」。そういう夢を見たときには、目が覚めたあとも動揺した気持ちが続くという。「言葉に出して言われると苦しい。本当はそんなことに自分はこだわっていないと思いたい。だから、そういう意識が、たとえ頭の片隅にほんの少しだけだとしても、あるということにショックを受けてしまう」

夢に食べ物しか出てこないのは、摂食障害のサインかもしれない。ある研究によれば、被験者に研究所で一晩眠ってもらったときには、過食症の患者の半分と、拒食症の患者の四分の一が、食べ物の夢を見たという[26]（私も二十代の前半――高校と大学という守られた環境から抜けでて、自分の道を自分で歩いていかなければならないという事実に押しつぶされそうになっていたころ――には、せっせと食事を記録しては食べる量を減らそうとしていた。そのころにはアイスクリームや、四年かけて育てたアスパラガスをたらふく食べる夢を見た。一度などは、人間の乳首の盛り合わせが出てきた夢まで見たことがある）。一方、健康な人が食べ物の夢を見ることはまれだ。カルヴィン・ホールとロバート・ヴァン・デ・キャッスルがケース・ウエスタン・リザーヴ大学で収集したデータによれば、食べ物の夢は全体の一パーセントにすぎず、調理やレストランの場面が出てくる夢も一六パーセントしかなかった。[27]さらに最近、カナダの大学生グループが、夢は料理が出てくる場所ではないことを確認した。[28]食事を楽しむ夢を見たことがある人は三分の一にも満たなかった。

拒食症の人が苦悩のもとになるものを夢に見るように、なにかを断《た》った人は、その対象を夢に見る。依存症の人の八〇パーセントから九〇パーセントは、やめた最初の週に鮮やかな夢を見る。[29]

飲む夢、使う夢、買う夢、吸う夢、嗅ぐ夢、あるいは最高のドラッグが出てくる夢を。

サラ・ヘポラは一一歳のときにビールを飲んではじめて意識を失い、大学を卒業するころには、本格的な飲酒問題を抱えるようになっていた。自身の体験を記した『ブラックアウト（*Blackout*）』[30]には、強いお酒を浴びるように飲んで一晩中はめをはずし、見知らぬ人と寝たり、みんなの前でストリップをしたりしたと書いてある。しかし、二十代半ばで我に返り、アルコールに代わる新しい興味を持った。そこで金を貯め、たくさんの本を読み、南アメリカを旅した。成長と探索のときで、ヘポラは一年間、決してなくなることのない誘惑に耐えた。それでも、にぎやかな過去を恋しく思い、夢のなかで禁欲を破ることがあった。夢は熱を帯びていた。「パーティーにいて、誰かからグラスを渡されるの。そして飲んだ瞬間、お酒をやめたことを思い出すのよ」[31]。朝起きたときには、なんだか損したような気がした。「目を覚まして、『そうだ、私はもう飲めないんだった』と思い出すわけ。夢のなかでお楽しみがはじまったところで起きると、『ああ、つらい世界に戻ってきちゃった。もう二度と飲めない現実の世界に』って思う。がんばって素面《しらふ》でいるつもりなのに、夢の中にはよく出てくる。こういう夢を見れば見るほど、怒りが高まっていったような気がする」

一年半酒を断っていたのに、元に戻ったのは、何よりも酒を飲む夢の影響が大きかった。転機となった夢は、二〇年近くたっても鮮明に覚えている。野球場にいて、誰かからカップを受けとる。一口飲んで、ビールだとわかった。しかし、吐きだす代わりに、もう一口、そしてもう一口と飲んだ。「この夢から目覚めたとき、心を決めたの。『こんな夢ばかり見るなら、実際に飲んだほうがましだ』って。それから一〇年飲み続けた」

ヘポラは、お酒を断った人が夜眠れなくなったり、震えたりするのと同じように、飲む夢を見るようになることを知らなかった。依存症のカウンセラーは、患者に事前に教えておくし、かなりの確率で予想される現象なので、精神科医はその夢によって再発のリスクを測定する。たいていは欲求が治まるにつれ、夢も見なくなっていく。だからある程度期間が経過したあとにとつぜん、酒なりドラッグなりの夢を見たときには注意が必要だ[32]。この場合、朝起きたときの反応が、もっとも重要な鍵となる。酔いつぶれた夢を見て、起きたときに罪悪感を覚えたら、回復に向かっていると思っていい。たとえ夢のなかでアルコールやドラッグを楽しんでいても、起きたときに夢でよかったと思うならいい徴候だ。二十代のはじめにリハビリをしていた友人がまさにこのパターンだった。「お酒をやめたとき、一年は夢に出てきた。本当に飲んでいると思うほどリアルだった。たいていはひどい夢で、起きたときには『ああ、夢でよかった』って思った」と彼女は語ってくれた。その後は一〇年飲んでいない。

しかし、ヘポラのように、起きてがっかりするなら決意が揺らいでいる証拠かもしれない。たとえば、ドラッグを手に入れようとしたところで警官があらわれて目が覚めたり、針が静脈をなかなかとらえられないうちに目が覚めたりすれば、その時点で意志の力は使いつくされているだろう。こうした夢は、手放したものを思い出させ、夢のなかでも充足されない欲望を発動させる。

夢は、躁病や自己破壊の兆しとなることもある（西洋文学でもっとも有名な崩壊は、悪夢からはじまっている。「ある朝、グレーゴル・ザムザがなにか気がかりな夢から目をさますと、自分が寝床の中で一匹の巨大な虫に変わっているのを発見した」）[33]一九九〇年代にカナダ人研究者のキャスリーン・ボーシュマンとピーター・ヘイズは、六カ月かけて双極性障害の人の夢を追った。[34]二人は週に三回、被験者に電話をして、昨夜見た夢といまの精神状態を訊いた。落ち着いているときには、仕事や通勤など日常生活の夢を見たという人が多かった。しかし、躁状態のときには、前夜に「魔法や幻想、宇宙人の夢、空を飛ぶ夢、不思議な生き物や並外れた体験の夢を見ていた」という。

二人の研究結果のなかでもっとも有用だったのは、うつ状態か躁状態になる直前に見る夢のパターンだった。うつに入る前には、たいてい全体的に落ち込む夢を見る。一方、躁になる前には、ケガや暴力や死の生々しい夢を一晩あるいは二晩見るという。ある患者は、躁状態の前に、棺桶に横たわり家族が悲しむところを観察する夢を見た。また別の患者は、墓地を歩いていたら、墓から次々に死者が出てくるところを見た。

精神科医が直面する課題は、警戒レベルをどのように見極めるかということだ。自殺の可能性を予測する絶対的な方法はない。血液検査[35]やアプリベースでのアルゴリズム[36]（信頼できる結果は出てこない）を試す科学者はいたが、より直感的なリソースは見過ごされてきた。

コネチカット州の精神科医マイロン・グラックスマンは見過ごさなかった。グラックスマンはこの数年間、うつ病患者の夢を徹底的に調べ、自殺のおそれがある人とない人に共通する夢のテーマと、両者のあいだで異なるテーマを特定した。どちらのグループも、死や絶望に深くかかわる夢を見ていたが、自殺のおそれがある患者グループの夢には、破壊、孤独、自分への暴力が出てくる傾向があった。[37] 希死念慮で入院したある女性は、入院する前に、父親に男を撃つように言われる夢を見ていた。一酸化炭素中毒で自殺しようとした男性は、その二週間前に、原爆が爆発して「大勢の命が奪われる」夢を見た。

二〇一七年、グラックスマンは、地元の精神科病棟を訪ね、深刻なうつ病患者五二人に、過去二週間に見た夢を教えてもらった。彼は患者を三つに分けた。グループAは、うつ病と診断されているが自殺願望はない人。グループBは自殺を考えている人。グループCは、過去一四日間に本当に自殺しようとした人。グラックスマンと、共著者のミルトン・クレイマーは、夢のレポートを熟読し、繰り返し出てくるイメージやテーマを探した。

グループAでは、喪失、失敗、失望の夢が異様に多かった（「私は蛇穴にいて、蛇に囲まれている。蛇は身をくねらせながら動いている。私は逃げ出せない。どうしたらいいのかわからない。どうすることもできず、ただ恐怖にすくんでいる」）。グループBとCの夢にも喪失と失敗は出てきたが、死や暴力、殺人に偏りが見られる点で異なっていた（「小さな子どもが胸を刺されて、私はそれを見ている。ふと気づくと、私がその小さな子どもで、私は自分が死ぬのを自分で見ている」「私はバイク乗りの集団のなかにいて、撃ちあいがはじまる……私は撃たれ、死ぬ」）。

「筋は通っている。自殺は自分を殺すことだから」とグラックスマンは言った。[38]「この方法は医療現場で使える。精神科医、緊急治療にあたる医師、危機介入の現場で働く人たち、いずれの人にとっても役立つはずだ」。解釈も分析も必要ない。「ただ『どんな夢を見ましたか』と訊けばいい。その夢のなかに暴力や殺人や負傷する場面が出てきて、その人がうつ病、場合によっては自殺願望を持っているかもしれないときは、可能性を考慮したほうがいいだろう。ここに注目すれば、人の命を救えると思う」

グラックスマン自身は、患者の回復を図るのに夢を利用している。「時間とともに追える変数はいくつかある。夢のなかで展開するストーリーが変わる。人間関係も変わる。自己表現も変わる」。著書『夢――変化のチャンス（*Dreaming: An Opportunity for Change*）』[39]のなかで、彼は、ある患者について、夢の変化によって入院が必要だと判断したと述べている。繰り返し見る悪夢のなかで、その女性はいつも岩にしがみつきながら海を流されていた。そこへグラックスマンがボートで通りかかる。グラックスマンは手を伸ばすが、女性の手は届かない。夢は日ごとに不穏さを増していった。岩をつかむ彼女の手に力が入らなくなっていったのである。ついに手が離れたと女性が言ったとき、グラックスマンは彼女を入院させた。

専門家の手を借りなくても、夢を利用して自身の問題を認識することはできる。拒食症との闘いを『空っぽで走る（*Running on Empty*）』[40]に記したサイエンス・ライターのキャリー・アーノルドは、悪夢によって自分の食習慣が健康ではないことに気づいた。入院してほどなく、キャリーは好きなだけレタスを食べる夢を見た。「起きたら、本当によだれをたらしていて、枕がぐっしょりしていた[41]」

目覚めたときに感じたのは、恥ずかしさではなく、本当にサラダを大食いしたのでは、という恐怖だった。自分は病院にいて、キッチンには行けないということを思い出して、キャリーはようやく落ち着いた。その一方で、いくら否定しても、この悪夢が普通ではないという思いが頭から離れなかった。「すごくおいしいって思ったのと、好きなものを好きなだけ食べるってなんて素敵なんだろう、と思ったのを覚えている。でも、同時におかしいとも感じていた。夢に見るのがレタスだけなんて。なんだか悲しいと思った。あのときわかったのはそういうことだった」

ケルシー・オズグッドは、拒食症の友人が悪夢によって自分の病気の深刻さに気づいたという話をしてくれた。友人はかなり危ない状態だったが、治療を拒否していた。たとえどんなに少ない量であっても、自分が好きな量を食べればいいと思っていた。その友人が骸骨と結婚する夢を見た。「これが小説だったら、少々出来すぎだと思うかもしれないけれど、これが彼女には効いたみたい。それまで見たこともないような真剣な面持ちでグループセラピーにやって来たのよ。夢は彼女を動かした。病院にはできなかったのに」

どんなに理性的な人でも、自分の悪徳は直視できないことがある。著名な睡眠学者ウィリアム・デメントは一日二箱の煙草を吸い、健康への影響は考えないようにしていた。夢のなかで肺ガンを宣告されるまでは。[42]「まるで昨日の出来事のようにはっきり覚えている。胸のレントゲン写真の不吉な影を見て、右の肺全体に浸潤していることがわかった」。デメントは、自分はもうすぐ死ぬ、子どもたちの成長は見ることができないという事実に打ちのめされた。「目が覚めたときの驚きと喜び、そして何よりもあの安堵感は決して忘れないだろう」。彼はその日に煙草をやめた。

夢がわかれば、医者は身体の問題をとらえやすくなることもある。アリストテレスやヒポクラテスが考えたように、病気の経過にしたがって夢の内容が変化することはめずらしくない。病気の初期段階や発熱したときは、はっきりと思い出せる夢や明確な悪夢を見ることが多い。熱に浮かされたときに見る「フィーバー・ドリーム」という言葉のはじまりをたどれば、一八三四年にまでさかのぼる。イギリスの詩人フェリシア・ドロシア・ヘマンズは「イギリスの殉教者（The English Martyrs)」という詩の冒頭で、語り手である囚人に新しい一日のはじまりを辛辣に語らせている。「ふたたび夜が明ける！　暗い独房のなかで夜明けを迎える／囚われ人は熱に浮かさ《フィーバー》れて見る夢《・ドリーム》のなかにいる」。二〇一六年、ドイツ人睡眠学者マイケル・シュレドルは若者を集めて、最近見たフィーバー・ドリームを訊き、そのうえで健康な学生から集めた夢のサンプルと比較した[43]。すると、フィーバー・ドリームのほうがずっと奇妙で、雲が燃えたり、壁が動いたり、ぶよぶよとした塊が威嚇してきたりといったように、空間的なゆがみが見られることが多かった。フィーバー・ドリームを見た人に訊くと、普通の夢よりも強烈だった、ネガティブなものだったと言う。三分の一以上の人が悪夢だったと言い、多くの人は現実の世界で何らかの症状を見せていた。

「熱はせん妄につながることがある。せん妄とは、生理学的に何らかの毒性（感染症、薬物反応、そのほかの医学的原因によるものが多い）が生じたことで、脳が幻覚を起こしたり、意識が飛んだりしたりする危険な状態を指す」ジョージ・ワシントン大学の精神医学者ジーン・キムは言う[44]。「いまのところ、どういう夢がどういう症状につながるのか特定できていないが、夢は心と体のつながりを覗く入り口で、これからも研究していかなければならない」。パトリック・マクナマラは次のように解説してくれた。夢を見ている眠りのなかでは、「制御も阻害もされることなく、膨大な知覚処理が自由に行なわれている。たとえば臓器に不具合が生じたといった、体が発するかすかな信号を受信するならそういうときだろうと考えるのは、生理学的に筋が通っている」[45]。

二〇世紀半ば、ロシアの精神科医ヴァシリー・カサトキンは、勤めていた病院の患者から一六〇〇件以上の夢のレポートを収集した[46]。夢とともに症状がどのように変化するのか分析したところ、いくつかのパターンが発見できた。具合が悪くなる直前には、「不快で恐ろしい人物[47]」に悩まされ、「戦争、火事、負傷、体のさまざまな場所の怪我……流血、肉……泥、汚水……病院、薬局、医者、薬などが出てくる」夢をよく見たという。もっと具体的な悪夢もあった。ある患者は、将来腫瘍ができる腹部をネズミにかじられる夢を見た。こうした夢に伴う感情はつらい内容に沿うもので、患者は朝起きて恐怖や悲しみを思い出す。「病気のさまざまな症状があらわれる前に、不快な夢を見ることは多い[48]」とカサトキンは記している。いずれ初期の警告として機能することを願っていたようだ。「医者は、病気になってから回復するまでの患者の夢を継続的に観察すれば、夢の性質の変化をかなりの確率でとらえることができるだろう」

一方で、観察も分析もしなくても、夢に体の症状が反映されているとわかることもある。医師のオリヴァー・サックスは若いころ、夏休みにノルウェーで山登りをした。ニューヨークの病院で強いストレスにさらされながら働いていた彼にとって、待ちに待った休みだった。八月の朝、サックスは夜明け前に一人で出発し、フィヨルドにそびえる標高約一八〇〇メートルの山を登りはじめた。「足どりもかるく、私は速いペースで進んでいった[49]」と回想録『左足をとりもどすまで』にはつづられている。軽快に歩きながら、一人を楽しみ、景色を味わった（「まわりは鬱蒼とした松林だ……めずらしい羊歯《しだ》やこけ、地衣類をしらべたりした」）。しかし楽しい時間は、「巨大な」牡牛に阻まれる。サックスは恐怖のあまり猛烈な勢いで山を下りはじめる――「助かりたい一心で、ぬかるんで滑りやすい道を夢中ではしる」――が、その途中で転んで崖から転落し、左足を負傷してしまう。そして死ぬかもしれないと思いながら、折れた足を引きずって滑るように山を下っていき、七時間後、ようやくトナカイのハンター二人に助けてもらうのだった。

　これだけでも十分に壮絶な経験だったが、回復の過程はさらに混迷を極めた。サックスは医者から患者となり、手術を受けた。断裂した大腿四頭筋と膝を接合する手術はうまくいったものの、何かがおかしかった。怪我をした足に疎外感があった。「私は足についての内なるイメージ、概念を失ってしまっていたのだ」[50]とサックスは書いている。「自分のからだについての『内なる像』のある部分がかけてしまったのである」。夢のなかではさらに明白で、とくにうろたえた悪夢をこう思い出している。「私はまた山にいた。懸命に左足で立ちあがろうとする……左足はすでに縫合されていた。こまかな縫い目までみることができた……私は思った……『もう大丈夫。さあ出発だ』……ところが、どうしたことか左足はまったく動かない。……筋肉の繊維一本、動く気配がない。さわってみると、やわらかくぶよぶよしていた。緊張感がなく、生きているものとは思えない。……まるで、死んだように動かなかった」。医者は大丈夫と請けあったが、実際には、サックスの足の神経は遮断されていた。サックスが夢で見てから数カ月後、医者もそのことを認めた。

サックスが夢と初期症状の関係に気づいたのは、これがはじめてではなかった。神経科医として働きはじめたころには、偏頭痛の患者が日中に予兆として見るジグザグ模様と、夢で見る像のあいだにつながりがあるケースに何度も遭遇した。著書『レナードの朝』には、パーキンソン病と診断される前に、凍りつく夢に取りつかれた男の話が書かれている。[51]

睡眠と病気の密接な関係についての研究ははじまったばかりだが、進歩的な医者のなかには、夢に見なければ気づかないような症状を夢は具体的に見せてくれると主張する者もいる。ある研究によれば、ナルコレプシー患者は体が麻痺する夢をよく見るという。[52] 睡眠障害を扱うある病院では、汗をかく夢を見る患者の五人中四人が実生活でも大量の汗をかき、窒息する悪夢を見る患者の約半数が日中にも息苦しさを感じるという。

夢は、眠っているときに一時的に呼吸が止まる睡眠時無呼吸症候群のように、診断が難しい病気を見つけるのにも役立つかもしれない。意識がないあいだに起こり、体に異常も残らないことから、患者自身は病気に気づかないことが多い。数少ない兆候の一つが、不愉快な夢、あるいは感情をあまり伴わないぼんやりとした夢を長い時間見ることだ。二〇一一年、イギリスのスウォンジー大学の医者は、睡眠時の呼吸に問題のある四七人の患者に一〇日間夢を記録してもらった。[53] 呼吸が止まる回数が多い、あるいは長い時間止まるなど症状の重い患者は、平坦な夢を見る傾向にあり、普通の人のように鮮やかな心像や豊かな感情を伴う夢を見ることはなかった。感情に欠ける夢を見るのは、頻繁に睡眠が中断されるからかもしれない。「患者の眠りは断片的なものとなるため、夢を見る過程が途中で遮られ、ストーリーや感情が十分に育たない可能性がある」という。

夢に関連する行動は、将来、神経変性疾患にかかる可能性があるかどうかを判断するのに役立てることができる。中年期に夢を実践する（歩き回る、寝言を言う）人は、のちにアルツハイマー病やパーキンソン病を発症する可能性がきわめて高いとされる。いわゆるレム睡眠行動障害（ＲＢＤ）は五〇歳以上の男性に多く、これを発症すると普段は穏やかな人が、自分自身やいっしょに寝ている人に危害を加えてしまうことがある。[54] 医学文献には、骨折する、歯を折る、パートナーを殴る、果ては窓から飛びおりるといった症例が記録されている。[55] 数年前、精神医学者のカルロス・シェンクは、一六年以上前にＲＢＤ患者と診断された二六人を追跡調査した。[56] すると、そのうち実に八一パーセントの人が、この一六年のうちにパーキンソン病やその他の神経変性疾患を発症していた（ＲＢＤの診断から数えると五年から二九年後だった）。別の研究では、ＲＢＤと診断されると、一〇年以内にパーキンソン病か認知症になる確率は五〇パーセントだとしている。[57] ＲＢＤと認知機能低下の関係は完全には解明されていないが、生理学的に共通する点がいくつかあり、それはＲＢＤの段階であらわれる。どちらの患者もドーパミンのレベルが低く、嗅覚に問題がある。それから、どちらの患者の脳幹にも、レビー小体やレビー神経突起と呼ばれる病変が発生する。[58]

たとえ診断が下ったとしても、その後病気がどのように進行するかは予測するしかない。そして、ここでもまた夢が使える可能性がある。ユング派のロバート・ボスナックは、心臓移植を受けた人を対象に月に一度、夢を語り合うドリーム・グループを開催し、一年半続けた。[59] 患者は術後、他者の臓器を自分のものとして受けとめられるようになるまで葛藤したり、持たなくていい罪悪感を克服するのに苦労したりする。セカンドチャンスの幸運をかみしめ、感謝もしているが、同時に違和感も覚えている。こうした心理的な葛藤は夢になってあらわれることが多い。ある女性は、ナイフを手にしてフードをかぶった幽霊にあとをつけられ、おまえに生きる価値はないと言われる夢を見た。また、ある人は壁を通り抜ける夢を見て、目覚めてぞっとした。自分が人間ではなくなったかのような気がしたのだ。幽霊に体を乗っ取られたような気分だった。しかし、心臓を受けいれたことを暗示する夢は、回復のしるしとなる。ある女性は体調がよくなってきたころ、ドナーからきれいな赤いバラをもらう夢を見たという。

専門家は夢を病気の診断に役立てはじめているが、ガレノスやヒポクラテスが思い描いた世界——医者が当たり前のように患者に夢の内容を訊く世界——はいまのところ実現していない。それでも、普段から自分の夢に注意すれば、つねに説明がつくとは限らないが、自分の体の変化への気づきを増やすことができる。

二〇一一年、レベッカ・フェンウィック（『明晰夢（*Lucid Dreaming*）』の著者ロバート・ワゴナーのフェイスブックのページで私は彼女と知りあった）は、三人目の子どもの誕生を待ちわびていた。八週目に入ったとき、夫といっしょに定期健診に出かけ、はじめて赤ちゃんの心臓が動いているのを見た。幸せな気持ちで帰宅したその夜、夢を重視するレベッカは人生でもっとも恐ろしい明晰夢を見た。立っていたのは自宅のキッチン。その窓から竜巻が発生するのが見えた。竜巻は夢のなかにいることを示すいつものサインだ。彼女はすぐにリアリティ・チェックをして、自分が夢のなかにいることを確認した。「明晰夢を見ているときの覚醒のレベルはまちまちだけど、このときは何が起きているのか、はっきりと認識していた」[60]。すぐに不穏な空気が漂いはじめた。「あのとき私の意識は二つに分かれていて、私は夢のなかにいながら、自分自身が見えていた。自分がキッチンにいるのが見えて、手には水の入ったグラスを持っていた。間の悪いことに、そこで出血がはじまったの。それで私はペーパータオルをとってぬぐった。そのとき夢のなかでわかったのよ。私は流産しているって」。レベッカはびっくりして、自分を起こした。すぐに夫を起こして夢のことを話したが、夫はただの夢じゃないかと言って相手にしてくれなかった。

「彼はこの手のことに興味がないの」とレベッカは言った。彼女もそう思いたかった。翌朝には、夢のことを忘れようと散歩に出かけた。大丈夫、すべては順調なんだから、と自分に言い聞かせたのを覚えている。「流産するかも、と思う理由は何もなかった」

「たぶん三キロくらい歩いたと思う。家に戻って、キッチンに向かい、そこでグラスに水を注いで飲みはじめた。キッチンを歩いていたら、何かがほとばしる感覚があって。『あらやだ、私、おしっこ漏らしちゃった?』と思って、トイレに行ったら、夢のとおり大量に出血していたの」。レベッカと夫が失意に沈む前にやってきた悲しみの第一波は、デジャヴによってその勢いがそがれることになった。レベッカは流産したことを知ったときのことを振りかえって言った。「気が動転して、悲しくて、心が張り裂けそうだった。だけど、あの夢が現実だったってことのほうがショックだったと思う」

夢を追い、場合によってはそれを医師と共有することで、自分の心と体を知ることができる。

だが、もっと多くの人と共有すれば、さらに理解を深められるだろう。

第9章　夢でコミュニティを育む

二〇一六年のある日の午後、私はマンハッタンにオフィスを構えるセラピストのところで、自分の夢について語った。それを友人六人が聞いていた。

マーク・ブレッシュナーにはじめて会ったとき、彼は夢をみんなで分析する効用について自分が経験したことを熱く語った。「夢にあんなに真剣に取り組むところも、あんなに夢が理解されるところも見たことがなかった」。それは一九九〇年代に国際夢研究協会（ＩＡＳＤ）の会合で参加したドリーム・グループでのことだった。「その場ではじめて会った七人が、夢の意味を明らかにしてくれたんだ。それまでにない経験だった」。マークは落ち着いた専門家といった感じで、人当たりがよく、彼にになら何でも話せそうな気がする。オフィスも整理整頓され、秩序を感じさせる。天井までの高さがある本棚が壁を埋めている。磁器製の人形が何体かと、教え子からもらったというアメリカ先住民の壺が、フロイト1、フロイト2、フロイト3と背表紙に書かれた学術書の上に並んでいる。

ニューヨーク大学で心理学を教えていたマークは、ハワイで開かれた先の会合から戻ると、早速、夢分析の新たな手法を体験してもらおうと、学生を相手にドリーム・グループを立ちあげた。そのいくつかはいまでも自主的に続けられているという。「ドリーム・グループを通じて、どれだけのことが学べるか知ったら驚くだろう。私自身、参加するたびに驚いている。毎回自分に対する洞察を深めることができるのだから」

私は興味を持った。ドリーム・グループについて聞いたことはなかったが、自分をもっと深く知りたいと思った。するとマークは友達を集められるなら、手伝ってあげようと言ってくれた。

分析するのに適当な夢というのがあるのか訊いたが、長さも内容もこれといった決まりはなく、どんな夢でも大丈夫とのことだった。私は夢日記をめくって、二時間の分析に耐えうる題材を提供できて、恥ずかしい秘密を暴露しなくてすむものを探した。結局、ひと月ほど前に見た夢に決めた。

通りを歩いていると、ヒラリー・クリントンにラインダンスに誘われた。昔から家族ぐるみで付きあっている友人に誘われたかのように、私はすんなりと受けいれる。場面が変わり、私たちは私の母の家のキッチンカウンターに向かってすわり、大統領にふさわしいペットについて話しあっている。私はヒラリーを説得しなければならない。私の継母が飼っている瀕死の猫セリーナを「ファーストキャット」にしてはいけないと。犬や猫について話をしていると、ヒラリーはとつぜんばたりと倒れた。彼女は死んでいた。私はシークレット・サービスを呼ぶが、彼らは関心を示さない。ことの重大さをわかってもらえそうもなかった。私は娘のチェルシーを呼びに走るが、話の邪魔をされて嫌な顔をされた。ふと気づくと、ヒラリーが一切れのアボカドになっていた。

無難な選択だと思った。どのような心理的葛藤あるいは実体験がこのおかしな夢を生み出したのか興味があったが、どんな解釈をしたところでエディプス・コンプレックスが出てくることはなさそうだし、気まずい告白もしなくてすみそうだ。

甘かった。当然ながら。

三月のとある週の火曜日、私は友人たちを説きふせて、ブルックリンからマークのオフィスのあるアッパー・ウエスト・サイドに連れていった。

マークの説明によれば、セッションのあいだ、夢を語る私〝ドリーマー〟は、落ち着いて主導権を握ることが求められる。答えたくない質問には答えなくていいし、次の段階に進むかどうかは私が判断する。私は夢の内容を記したコピーを友人たちに渡し、マークの指示で声に出して読み上げた。顔が赤くなるのがわかった。専門家もいるこの状況で読み上げるとよけいばかばかしく感じた。まるでちょっと変わったライティングのワークショップに迷い込んだかのようだった。ただし、言葉の選択やプロットに対する批評を受けとめる代わりに、ひたすら夢の顕在的な内容についての質問を受ける。ヒラリーの髪形は？（二〇一六年の選挙キャンペーンのときのショー

トカットだった）お母さんの家にはほかにだれかいた？（いなかった）

みんなの助けを借りて、記憶を完全に掘り起こしてから、私たちは次の段階に移った。ここでは私の夢について一人ひとり自由に連想してもらった。自分自身の夢だと思って、自身の実体験と結びつけてもらったり、その夢に想起された感情を語ってもらったりした。この段階では私は口を挟まないことになっている。黙ったまま、友人たちが私の夢を見たとして語るのをじっと聞く。「グループのメンバーが夢を見た人のことを考えずに話しはじめるとき、その反応は自由で自発的なものとなる。その夢とメンバーとのかかわりから発言が生まれる」[1]。この夢分析を開発したモンタギュー・ウルマンは述べている。「的外れな反応が返ってくるかもしれないが、的確であることも多い。夢を見た人が示した線にそって進めていけば、反応は自然に選別されるだろう」

「もし私の夢だったら、ヒラリー・クリントンと自分の母親を関連づけるかも。母はヒラリーの大ファンだから」。友人の一人が口火を切った。「私だったら、ヒラリーを日和見主義者だと思うでしょうね。ラインダンスに誘って懐柔して票を集めようとしたのよ」。バーニー・サンダースを支持する友人は言った。「ラインダンスで自然に振る舞おうとする姿が想像できるわ」

「私なら、自分を守ってくれるはずの人に捨てられたと思うかな」。無関心なボディガード、死んでしまったヒラリー、空っぽの家など、一般的に力があるとされるものや人物が欠けていることに気づいた友人はそう言った。

次に、私は夢と実生活の共通項について訊かれた。ここでは夢を見た本人にとってどのような意味があるのかについて焦点があてられる。三〇分ほどかけて参加者にとっての意味を披露してもらったあとで、今度はみんなが私にとっての意味を知ろうとする。みんなは私がヒラリーのことをどう思うか（支持している）、猫のセリーナをどう思うか（嫌い）を訊いてきた。それから、アボカド（avocado）とフランス語で弁護士を意味するavocatの類似性についても議論した。だから、私の潜在意識は弁護士のヒラリーをアボカドにしたのか。友人のモイラは、アボカドは外陰部に似ていると言った。マークは男性が一人も出てこないことを指摘した。

私は前に発作を起こして硬直したセリーナを見つけて、死んでいるのだろうかと思ったときのことを話した。みんなの考えでは、私は大切なこと——ヒラリー・クリントンもしくは国が危険な状態にある、あるいは自分が仕事で書くストーリーや真実——を伝えられなくなる事態を恐れているということだった。それからマークは友人の一人に私の夢を声に出して読むように指示した。今度はこっけいなくらいゆっくりと。そのあいだ、私はみんなが言ったことを考えた。最後に、みんなでこれまでの意見を振りかえり、私が関係があると思うものを加えて、新たな解釈をまとめた。私たちは政治、両親、子ども時代についてそれぞれの体験や思いを共有した。それによって、みんなとの距離が縮まったような気がしたし、さらに自分の夢と、その夢の原因になったかもしれない不安について、理解を深めることができたと思う。一人の専門のセラピストより、思慮深い普通の人が集まったグループのほうが効果を期待できる場合もあるだろう。さまざまなメンバーが、さまざまな側面に注目してそこに意味を見いだす。家族のドラマに共鳴する者もいれば、政治的な不安やジェンダー問題に注目する者もいる。そして、グループで夢を語ろうとすれば、夢を記憶する動機になる。「現代の産業社会にいる大人たちが夢を覚えていないいちばんの理由は、社会的にも感情的にもそうすることを勧める環境がないからだ」とジェレミー・テイラーは書いている。[2]「二〇年以上携わってきた経験から言えば、そうした環境が整えば（夢の心理学の講義を受ける、ドリーム・グループに参加するなど）、どんな人でも覚えていられるようになるだろう」

夢を軽視する文化のために、夢の話は退屈だとされるのは非常に悲しいことだ。夢をつまらないものとする社会においては、夢の話は、よく言って不適切、悪く言えば独りよがりでわがままだとされる。夢を語って、隠していた強迫的な観念や異常な欲望がうっかり表に出てしまったらどうしよう、という心配もある。不朽の（ただし、ほとんど支持はされていない）フロイト理論によれば、ほとんどの夢は潜在的な性的欲望をあらわしているとされる。「昨夜、君が夢に出てきたんだよね」と言えば、いまでも言外の意図があると思われるだろう。

近代英国史を研究するシェーン・マッカリスティンは、一九世紀の警察の報告書を調べて、夢についての記述が多いことに気づいた。[3]目撃者と被害者は判で押したように、警察官や検死官に対して、夢のなかで事件や死を予知していたと言うのだった。マッカリスティンによれば、夢を語るのは、「か弱い人間と権力のあいだに社会的な絆」を築く手段だった。ところが、一九二〇年代には夢の話は取調べの報告書からもニュース記事からも姿を消した。マッカリスティンはフロイトのせいだとした。「フロイトの理論が広まり、人々は夢の世界とのつきあい方を考え直した。夢について話して恥ずかしい思いをすることが増えたのだ」。とつぜん、実は神経症であるとか、異常な性欲の持ち主であるとか、解釈されるようになったのである。

それから一世紀たったいま、一般的に夢は礼儀正しい会話の話題としてふさわしくないとされる。二〇一八年、《ニューヨーカー》誌のウェブサイトに、ナボコフの『不眠症の夢（*Insomniac Dreams*）』の書評を書いたダン・ピーペンブリングは、まず冒頭でテーマについて謝っている。[4]「夢の話は退屈だ。つまらない話題をリストアップして順位をつければ、夢は週間天気予報とゴルフのあいだに落ち着くだろう」（「編集者は夢が退屈だというぼくの文章に文句は言わなかったよ」とピーペンブリングは言った）。数年前、プロデューサーのサラ・ケーニグはポッドキャスト「ディス・アメリカン・ライフ」で、おもしろい人が絶対に口にしない七つの話題というテーマで番組をつくった。[5]夢は四番目で、月経の次だった。《ガーディアン》紙では、イギリスのライター、チャーリー・ブルッカーが、他人の夢の話を聞いていると、その人が話を終えて口を閉じ、いなくなるところを想像してしまうと書いている。[6]作家のマイケル・シェイボンは、《ニューヨーク・レビュー・オブ・ブックス》誌に、自宅では朝食の席で夢の話をするのは事実上禁止だと述べている。[7]会話がつまらなくなるからだ。だらだらとしゃべる。自分の話に酔う。いちばん許せないのは、話がおもしろくないこと。私がこの本の内容について説明すると、ほとんどの人は同情を示す。「みんな自分の夢を話したがるんでしょう」。わかる、わかるといった表情で言う。「聞いていてあれほどつまらない話はないのにね」

「夢の話には基本的に問題がある」。文学者ジェームズ・フェランは、夢の話がつまらなくなるのはなぜかという私の問いに答えて言った。[8]「夢以外の経験の話がおもしろくなるのは、そこに何かしら語る価値があるからだ。ごく普通のありふれた経験とは一線を画すものがあると、それとなく伝えている」。主人公は危険に直面するかもしれないし、教訓を学ぶかもしれないし、美しいものに出会うかもしれない。ところが、夢では「何でも起こり、夢以外の経験のように普通／特別の基準をあてはめても意味がない。だから、語る価値がはっきりしなくなる」。もう一つの問題は、夢には普通の会話に求められる話の筋がないことだ。「夢を語る人は往々にして起こった出来事を順番どおりに話そうとする。すると、原因と結果がはっきりしなくなり、そうなると話にまとまりがなくなる。まとまりのない話はつまらないということになる。日常を語った話がおもしろくないとすれば、些細なことの羅列だからだし、夢のなかで起こったことを忠実に語ってもおもしろくないのは、ランダムな羅列になるからだ」

それに人の夢の話に集中するのは難しい。あなたにはまったく関係のない話だし、どんなストーリーであろうと、その人が無傷で目覚めて終わるのはわかっている。「夢を語るからには相手がいるわけだけど、聞き手は普通はどうでもいいと思っている。あくまでも話し手の夢だし、だいたいにおいて自分勝手で恥ずかしい話が多いから」[9]。ヴァージニア大学の英文学の教授で、物語論を専門とするアリソン・ブースは言う。「夢の話を聞かされているときに、自分がその人だったら、なんて思わないでしょう。だけど、小説なら、あなたは読み手であると同時に、自分が主人公だったらと想像して、物語の中心に自分を置く権利がある。これが鉄則」

しかし、もしかしたら私たち西洋人は、練習が足りないために夢を伝える方法を知らないだけなのではないか。夢について語りたがらないのは、文化的に特有で、しかも最近の現象だ。私たちが夢を共有しなければと強く思うのは、進化論の面からも説明できるだろう。もし脳が、結びつきが弱くても役立つかもしれない何かを見きわめようとするならば、「脳は寛大にならざるを得ないだろう。この関連性を強化するプロセスが、目覚めても続いているのかもしれない。だから今度はみなに伝えたくなるのではないか」とロバート・スティックゴールドは話してくれた。[10]

私たちの祖先が直感的に知っていたように、夢を語れば――何気なく友達に話す、グループで分析する、インターネットで見ず知らずの人と共有する――その効用を高めることができる。日常生活に夢を組み込むことができれば、もっと簡単に夢を覚えていられるようになるだろう。それに夢について議論すれば、人と人との距離を縮めることができる。セラピーなどの場で夢が対話のきっかけとなって、話しにくいことも話せるようになるかもしれないように、友達のあいだでも親しい会話ができるようになるかもしれない。社会心理学者ジェームズ・ペネベーカーは、秘密を持つことの心理的効果を長年研究し、苦しいことを吐きだせば、うまく対処できるようになると結論づけた。虐待の被害者はトラウマを内に抱えこむと、あらゆる身体的、心理的疾患に苦しむ傾向にある。心理学者メグ・ジェイは、子ども時代の逆境について論じた本のなかでそう述べている。[11]隠し続けた者は「潰瘍やインフルエンザ、頭痛、がん、高血圧などの疾患」にかかりやすくなるという。ペネベーカーは「その出来事について他者に開示しなかったり、隠していれば、その出来事を経験する以上にダメージが及ぼされるだろう」と述べている。[12]

ドリーム・グループと、そこで行なう夢の開示はコミュニティの土台となる。私が学んだマーク・ブレッシュナーのやり方は、モンタギュー・ウルマンのモデルをもとにしている。[13]ウルマンは一九六〇年代から一九七〇年代にかけて、マイモニデス医療センターでドリーム・テレパシーの実験に没頭し、その後も忙しくなる一方だった。「どれだけ労力を投下しても、それに見合った成果が得られなくなった」[14]。ウルマンは研究所の管理業務に追われる日々にうんざりし、何か新しいことに挑戦したいと考えた。そこで医療センターを退職して、素朴で美しいスウェーデンの町で短期の教職に就き、充電しながら次に取り組むことを考えた。彼は精神分析協会のほかの会員たちとの会話のなかで、自分の夢をどのように評価するかについて話すようになった。「それは患者の夢から自分自身の夢に焦点を移す大きな変化だった。だが、私の興味がみなにうつったようで、みなも自分の夢のプロセスが持つ力に注目するようになった」。教職の仕事を終えると、ウルマンはエサレン研究所などのワークショップに参加した。地元に戻るころには、新しい使命は明らかになっていた。夢分析の方法を確立して広め、特別な資格がなくても、精神科を訪ねなくても、人々が自分の夢から気づきを得たり、社会的なつながりを得られるようにしたい。「グループで夢を共有すれば、信頼、親交、連帯感を得ることができる。非常に深いところで人生が交わるので、お互いにつながっていると強く感じられるだろう」[15]

二〇〇八年に亡くなるまで、ウルマンは世界中をまわって、自己啓発の手段として夢を利用することを勧め、ドリーム・グループを主催し、その立ちあげ方をほかの者に教えた。ウルマンの信奉者は宗教にも似た熱意をもってその教えを実践している。台湾でドリーム・グループを主催し、ウルマンの遺産を伝えるウェブサイトを管理するウィリアム・スティムソンは言う[16]。「私たちを教え導き、奮いたたせてくれるウルマンはもういない。私たちは自らを触発する方法を考え、お互いに教えあわなければならない。私たちは彼が残した成果なのだから」

新しい研究は、ドリーム・グループに参加すると、社会的、心理的に多大な効用が得られるというウルマンの考えを裏づけている。マーク・ブラグローブは、マーク・ブレッシュナーと同じように、国際夢研究協会（ＩＡＳＤ）の定期会合でドリーム・グループのことを知った。[17] 物静かなイギリス人心理学者は、何の予備知識もなく参加し、ためらいながら話した。「話した夢は短かったし、意味があるとは思えなかった」。夢のなかで、マークはパートナーのジュリアから、フロッピーハットをかぶったレンブラントの肖像画が印刷された二枚のＣＤをもらう。彼はレンブラントを見て、ドラマ「フレンズ」の主題歌の人だっけ、と考える。

しかし、グループで議論がはじまると、マークは圧倒された。次から次へとひらめきが訪れた。ジュリアは二枚のＣＤをくれた。実生活では二人の子どもを与えてくれた。プレゼントは芸術に関係するものだ。ジュリアは芸術家としてのキャリアを捨てて、学問の世界で上を目指すマークの支援をしてくれている。マークのフロッピーハットの描写を聞いて、参加者の一人は博士帽を連想したと言う。実のところ、マークは学部長および正教授に昇進したばかりだった。セッションが終わるころには、ジュリアの献身と自分の昇進を結びつけることができ、家族への感謝の気持ちを新たにした。「とくにおもしろくもない短い夢だったにもかかわらず、大きな意味を持っていた。もっと追求したいと思った」

マークは早速スウォンジー大学でドリーム・グループをはじめ、学生たちが個人的な話や問題――大学になじめないという悩み、両親との関係、家族と離れて暮らす気持ち――を積極的に話してくれることに驚いた。「彼らの抵抗のなさは信じられないほどだった」。マークはこの数年間、ドリーム・グループに参加すると心理的にどのような影響があるかを調べている。あるときは、学生が夢や実体験を研究者と共有した場合、洞察が深まるかどうかを調べた。[18] 学生はグループになって、夢と心を動かされた実体験の両方について四五分間かけて分析した。その結果、共有には大きな効果があることがわかった。問題に対する洞察力（「過去の出来事がいかにいまの行動に影響しているかわかった」「夢や出来事を分析することで、起きている時間の問題についての理解が深まった」「自分一人で考えていたら絶対に思いつかないことまで考えることができた」）も、個人についての洞察力（「セッションを受けて、自分自身と人生を変えるアイデアがいくつか浮かんだ」「自分や自分の問題について新しい考え方を学んだ」）も、夢を分析した学生のほうが著しく高かった。

クララ・ヒルはメリーランド大学の心理学者で、ドリーム・グループが恋愛関係や失恋に与える影響を調べた。[19] ヒルは共著者といっしょに、離婚を経験した三四人の女性を集め、そのうち二二人には週に一度、ドリーム・グループに参加してもらった。参加者の夢の多くは、失敗したり、邪魔されたり、ばかにされたりといった苦しいものだった。ある女性は、夫との関係を修復しようと家に帰るが、夫は美しい女性二人といっしょにベッドのなかにいて、部屋は死んだ魚で埋めつくされているという夢を見た。ぬかるんだ坂をロープをつたってのぼっては滑りおちるという夢を見た者もいた。一方、対照グループの一二人は、二カ月間何もせずに過ごし、最後に一度だけドリーム・グループに参加して夢を共有した。調査期間が終了したときには、継続的にドリーム・グループに参加した女性は、自分の夢に対する洞察を深めただけではなく、全体的に高い自尊心を示していた。秘密を吐きだすカタルシスとコミュニティに属する喜びが、週に一度のドリーム・グループの枠を超えて自信につながったようだ。

ヒルらはほかに、カップルで夢を語れば、ほかの問題も伝えあうことができるか調べた。[20] 四〇組の異性愛カップル――ほとんどは大学生――を集め、うち半分には、セラピストと会って夢を解釈するセッションを二回受けてもらった（残りの二〇組は何もしない）。セッションでは、それぞれが夢を語り、セラピストの導きで、その夢によってどんな感情が生まれたか、二人の関係にどのような影響を与えると思うか、話し合ってもらった。実験終了後、セッションを受けた女性（男性ではなく）は、二人の関係に対する理解が深まり、関係は良くなったと感じていた（ヒルは「夢分析のセッションで求められる言葉の共有から受ける影響は、男性より女性のほうが大きかったのかもしれない」と言っている）。

こうした研究は、心理学者はドリーム・グループの利用を真剣に考えるべきだという意見を後押しするものだが、一般の人々は、ドリーム・グループが自分への理解を深め、倦怠や孤独をなぐさめてくれると理解するのに、わざわざ最新の研究にあたる必要はない。絶望的な環境では、人と人をつなぐものとしてゆるやかなドリーム・グループが自然発生的に生まれることがある。「毎朝、私たちは見た夢を話しあい、解釈しあった。そうして一日がはじまった」[21]。アウシュビッツの生存者は、解放されてから何年かたってそう書いている。楽しみが一切ないなかで、夢は唯一の楽しみの源だった。夢を見る心は自分頼みの娯楽の泉だった。そして、夢を共有する行為はコミュニティをつくることにつながった。ナチは収容者を名前ではなく番号で管理し、非人間的な環境に置いたが、夢を共有したり、解釈したりするとき、人々は人間性をとりもどした。「アウシュビッツでは、夢を解釈するときの対人的な要素が、人の注目を集めたいという収容者の欲求にうまく結びついた」と、オヴチャルスキは書いている。「おもしろい夢を話したとき、その人はしばらくのあいだは、相手にとって大切な存在になる……夢が意味するところは、話すという行為自体に比べれば、それほど重要ではない。だから、夢を共有するのは互いの助けになり、自尊心を高めるのに役立った」。外の世界のニュースがまったく入ってこないなか、夢は収容者にとって、親族は生きているのか、戦争はいつ終わるのかといった生死にかかわる問題の手がかりとなった。そして、夢には、本人だけではなくほかの収容者やコミュニティにも関係する予言が含まれると考えられていたので、それをみんなで細かく検証するのは当然の行為だった。人々はほかの収容者の夢に出てきた予言が実現する兆しを一日中でも探すことができた。ある収容者は言った。「夢を見た本人の身に起きなければ、その友人の身に起きた。そうして夢は共通の財産になった。ほら、友達がそれを夢に見ていたよ、って」。彼らは、生死の境にいる自分の生活と将来への想いを反映した自分用の夢辞典をつくった。煙草を吸う夢は収容所からの解放を、肉を焼く夢は尋問で殴られることを意味した。

解放後、多くの収容者が夢に信頼をよせていたことを思い出して複雑な心境になった。収容所生活の極限のストレスが、疑問に思う気持ちを棚上げにしていたのだろう。「なぜあんなにも無邪気に信じたのか、簡単には説明できない」とある生存者は書いている。別の生存者は、「いまでこそ夢の解釈なんて、幼稚でばかばかしいと思っているが、当時の私たちにはただ必要だった」と言っている。

ソーシャルワーカーのスーザン・ヘンドリックスは、サウス・カロライナ州の重警備女子刑務所で、七年間、ドリーム・グループを主催した。[22] 二〇〇五年のある日、刑務所の精神分析医だったヘンドリックスは「中庭に行って、ちょっと試してみないかと、二、三人に声をかけた」。最初は心を開いてもらえなかった。刑務所には「信頼というものがなく、代わりに恐怖心と猜疑心がある」。しかし、お互いのことを知るうちに、打ちとけた態度が見られるようになった。ある女性受刑者がほかの人の夢を陰で悪く言っているのが見つかったときには、グループから追い出された。それで、陰口を言われた女性は、残りのメンバーをそれまで以上に信頼するようになった。

ドリーム・グループはコミュニティへの渇望も満たした。「信頼できると感じる小さなグループがあれば、いろいろなことをオープンにできる。これは大きなちがいだ」。話は広まり、ヘンドリックスが刑務所の仕事から離れたときには、大勢が参加待ちのリストに名を連ねていた。ドリーム・グループという区切られた場所で、彼女たちは安心して打ちとけることができた。ほかではできないことだった。やがて信頼は区切られた場所を飛びだす。「中庭で遠くに誰かを見つけたら、手を振ったりして、何らかの形であいさつする。それで彼女たちは絆を感じることができる」とヘンドリックスは説明した。

受刑者の多くは暴力や監禁などの悪夢に悩まされていた。ある受刑者はほとんど毎晩、理由もなくただひたすら穴を掘る夢を見た。ある層に達すると、とつぜん火の手が上がり炎に飲みこまれてしまう。ヘンドリックスのドリーム・グループに参加してこの夢の話をしたとき、彼女は母親が亡くなったすぐあとにこの夢を見るようになったことに気づいた。葬儀に出席することは許されたものの、みじめで忘れられない体験となった。「彼女は手錠、足かせをされ、囚人服のまま連れていかれた。参列者が見ているなかで両脇を警備員に固められて歩いていき、棺のなかの母の顔を見て、すぐに刑務所に戻された」。この女性は悪夢と葬儀の関係に気づいてから、悪夢を見なくなったという。

ドリーム・グループは、運命の分かれ目となるイベントの準備に使うこともできた。ある女性は仮釈放の聴聞会の前日にひどく取り乱して会にやってきて、悪夢を語った。聴聞会は散々な結果に終わり、申請が却下される夢だった。「みんな彼女を励まして、仮釈放委員会に行く前の自分の体験や、聴聞会で予想されることを語った。そのうちだれかが『髪の毛を直してあげる』と言い、別の人が『ちゃんと乗り越えられるように、みんなが応援しているからね』と言った」。一週間後のドリーム・グループに、女性はいいニュースを持ってきた。仮釈放が認められたのだ。翌週、その姿はなかった。「彼女を助けてあげたいと思うメンバーが手を差し伸べたことで、夢がもたらした不安を鎮めたことになる。おかげで彼女は落ち着いて聴聞会にのぞむことができた」

それほど特殊な環境でなくても、ドリーム・グループはコミュニティ意識を育て、自分自身への理解を深める手助けをしてくれる。ソウル・ドリーマーズ・オブ・ニューヨークは、人と人とのつながりが希薄になりがちな街で、一〇年以上にわたってオアシスを提供している。彼らはマンションの一室や、チェルシーの貸しスタジオで会を催す。ダウンタウンのレストランで開けば、怪訝そうな顔で見られる。オンラインでのメンバーは二〇〇人以上いる。メンバーのなかには、ニューエイジの施設で知って、という者もいれば、オンラインで見つけて、という者もいる。グループをまとめているのは一握りのメンバーで、彼らにとってドリーム・グループは、セラピーと趣味と社交の場を一つにしたものとなっている。夢を真剣にとらえる人にとっては、なかなか理解を得られない世界における避難所である。

穏やかな春の夜、私はユニオン・スクエア近くの薄暗い照明のビストロで、ソウル・ドリーマーズの人たちと会った。店の奥では、プレッピー風の二十代の若者のグループが何かのお祝いをしている。別のテーブルでは、身なりのよいカップルが手を握りあい、その横でティーンエイジャーの男の子が携帯電話をいじっている。店の人は一五人のパーティーの席にご案内しますか、と訊いてきたが、私は首をふって一人で歩いて、洞窟を思わせるレストランの真ん中に、どこか妙な雰囲気——すでにはじまっている会話の内容を思えば不思議ではない——でかたまっているグループに近づいた。

ミシェルが私を迎えてくれた。社交的な女性で、グループのリーダーのように見える。こうした会合には八年前から参加している。二六歳の精神分析学を専攻する学生は、ドリーム・グループの和気あいあいとした雰囲気にほっとすると言う。クラスメートとはいつも夢の話をするが、その分析が厳しくなりすぎて辟易することがあるらしい。クリスティンは画家で、レイキ療法の施術者でもある。二〇〇五年、父の古いサーブを大破させる夢を見て、車を手放したという。夢のなかで彼女は州北部のバークシャーにある実家に向かっていた。ふと気づくと、体から意識が離れていた。「自分の意識が車を運転する私を見下ろしていたの」。クリスティンは今朝食べたものでも話すかのように淡々と語った。「それから車は路肩に乗りあげて、大破して燃えた」。目が覚めて、夢のことを考え、それで車を手放した。クリスティンは毎朝夢をすべてつづっていて、夢日記は何冊にもなる。「夢には昔から強い関心があったわね。朝食の席ではみんなに話したくてたまらなかった。みんなは『わかった、わかった』って感じだったけど。スクールバスを待つあいだも自分が見た夢を話すような子どもだった」。いまは六十代で、世の中の多くの人は夢の話に関心がないことを知っている。だから、同じ趣味を持った人々の集まりを見つけることができてよかったと思っている。

私たちはワインやカクテルを注文し、ミシェルがルールを説明した。ミシェルはソウル・ドリーマーズのウェブサイトをたまたま見つけて、すぐに引きこまれたが、実際に集まりに赴くまでには一大決心が必要だった。「恥ずかしがってないで、行くのよ、ミシェル」。彼女は定期的に出席するようになり、そこで親しい友人もできた。

精神分析学を学ぶ学生が最初に夢を話した。彼女はベッドに横になっていて、大好きなサッカー選手がいっしょにいて、二人でのんびりと過ごしている。目が覚めたとき、わけがわからないと思った。一流の選手が自分の部屋にいるのに、おかしいと思わなかったのか？　「分不相応な夢」だと思った。アイリーンはもう少し寛大な見方を示した。夢に出てくるものはすべて自分自身の何らかの要素を表現している。そういう夢を見たのなら、自身が賞賛する自分の一部が表現されたのだと思えばいい。学生はこの解釈を気に入ったようだった。

ドリーム・グループに実際に参加するのはためらう人でも、ヴァーチャルな世界では夢を語りあう。夢に特化したアプリを使う人もいれば、一般的なソーシャル・メディアで語る人もいる。ツイッターで夢の話を見かけるとき、それは暗いニュースばかりが並ぶなかで、一服の清涼剤のような笑いを提供してくれる。たいていはほかのツイートよりもおかしくて自然で、集団の狂気と過剰な反応が目につくツイッターにおいて、政治的な意見や自己アピールとは無縁の人間がいることを思い出させてくれる。

「ドリームスフィア」や「ドリームボード」、「ドリームウォール」といったアプリでは、ユーザーはログインして、見知らぬ人や友人と夢を共有し、フェイスブックと同じように他人の夢に「いいね」を押したり、コメントしたりする。きわめて個人的な、というより自分本位なものとしか思えない興味が、こうして社会性を帯び、人を励ますものとなり、どんなにおかしな夢でも、実はありふれたものだと教えてくれる。朝起きて思わず笑ってしまうような夢は、他人を笑わせることもできる。「ベーグルで人を刺したの」。hhaalleeyy と名乗る誰かはそう告白する。

AwsamJournalは「死ぬほど笑った」とコメントし、四〇〇人以上のユーザーが「いいね！」をつける。「いままでいちばんおかしい夢！」とコメントする者もいる。彼らは喜びを共有し、ときにははじめて明晰夢を見たときの驚きも共有する。「自分の体があったり、なかったりした」とStratosynthは「はじめての明晰夢!!」と題して書きこんだ。解釈もいろいろ寄せられる。あるユーザーは「ママがゴキブリと結婚する夢を見た」と書きこんだ。これに対して、素人分析官は、母親に裏切られたという思いがあるのではないか、あるいは母親の判断能力を心配しているのではないか、と解釈した。そして断言する。本人が思うほどおかしな夢ではないと。「変だけど、ちょっとかわいい」とあるユーザーは励ました。こうした解釈の多くは気軽なものだが、その数の多さは私たちがいかに夢を理解したいと思っているかを示している。

こうした話は国際夢研究協会（ＩＡＳＤ）のメンバーにとっては何らめずらしいものではない。夢について語ることで強い目的意識や結束の強いコミュニティを見つけた実体験があるからだ。「はじめてここに来たとき、『ああ、これこそ私が求めていた人たちで、この先もずっとここに来たい』と思った」とカナダ人司書のアンジーは言った。同じことを言う人はたくさんいた。「ここでのつながりは、決してなくならない」サンタフェから来た芸術家ヴィクトリアは言う。「誰かと夢を共有したら、もうそれなしではいられなくなる。カクテルパーティーで誰かと知りあうのとはわけがちがう」

ＩＡＳＤの会合に参加した一週間、私は早朝に開かれるドリーム・グループに毎日参加する自分の決断を正当化していた。それに参加すれば、スケジュールに余裕はなくなるし、他人のプライバシーを侵害せずに詳細を書くことはできなくなるだろう。それでも、私は目覚まし時計をセットした。そこで私はさまざまなバックグラウンドを持つ見ず知らずの他人の心理や関心事を覗いた。ある女性は亡くなった母との複雑な関係を語った。中年の看護師は仕事を辞めたあとに自分に対するイメージが変わったという。

私が日々の夢を話題にするとき、夢をテーマにした会議の席でも普通のパーティーでも、議論したがる人はたくさんいる。この本を執筆しているあいだ、私は編集者と、知りあいと、見ず知らずの人と、友人と、数えきれないほどたくさんの興味深い話をした。「こういう話は何度も聞かされていると思うけど」と新しい知りあいは申し訳なさそうに言って、夢の話をして、結果として当然ながら個人的な恐怖や幻想をあらわにする。ときにはもっと深い話になることもある。夢を見ない時期があって、実はそのとき依存症だったという話も聞いたし、夢のなかで嘆き悲しむことになった恋愛関係の話も聞いた。本のテーマのおかげで私は告白を引き寄せることになったようだ。セラピストがパーティーに行ったときの気持ちがわかるような気がする。朝は、友達から変な夢を見たとメールがくる。「彼が結婚指輪をしていたの。なんで言ってくれなかったのよ、って思った」。それが何を意味しているのか、私にはわからなかったが、二人がつきあっていたときに彼がどのように離婚を乗り切ったのかという話をした。別の友達は父親とセックスする夢を見た、どういうことだろう、と訊いてきた。私にはまったくわからなかったが、（ものすごく年上の）恋人と一緒に住むことに対する彼女の不安について率直なところを聞いた。こうした会話をすることで、相手との距離が縮まるし、ともすれば苦しい秘密になりかねない不安を表に出すきっかけにもなる。

私は半信半疑の友人に対して、夢の効用を納得させたこともある。友人たちがわざわざアッパー・ウエスト・サイドまで出向いて、私の夢の分析につきあってくれたのは、私の執筆の助けになればと思ったからだ。ところが、驚いたことに、マーク・ブレッシュナーのオフィスでドリーム・グループについて学んだ私たちは、もう二年以上も自分たちで集まって続けている。普通なら集まることのない人たちが集まるこのグループは、抜ける人がいたり、新しい友人を連れてくる人がいたりでメンバーの数は増えたり減ったりしている。そこで私は一五人までとした。ドリーム・グループ以外で集まることはない。それなのに月に一度は必ず集まって、親友とする会話よりも密な話をする。

マークのところで行なったセッションよりも気軽な感じで進めている。安いワインを紙コップで飲み、ピザを頼み、誰かの部屋で座りこむ。とりあえず食べて飲んで、ひとしきり近況報告や世間話に花を咲かせたあとで、私たちはマークが教えてくれたルールにのっとってはじめる。当番の人は、夢を記したコピーをみんなに配り（きっと会社でプリントアウトして、共有のプリンターからいそいで回収したものだろう）、私たちは段階を追ってすすめていく。まず声に出して読み上げ、内容を明確にし、各自が自分の夢として考え、夢を見た本人の考えや解釈を訊く。このように手順を形式化することで、必ずしも親密な関係でなくても語りあえる空間がつくられ、次々と打ち明け話が披露される。友人は、夢をイベントにすることで、夢を覚えていることが増え、睡眠との関係も変わったという。

最初のころは、みんな無難な夢を選んできた。ばかばかしくておかしくて、もしかしたら微妙な問題を話すきっかけになるかもしれないが、おおむね笑いの領域にとどまっていられる夢。仕事や野心、失敗への恐怖といった誰でも覚えがある問題に終始する夢がほとんどだった。数カ月経って慣れてくると、そうした抑えはなくなっていった。決められた枠組みのなかでは、ふだん人と会話するときには考慮している境界線を、棚上げにすることができた。私たちは奥まで立ち入る許可を暗黙のうちに与えあい、普通だったら訊かないようなことを訊いた。セックスや死や自殺の夢を持ちこみ、子どものころに夢中になった人や、家族の秘密を話した。

グラフィック・デザイナーのSは、グループに知っている人は一人しかいなかったが、はじめて来たときに、頭から離れない複雑で奇妙な夢をみんなに公開した。夢のなかでSは、どこか外国の町にいて、玉石を敷きつめた道を歩いている。古い友人とのんびりした一日を楽しんでいたが、とつぜん両親があらわれ、みんなで車で家に帰ると言う。途中で妹が運転を代わり、Sをネイルサロンに連れていく。Sは嫌で逃げ出す。すると、汚い池に行きついた。そこでSは、一匹のオレンジ色の鯉が煙草を吸っているのを見て、気を失い、池に落ちた。

「夢の話をするのは、最初は不安だった」。Sは振りかえって言う。「全員のことをよく知っていたわけじゃないし、個人的なことを人に話しているという自覚もあった。夢を人に話すって、汚い洗濯物を広げて見せるようなものだと思うことがある。でも、みんなが誠実に受けとめて、真剣にとりくんでくれたのでよかった」

ジョーは、もし自分の夢だったら、知らない町を歩いている最初のシーンを楽しんだと思うが、家族の登場でそんな気持ちは一気にしぼんだだろうと言った。別の人は、自分が運転しないでずっと助手席にいることにいらいらしただろうと言った。ほかのみんなが自分だったらという話を終えてはじめて、Sはいまから思えば本当はわかっていたと思われることを理解した。「この夢のなかで私には主体性がかけていた。実際、自分は無力だと思うことも多かった。指摘されてはじめてそれがわかった」。夢を支配していた感情を明らかにすることができて、彼女はほっとした。ドリーム・グループで得たこの気づきはずっと生かしていこうと思っている。「家族との関係に、締めつけられたり抑圧されたりしている部分がたくさんあるのかもしれないと気づいた。この夢を見て人に話してみて、こうした感情には根拠があって、なくならないものだということがよくわかった。おかげで自分がどのくらい感情に縛られているか、意識するようになった。あれ以来（罪悪感を持たずに）ノーと言うようにして、被害者にならないように気をつけている」「夢はよく見る。ほとんど覚えていて、少なくとも数日は覚えている」とジョーは言う。「悪夢も見るし、金縛りにあうこともある。夢の世界は、私の人生のなかで大きな部分を占めていて、日々の感情にとって大切なもので、ふだんは一人で体験している。だから、まったく別の形で体験するのは、普通じゃない気もするけど、得られるものはすごく大きいとも思っている」

「決まった形もルールもある。それは親密さを加減はするけど、損なうものではない」とモイラは言う。「実際のところ、とても親密だと思う。私たちがしているのは、恋人や母親としかしないような会話だもの」

第10章　明晰夢を見る

これまで述べてきた夢の可能性——現実の予行演習をする、新しいアイデアを生みだす、感情を整える、コミュニティを育む——はすべて、ふだん見る普通の夢で得られるものだ。夢の進化論的および認知的機能を発揮するには、明晰夢でなくてもいい。

しかし、明晰夢を見る人が得る効用はきわめて大きい。明晰夢が見られるなら、特定の問題の夢を見て、洞察を深めて答えを探し、カタルシスを得るための舞台をつくり、潜在意識の深層を精査することができる。悪夢に対処することも、心の平静に役立つ夢を見ることもできる。

純粋に楽しめるのは言うまでもない。はじめて明晰夢を見た人は、それまでに体験したことのない意識状態について、口をそろえて同じことを言う。なんとか表現しようと言葉を探すものの、結局は決まりきった文句しか出てこないのだ。「本物としか思えないほどリアルだった」「本物以上に本物だった」「ドアの取っ手は、本当にドアの取っ手だった」——いずれも、明晰夢を見ることでそれまで悩まされていた悪夢を克服したライターのスティーヴ・ヴォルクの弁である。

オランダの精神科医で明晰夢を見ることができたフレデリック・ファン・エーデンは、一〇〇年以上前にこう訴えている。「読者のみなさんは、実際に体験するまで想像できないだろう。目覚めたときに自分が成し遂げたことを知って、どれほどの高揚感を覚えるものなのか。驚きと幻想に満ちた、感覚のない神秘的な世界で、私は心の平静を保ち、自我を意識しながら、注意深く観察し、深く、明快に考えたのである」[1]。明晰夢を見る人は、一時的に自分の体から解放され、物理の法則に縛られなくなる。

スティーヴン・ラバージの本をペルーで読んでから、私はときどき明晰夢を見るようになったが、いつ見るかは予測できなかった。次第にリアリティ・チェックもしなくなったし、瞑想の時間もとらなくなった。睡眠は貴重だ。真夜中にわざわざ起きたくはない。それでも、明晰夢の力を知るうちに、見たいときに見られるようになりたいと思うようになった。それで、ラバージ本人から学んでみたいと思った。

九月の蒸し暑いある日、私はハワイ島の小さなヒロ国際空港に降りたち、すでに集まっていた眠そうな目をした人々に合流した。明晰夢を信奉する私たちは、お互いを見つけるのに苦労しなかった。少々疲れた様子で、所在なげにうろうろしている。少し不安そうで、自分が何に参加するのかよくわかっていないように見える。私は彼らといっしょにシャトルバスを待った。そのあいだ、安っぽいレイやターコイズブルーのパーカーなどを売っている土産物屋をぶらつき、それにあきると自己紹介をしたり、夢の話をしたりした。

「明晰夢を見たことある？」背の低い男性が真剣な顔で、挨拶もせずにいきなり訊いてきた。ギンガムチェックのシャツはなぜか皺もなくピシッとしている。仕事の会議に行く途中で道に迷った人のように見えた。ヨガのインストラクターは、空港の駐車場前のヤシの木の写真をインスタグラムにあげようと、背中を丸めて携帯電話を操作している。かすかにロシア語のなまりがある、頭をそりあげた背の高い細身の男性は、いまにも眠ってしまいそうだ。

カラニ・オーシャンサイド・リトリート・センターの名前が入ったバンが到着したとき、私たちの会話はすでに尽きていた。元気な若い女性が降りてきて、私たちを車に乗せた。宿泊施設に着くまでのあいだ、ナタリーはずっとしゃべり続けた。二年前に少し休暇をとろうと思って、事務の仕事を辞めてカラニに来て以来、ハワイで新しい人生を送っているという。

「ここに来るのは内気な方ばかりです」。ナタリーは静かにしている私たちに向かって言った。なかには二四時間のフライトから解放されたばかりの人もいる。彼女は、ここでの滞在を終えるときには、みんな変わっていると請けあった。私たちは「外交的に」なり、「まったく別の人」になるらしい。

カラニは、主にボランティアによって運営されている。彼らはテントに住み、ヨガ、エクスタティック・ダンス、ウクレレ、明晰夢を習いにくる客と自分たちのために、週の半分を、料理、掃除、庭仕事に費やしている。ギャップイヤーを利用して、あるいは個人旅行で数カ月いる者もいれば、カラニの仕事ともう少しお金が稼げるアメリカ本土での仕事を交互にしながら数年いる者もいる。

ナタリーと過ごした時間は、身体の神秘をうたい、感情に境界線を引かないカラニの世界にどっぷり浸かる前のいい準備運動になった。イノシシが敷地内をうろつき、鮮やかな緑色のヤモリが壁をのぼっている。バンダナをしたり、麦わら帽子をかぶった、がっしりした体つきのボランティアがあちこちにいて、マントラを唱えたり、ハンモックで昼寝をしたり、「おはよう」と言うのと同じように「愛してる」「君は美しい」と言ったりしている。

プナという地区には、何かを探し求める人を惹きつけてきた歴史があり、現代社会のプレッシャーから逃れてきた巡礼者たちの休息の場所となっている。ヒッピーの共同住宅や、目的をもってつくられたコミュニティが散在している。プナで暮らすいわゆるプナティックは、ドレッドヘアでぼろぼろの服を着て、黒い砂浜をぶらぶらと歩き、温泉にたたずみ、マリファナを吸っている。

ナタリーは私を部屋に案内してくれた。寄宿舎を思わせるシンプルな部屋で、壁にはわざとらしい田舎の風景が描かれ、籐家具がいくつかある。照明は天井からぶら下がる裸電球が一つあるだけだが、その晩は停電していた。私はキーホルダーにつけていた小さな懐中電灯を照らして歩き、ベッドに入るなりすぐに意識を失った。

翌朝、薄っぺらいカーテンを開けて、はじめて景色をちゃんと眺めた。窓からは、見事なヤシの木や南国らしい丈の高い草が朝露に濡れているのが見えた。最初に思ったのは、デスクトップの壁紙みたい、ということだった。

私が考えられるあらゆる尺度において、ここまでの多様性が見られるグループに参加したことは、一度もなかったと思う。ロンドンやオーストラリアからはるばるやってきた人もいれば、西海岸から来た人やハワイ在住の人もいた。ある男性は、年金を貯め、もっとも大きな出費（マリファナ代）を節約して、参加費をつくったという。両親にお金をだしてもらっている者もいた。二十代の女性たちは、リゾートウエアのファッションショーから抜け出してきたように見え、昼間用のサンドレスや巻きスカート、夜用のショールやスカーフが尽きることはなさそうだった。アロハシャツしか持ってきてなさそうな年配の男性もいた。スティーヴン・ラバージのことはほとんど知らない者もいれば、長年崇拝し、彼の本をほぼ暗記して明晰夢を見る技術についてはわかっている者もいた。明晰夢を一度も見たことがない人も何人かいたし、ずっと昔からいつも見ているというカップルもいた。彼らに共通点があるとすれば、臨死体験や超感覚的知覚に関する本に詳しいということだった。

ジュールズはテレビ番組の制作の仕事を辞めて、ヨガを教えながら世界を旅している。夢は彼女の精神を探る旅にぴたりとはまった。アラナは瞑想をきわめ、感覚遮断タンクに入った経験も豊富にある。ミレニアル世代がどのようにストーリーを語るのかを研究し、最近ニューヨーク大学を卒業した。明晰夢を利用して、自分のなかにいる賢い女性《ワイズ・ウーマン》を探し当てたいと思っている。カラニに来たのは二回目で、「瞑想用のテントはどこ？」「ヌーディスト・プールで水着を着ても大丈夫？」といった質問に答え、案内役を楽しんでいた。（ちなみに、ヌーディスト・プールでの水着はお勧めしないと言っていた）。七〇歳のマイケルは、夢を見ている状態がわかるようになれば、あの世に行ったときに気づけるのではないかと思っている。気が滅入りそうな話だが、マイケルにはユーモアがあった。「最終試験のために最後の詰めこみをしようと思ってね」

午前中、私たちは丘の上に立つ明るく開放的な建物に集まった。壁の一面は開いていて、熱帯雨林が見える。窓枠からは色とりどりの布がぶら下がり、八面の壁のうちの一面には、原色で荒々しく描かれた火山の神ペレの肖像画が飾られている。私自身は、壁が四面の部屋に息苦しさを感じたことはなかったが、カラニの宣伝用のパンフレットによれば、この空間は、訪れた人が「箱型を基本とする建築」から解放されるように設計したという。[2]

スティーヴンのアシスタントのクリステン——臨床心理学者で、明晰夢に精通していて、ダジャレが描かれたTシャツを着た陽気なカウンセラーでもある——は、まず明晰夢とのかかわりについて自分の話をはじめた。大学の心理学の授業で明晰夢のことを知ったのがきっかけだった。「信じられなかった。こんなことがあまり知られていないなんて。本当に畏敬の念しかなかった」[3]。それから自分で訓練し、週に三回は明晰夢を見られるようになり、さらにはそのなかで瞑想したり、ヨガをしたりできるようにまでなった。そのあと一週間のカリキュラムを説明していたとき、男性の低い声に遮られた。

「ここでわれわれは何をしている？」大声でそう言ったのは、だぶだぶのアロハシャツとショートパンツ姿の裸足の男性で、ふさふさの白い眉の下から明るい青色の目がじっとこちらを見ていた。クリステンが話しているあいだに後ろのドアから入ってきたのだろう。まったく気づかなかった。スティーヴンの声は芝居がかって聞こえた。どの問いも低音ではじまり、高音で終わる。「この状況をどうとらえればいいのか。なぜ君たちが人間だとわかる？　ロボットかもしれないし、宇宙人かもしれないし、夢のなかの人間かもしれないじゃないか。これが本当は夢かもしれないと思う者はいるか？」

この質問攻撃は入門編として最適だった。スティーヴンからはこのあとの一週間で、まわりの状況に注意すること、自分を取り巻く環境を細かいところまでよく見ること、調和していないものを探すこと、自分はいま起きていると当たり前のように思わないことを学ぶことになる。彼は私たち一人ひとりにあいさつし、それぞれがカラニに行きついた理由に大げさに思えるほどの関心を見せた。六九歳で、人生の大半を明晰夢に捧げてきたスティーヴンは、「このテーマに魅力を感じた人たちといっしょにいると、やる気がみなぎってくる」と言う。

スティーヴンは、よく言えば知的刺激に満ちた人ということになるだろうが、そこまで思いやりがない人なら、落ち着きのない、場合によっては躁病的な人と表現するかもしれない。彼はつねに動いている。すわっているときでさえ、体をよじらせ、足首を交差させたり、はずしたりしている。興奮したときには、つまりしょっちゅう、椅子から飛び上がる。身ぶり手ぶりが大きくなって、しまいには両手をひろげて振り、何か一言いうだけでも何オクターブも上がったり下がったりする。その立ち居振る舞いを見て魔術師みたいだと言う声を聞いたのは一度や二度ではない。

明晰夢は、最近、少しずつ知られるようになってきている。クリストファー・ノーランが二〇一〇年に発表して大ヒットしたSF映画「インセプション」(産業スパイがターゲットの夢に侵入して秘密を盗み、悪い考えを植えつけてくる)の影響は大きかった。映画のなかでスパイはリアリティ・チェックの道具としてコマを使う。いつまでも回りつづければ夢のなかだし、途中で止まれば起きていることになる。ノーランは、自分自身が明晰夢を見てこの映画を思いついたと言っている。[4] さらに、回るコマを映して終わるエンディング——観客はコマが止まるのかどうかわからない——については、「あらゆるレベルの現実に妥当性があるのではないか」と言っている。映画が上映されたころから、グーグルでの「明晰夢」の検索件数は急増し、二〇一〇年以前の水準には戻っていない。もちろん、インターネットの影響もある。レディット(アメリカのソーシャルニュースサイト)の明晰夢のフォーラムは絶えず更新され、ユーザー数は一九万人以上となっている。[5]

それでも、明晰夢が文化的に浸透しているとは言いがたい。カラニに集まる明晰夢マニアが世の中の主流派であるとはとても言えないだろう。

マイケルは、あごまである長さの白髪が顔にかかっているのも気にせずに、縁なし眼鏡の奥からじっとこちらを見つめていた。頭を傾ける癖があって、まるでもとに戻すのを忘れたかのようにそのままの姿勢でいる。こうした刺激の多い環境には慣れていないようだ。抑揚のないゆっくりとした話し方で、隠遁に近い生活をするようになった経緯を話してくれた。三〇年ほど西海岸の精神科医のもとで働いていたが、ふと思いついて、いまは亡き妻といっしょにメキシコに移り住んだという。「『早めに引退して、冒険しましょう』って妻が言ったんだ。自分だったら思いつかないようなプランだったが、もともと未知の世界に飛びこむのは好きだから」。メキシコはマイケルの人生の第二幕にふさわしい舞台だった。「人里離れたジャングルのなかの一軒家で暮らした。近所の人に煩わされることがなくて、自分にはぴったりの場所だった」。彼は一日三時間、静かに瞑想した。

夢に魅了されたのは十代のときだったが、同じころ、自分には神経症的なところがあるから、心理学を学ぼうと決意した。フロイトとユングに一時夢中になったが、本当に心に刺さったのはアジアの哲学――および、アジアの迷信――だった。四五年間、マイケルは易経《えききよう》――古代中国の占いで、コイン投げに基づいて意味を持つ六四通りの符号をつくる――にしたがって生きている。ハワイに行くにあたっては、そんな贅沢をしていいのか、易経に答えを求めた。易経が示したのは、井戸のマークだったので、すぐにコンピューターに向かって航空券を購入した。しかし、彼の人生のなかで不動の地位を占めていたのはマリファナだった（誰よりも、東洋の精神世界よりも、大切だった）。もう半世紀吸いつづけていて、ときには一日四、五本吸うこともある。職場でもハイになっていることがしょっちゅうあったが、そのほうが患者の気持ちに寄り添えると信じていた。「ハイになっているときも、一生懸命に仕事をしたよ」彼は誇らしげに言った。

しかし、長い年月を経て、精神に変化をもたらす植物に頼りたくないと思うようになった。「いまは何の責任もないから、心配といえば、いまだにマリファナを吸っていることだけだ」。何度かやめようとしたが、素面《しらふ》でいつづけるのは難しかった。もし明晰夢を見られるようになったら、自分を悪徳にしばりつけている悪魔に立ち向かえるのではないかと期待している。「いまある心配や関心が実は幻想にすぎないとわかれば」それもうれしいだろうと思っている。

初日、私はパーベルを寡黙で落ち着いた人だと思った。二日目の昼食のときには、第一印象がまちがっていたとわかった。初日は時差ボケで眠かっただけなのだろう。パーベルは自分の人生を変えた自己啓発の数々を快活に話してくれた。肉、乳製品、アルコールは取らない。頭に弱い電流を流すという五〇〇ドルのヘッドホンをよく身に着ける。崇拝していたのは、訓練の末、定期的に二〇分寝るだけで、夜寝なくてもすむようになったという人物。複数の仕事をこなす方法を学べば、私も五倍のスピードで本が書けるようになるという。次々にライフハックを披露するたびに――ホロトロピック・ブレスワーク〔呼吸法を用いたセラピー〕、感覚遮断タンク、瞑想施設――パーベルはどんどん元気になっていった。彼を見ていると、ぜんまい仕掛けのおもちゃを思い出した。もしくは回転速度を上げていくコマ。回転をとめるとどうなるのだろう。サイボーグになるとか？　彼は最適化された機械なの？　いったい何を目指して自分をプログラムしているのだろう？

大多数の人が現実と呼ぶ世界とのかかわりが薄い参加者でさえ、自分の趣味が普通の会話の話題にふさわしくないことは、おおよそわかっている。テレサ――ファッション・フォトグラファーで、自身のことをエネルギーの高い人間だと思っている――は、カラニに来ることはごく少数の親しい友人にしか話していないという。「明晰夢に興味があると言うと、『頭おかしいんじゃないか』と思われるような気がして。みんなにはハワイに遊びに行くって言ってきたの」

ボストンから来た神経学者と起業家は、明晰夢を見るための装置を開発しようとしていて、その市場を調べるためにやってきた。三日後、彼らは飛行機の予約を変更して、帰っていった。同じころ、私はカラニのルールを無視して、薄い壁も気にせず、容量に制限のある回線を使って毎朝ラップトップでNPRのニュース番組を聴くようになった。短時間でいいから、まともな話が聞きたかった。

スタンフォード大学で試行錯誤を繰り返したスティーヴンは、学生生活を終えるころには、自分が見たいときに明晰夢を見られるようになっただけではなく、ほかの人も見られるようになる方法を確立していた。そのなかで欠かせないのが、彼がリアリティ・チェックと呼ぶものだ。明晰夢を見たければ、一日中一定の時間ごとに、自分が起きているのか寝ているのか自らに問いかけるのを習慣にしなければならない。そして、日中の習慣はそのまま夢に通じるので、寝ているときにも同じ質問をする。うまくいけば、眠っていると答えられて、明晰夢がはじまるだろう（一九六〇年代、ニューエイジの作家であり人類学者でもあるカルロス・カスタネダは、メキシコのシャーマンから学んだという同じような方法を紹介している。日中に自分の手を見て、自分は夢を見ているのか問いかける。夢のなかで手を見ていることに気づいたとき、眠っていることに気づけるはずだという）。

効果的にリアリティ・チェックを行なえば、世界のなかの自分の位置を再確認し、自分を取り巻く環境に懐疑的な視線を向けることができるようになる。[6] すべてはあるべき状態にあるか。これが現実ではないかもしれない手がかりを探そう。手を見る。指の本数は増えたり減ったりしていないか。時計をチェックする。そしてもう一度。ちゃんと時間は経過しているか。鏡を見る。そこには本当の自分が映し出されているか。それとも遊園地のミラーハウスのようにゆがんで映っているか。ジャンプする。地面に着地できるか、それともとつぜん空を飛べるようになるか。夢の世界は絶えず変化する。まわりが安定しているかどうか確認しよう。いる場所をいったん離れて戻ってみる。そこは同じ部屋か。本の背でもブレスレットに刻まれた文字でもEメールでもいいから適当な文章を見て、目をそらす。それからもう一度見る。もし夢のなかにいれば、文章は変わっていることが多い。

「これが夢かもしれないと思う者はいるか」スティーヴンはリアリティ・チェックを実演して見せる。

沈黙。私たちはちらちらとまわりを見る。抜き打ちテストに驚いた学生のように。

「一〇分後、一時間後に目覚めないという確信はあるか」

ためらいがちにうなずく。

「だが、どうしてそれがわかる？　そう思う根拠は？」

「体が浮かないからだ」勇気ある人が声をあげた。身じろぎ一つせずじっと椅子にすわっている。

「それで試したと言えるのか」スティーヴンは叫んだ。芝居がかった言い方で、その声は怒りをあらわしていた。「そんなものでは本当に試したとは言えない！」スティーヴンは椅子から浮こうとするかのように背筋を伸ばした。頭のなかでは必死に奮闘しているようで、顔はしわくしゃになっている。スティーヴンは椅子から跳ね上がり、期待に目を見開いた。が、すぐに椅子に落ちた。浮かぶことはできなかった。彼は起きている。言いたいことはわかった。リアリティ・チェックでは、夢のなかにいる可能性を、考えるだけではなく体を使って真剣に検討しなければならない。

効果的なリアリティ・チェックは夢と同じように、人によってちがう。ある人には効果があっても、別の人にはまったく効かないこともある。活動的な夢を見る人なら、飛ぶかどうかを試してみるのがいいだろう。文学に通じた人なら読むことに焦点を当てればいい。また、日々の生活をそのたびに中断させる煩わしさと、人の目に耐えられるか、という問題がある。少々おかしな人だと思われても気にしないというなら、片方の指でもう片方の手のひらを突いてみればいい（指が突き抜けたら、あなたは眠っている）。あるいは、鼻をつまんで息を吸い込む（息が吸えたら、夢のなかだ）。

初心者の場合は一日に一〇回から一二回ほどリアリティ・チェックを行なう。一時間ごとにセットしたアラームを鳴らす者もいるし、もう少し自然な形をとって、日常のなかの特定の行動（ドアを開ける、鏡を見るなど）をとるたびにテストする者もいる。スティーヴンは一人ひとりに、リアリティ・チェックに使える道具を渡してくれた。青いリストバンドで「夢のなかで目覚めよ」と描かれていた。残りの滞在期間中、みんなは会話の途中でぼんやりリストを眺めたかと思うと、顔をあげて空《くう》を見つめ、それからまた手首を見て、メッセージに変化がないか確認するという作業を繰り返した。

明晰夢習得のための訓練は一日のすべてに組み込まれていた。朝は夢日記を書き、一日中リアリティ・チェックを行ない、夜は寝る前に瞑想し、寝ている途中で決まった時間に起こされる。夢のことを考える時間が長くなればなるほど、眠りの世界と現実の世界の境目がなくなっていき、夢の世界に意識的な思考を持ちこみたいと願いながら、同時に昼間の世界に夢が持ちこまれるようになる。スティーヴンは、夢日記はできるだけ詳しく書くようにと言った。そうすれば、明晰夢を見るのに必要な夢を思い出す力が伸ばせるからだ（スティーヴンは明晰夢に挑戦する前に、一晩に少なくとも一つは夢を思い出せるようにすることをすすめている）。また、日記をつけることで、非常に役立つサンプルができあがる。それを分析すれば、その人の夢のサインを見つけられるだろう。[7] 繰り返し出てくるモチーフや特徴は、夢のなかにいることに気づくきっかけになる。それはまわりになじまない特異なものかもしれないし、自分の認識のしかたが普通ではなくなるという現象かもしれない。夢のサインが、ゆがんだ物体やあり得ない話の展開という人もいれば、亡くなった家族や地球外生物の登場という人もいるだろう。スティーヴンの場合は、コンタクトレンズが外れて、それが「単細胞生物のように分裂して増えはじめる」[8] のが一つのサインだという。私の場合は、運転手のいない車に乗っていたり、スーツケースの中身を出してもすぐにいっぱいになるのでいつまでたっても片づかない、というのがサインとなる。ときには、これはあり得ない状況だと気づいて、夢だとわかることもある――私のベッドにいる二〇人はどうしてしゃべり続けてるの？　なんで、私を寝かせてくれないの？　コンピューターからすべてのファイルが消えたのはなぜ？

意志の力は、夢を思い出すときだけではなく、夢だと気づくときにも物を言う。スティーヴンは私たちに、できるだけ頻繁に明晰夢のことを考え、食事の時間も講義のない時間も、夢について話しあうように言った。午後のレッスンが終わると、私たちは「トゥルーマン・ショー」や「ザ・ラスト・ウェーブ」といった映画を観せられた。朝はグループに分かれ、思い出せる夢をすべて語り、気づいていない夢のサインを探し、明晰夢を見たという人を祝福した。一日中変わったことばかりしていたので、次第にリアリティ・チェックがまともなことのように思えてきた。私たちがつくりあげたのは、普通ならはっきりと分かれている夢と現実の境界線をぼかし、いま自分は夢を見ているのかもしれないと思ってもおかしくない環境だった。

夜は瞑想した。夢を思い出しやすくするだけではなく、明晰夢にも効果がある。瞑想は、明晰夢を見るために脳を鍛えるクロストレーニングのようなもので、精神の敏捷性と意識を研ぎ澄まし、思考様式を夢を見ている状態に持っていこうとするものである。一九七八年、心理学者ヘンリー・リードは、定期的に瞑想する人は瞑想した日に見た夢をよく覚えていることに気づいた[9]。最近では、心理学者のジェイン・ガッケンバックが、瞑想する人としない人のあいだで夢を思い出す能力にちがいがあることを発見した[10]。一六二人の大学生を調査した結果、定期的に瞑想する学生は、一週間に平均六・二個の夢を覚えていて、一方、瞑想しない学生の平均は五・一個だった。

明晰夢を見やすいのは睡眠の遅い時間帯で、レム睡眠が長くなり、夢にストーリーがあって鮮明になっているときだ。この睡眠の最終段階を狙う手法はよく使われる。スティーヴンは、レム睡眠を三つか四つ終えるタイミング——入眠してから四時間半か六時間後——に合わせて目覚まし時計をセットするとよいと教えてくれた（研ぎ澄まされた人は目覚まし時計をかけなくても、意志の力で起きたい時間に起きることができる）。そして、三〇分から六〇分くらい起きている。直近ベッドから出て、たとえば本（できれば明晰夢の本）を読むなど、何かするといいだろう。直近に見た夢を書きとめ、心のなかで繰り返し再生する。完全に覚えるまで再生しよう。それから、それをもう一度夢見るところを想像する。しかし、このときは、それで夢だと気づけたはずの見逃した夢のサイン――たとえば自分に羽があったとか、友達が指ぬきの大きさだったとか――に意識を集中する。そしてもう一度眠ろう。遅い時間の長いレム睡眠は、本質的に明晰夢を見やすい時間帯なので、スティーヴンが言うように、明晰夢を見るという目標を覚えている確率を高めることができる。「いまから二時間後にすることより、二分後にすることのほうが覚えておくのは簡単だ」

別の方法もある。この場合は起きている状態からいきなり明晰夢に移行する。入眠時に見る幻覚的な心像に注目して、その心像が夢になるまで追うのである。「レム睡眠に向かう力が強く働いているときに、頭の回転を保つことができれば、体は眠っているが、あなた、というより、あなたの意識は覚醒しているという状態になる」[11]と、スティーヴンは著書に記している。「ふと気づけば、あなたは夢の世界にいるだろう」。完全に意識を保ったまま」。このように覚醒からはじまる明晰夢は、レム睡眠に陥りやすい後半のレム睡眠に入るときか、日中の昼寝のあいだに見ることが多い。スティーヴンは次のような助言をくれた。「できるだけ慎重に心像を観察することだ。そうすれば、すんなりと映し出されるようになるだろう。そうしているあいだ、できるだけ自分とは離れた視点から見るようにすること」[12]。静止した心像は集まって連続するものとなり、やがて鮮明になっていく。それにつれて「あなたは自然と夢の世界に引きこまれるだろう」。この方法は私には効き目がなかった（入眠時心像が心地よくて、ぐっすりと眠ってしまうからだ）が、私よりも瞑想がうまい人のなかにはこの方法を頼りにしている人もいた。

明晰夢の初心者は、自分が夢の中にいると気づいただけで興奮してしまうものだ。だが、いったん明晰夢の状態に入ったら、今度はそれを引き伸ばす技術がある。スティーヴンはスタンフォード大学で明晰夢を見ていたころ、明晰夢が普通の夢に変わったり、明晰夢だとわかったとたんに起きてしまうことがあった。しかし、体が夢のなかにあるという感覚を持てれば、長い時間明晰夢のなかにいられる確率が高まった。「かかわりを深めるだけで、安定させることができる」[13]。彼は夢のなかの体をはっきりさせるために、両手をこすり合わせてみたり、回してみるなど、さまざまな方法を試した。なかでも腕を広げて回ると、夢の世界に自分の身をなじませることができて、長い時間夢のなかにいられた。もう一つの方法は、夢のなかでマントラを唱えることだった。たとえば、「これは夢だ。これは夢だ」「私は夢を見ている」と繰り返した。

明晰夢を見ているときには何でもできるというのは正しくない。完全にコントロールするというより、影響を与えるといったほうがいいだろう。夢の世界のルールは現実の世界のものより柔軟だが、それでも存在するし、内容は人によって異なる。明晰夢を見るある人は、スケートはできるが、空は飛べない。ある人は天気は変えられるが、環境は変えられない。人生と同じようにすべての障害を避けて通ることはできず、セックスなどの誘惑は夢を見る人をも惑わせる。登場人物が独立した主体性を持っているように見えることも混乱を招く原因となる。そして、これもまた人生と同じで、他人の行動をコントロールすることはできない。

どのくらいの人が明晰夢を見ているのかを調べるのは難しい。明晰夢の定義が一様でないことも問題を複雑にしている。明晰といっても幅があり、「明晰」という言葉が示す意識やコントロールのレベルについて、科学者の意見は一致していない。明晰夢を見る人は細かいところまで完全に掌握しなければならないのか、夢の展開をコントロールできなければならないのか、と問いかける人もいれば、ぼんやりと意識があるだけで十分ではないか、という人もいる。

明晰夢は子ども時代や青年期にはめずらしくない。[14] ある研究によれば、六歳と七歳の子どもは、それより年上の子どもや大人よりもよく明晰夢を見るという。[15] 別の研究からは、よく明晰夢を見る人は、きわめて高い「認知欲求[16]」を持ち、自分の内部に強い「統制の所在」があることが示されている。そういう人は物事を深く考え、自分に起きたことは自分に責任があると考える傾向がある。明晰夢のフォーラムでよく取りあげられる研究のいくつかは、明晰夢と創造性のつながりを示唆している。[17]

ライフスタイルや趣味も夢に影響する。ビデオゲームに熱中する人は、ゲームをしない人よりもよく明晰夢を見る。そういう人の場合、普通の夢でも突飛なものになることが多く、超常現象や宇宙の場面が出てきたりする。ゲームをする人と明晰夢を見る人はどちらも、普通の人よりも空間認識に長《た》けていて、乗り物酔いにかかりにくい。[18]「ゲームと夢の大きな共通点は、どちらももう一つの現実の世界にいるということだ。生き物がつくる世界とテクノロジーがつくる世界というちがいはあるが」とジェイン・ガッケンバックは言っている。[19] アスリートに明晰夢を見る人が多いのも同じ理屈なのかもしれない。その競技のイメージトレーニングは、夢をコントロールする練習にもなる可能性がある（ドイツでプロのアスリート数百人を対象に調査したところ、彼らの夢の一四・五パーセントは明晰夢だった。普通の人の場合は七・五パーセントだった。さらに明晰夢を見るアスリートの七九パーセントは、とくに努力しなくても自然に見るということだった）。[20]

現時点でもっとも包括的な報告書――五〇年分の研究と二万四〇〇〇人以上の回答者を対象としてメタ分析をした二〇一六年の報告書[21]――によれば、五五パーセントの人がどこかの時点で明晰夢を経験したことがあり、四分の一近くの人が少なくとも月に一度は見るという。同様の数字を見積もる研究者は多い。いつでも明晰夢を見られる人――きわめて高いコントロール力が求められる――は少なく、研究者はいつも探し求めている。オランダの認知神経科学者マーティン・ドレスラーは、長年明晰夢を見る人を探して、実際にインタビューし、観察してきて、自由に明晰夢を見ることができる数少ない人の印象をこう述べる。「その多くは自分を律することができる人だった。コーヒーもアルコールも飲まないし、煙草も吸わない」

スティーヴン――ビールを片手に、ドレスラーの定義に自分が当てはまらないことを楽しそうに認めた――は、性別、年齢、性格、食生活などの個人の特性は、明晰夢を見るすべての人に共通する一つの特性に比べれば、たいして意味はないと言った。その特性とは、夢を思い出す能力ている夢をよく覚えているということでもある。

である。若者のほうがよく明晰夢を見るかもしれないが、それは彼らがいつも見る夢をよく覚えているということでもある。

スティーヴンの本では励ましが強調されている。保証はないが、「絶対にできる！」というのが結論だ。しかし、一心に励めばいいというものでもなさそうで、瞑想やマインドフルネスなど繊細な心の技術を必要とする行為と同じように、うまくいかない人は懸命にやりすぎている可能性がある。ドレスラーから聞いた話によれば、ある被験者は明晰夢を見るために半年訓練したが結局成功せず、訓練をやめたとたんに見たという。

スティーヴンは誰でもできると簡単に言うが、誰でも明晰夢を見られるようになるかという疑問の答えはまだ出ていない。明晰夢は誰でも自然に見られるようになるものではない。私は、いろいろやったのに成功したことがないという人に何人か会ったことがある（努力が実らずカラニに向かう人もいれば、パーティーで私に詰め寄り、コツを教えてくれと言う人もいた）。彼らはスティーヴンの言うことはすべて試した、それこそ文字どおりに、あるいはそれ以上に取り組んだという。まわりから変な人だと思われようと、毎時間リアリティ・チェックを実施し、睡眠のスケジュールを変えて、真夜中に瞑想した、と。カラニで実施したさまざまな方法も全員に効果をもたらしたわけではなかった。三、四人はカラニではじめて明晰夢を見たし、私もワークショップ期間中はいつもより多く見た。しかし、どうしても明晰夢を見たいと思っていながら成功しなかった人も何人かいた。

二〇一二年、ハイデルベルク大学のタダス・スタンブリスが率いるヨーロッパの心理学者チームは、明晰夢を見るための方法について述べた文献を徹底的に調べ、一九七八年にまでさかのぼって、三五本の論文を見つけた。[22]悪夢に苦しむ人や子どもなど特定の人たちを対象にした論文もあれば、大学生を被験者にした定番のものもあった。方法としては、リアリティ・チェックや瞑想など、現在でも有効だとされているものから、とんでもないものまであった。一九七八年、イギリスの心理学者キース・ハーンは、眠っている学生の顔に注射器で水をかけて明晰夢を見せようとした。数年後には、眠っている被験者の手首に電気ショックを与えた。

研究チームは、全体的に実施方法に問題があると結論づけた。被験者数は九四人から、少ないものではわずか四人となっていた。スタンブリスは、完全に信頼できる方法を見つけることはできなかった。データを分析し、「明晰夢を見るための方法のほとんどは、わずかな効果しかないが、なかには有望そうなものもある」とした。そして「強く願う」「リアリティ・チェックをする」といった認知を利用した技術のほうが、外的な刺激やサプリメントなどを利用するよりも有効であるという証拠を示した。

しかし、こうした研究は、わずか数日間の調査にもとづいたものがほとんどだ。被験者には、スティーヴンが提唱するような手の込んだ方法を試す時間はない。二〇一六年、イギリスのノーサンプトン大学で心理学を教えるデイヴィッド・ソーンダーズは、より自然な形で明晰夢を見る方法について、長い期間をとって調査した。[23]過去三年に一度だけ明晰夢を見たことがあるという人を集め、一五人を対照グループに、二〇人を実験グループに割りふった。実験グループの人はスティーヴンの手法を学んだ。夢日記をつけ、一週間の終わりにはそのなかに夢のサインを探し、リアリティ・チェックを実施し、明晰夢を見ることに意識を集中して瞑想した。カラニと同じように、「私はいま夢を見ているか」と刻まれたリストバンドを渡され、リアリティ・チェックを行なうときには使うように指示された。ソーンダーズは毎週被験者に電話して、任務を実行しているか確認し、夢について訊いた。一二週間のあいだに、実験グループの四五パーセントにあたる九人が明晰夢を見ることに成功した。手法としてはリストバンドがもっとも有効だったことがわかった。九人中六人は、夢のなかでリストバンドを見て明晰夢に入ったという。

前向きな結果を示す研究は次々と出てきている。二〇一七年に発表されたオーストラリアの研究では、一六九人の成人がさまざまな手法を試し、わずか一週間以内に、四五パーセントの人が少なくとも一度は明晰夢を見た[24]。もっとも効果的だったのは、リアリティ・チェックと、五時間でいったん起きて、明晰夢を見るという目標を繰り返し唱えてからふたたび眠るという手法の組み合わせだった。この手法をとった人の五三パーセントが明晰夢を見ることに成功している。

努力と成功の関係は直線では描けない。そのつもりもないのに明晰夢を見る人はたくさんいる。明晰夢のことを知ってすぐに見る人もいれば、スティーヴンの手法を数週間実行して見られるようになる人もいるだろう。もしくは効果がなかったとあきらめたとたんに見るかもしれない。「これなら誰でも明晰夢を見られるようになるかもしれない、という手がかりはある」。ただ、現時点では「データがそろわない」とドレスラーは言った。

スティーヴンがワークショップをはじめたのは、単に金を稼ぐためでも、明晰夢の喜びをみんなで分かち合うためでもなかった。ワークショップは、自身の研究を進めるための手段でもあった。この形なら、研究所のお墨付きがなくても、研究に参加したいと思う人を集めることができる。

この年のカラニでもこれは続いていた。スティーヴンがひそかに「実験」と呼ぶ試みに参加することに同意した人は、三夜連続で、何も書かれていない大きめのカプセルが入ったビニール袋を渡され、三回目のレム睡眠のあとにそれを飲んで、三〇分から六〇分かけて瞑想するか、夢日記を書いてからまた寝るように指示された。三日分のセットには、偽薬が一つ、アルツハイマー病の治療薬として開発されたガランタミンが二つ含まれていた（一般市販薬としても、処方箋によっても入手できる）。アルツハイマー病になると、神経細胞から神経細胞に信号を送る化学物質であるアセチルコリンに反応するニューロンがうまく機能しなくなり、これが記憶力の低下につながるとされている。コリンエステラーゼ阻害薬の一つであるガランタミンは、脳内でアセチルコリンの分解を防ぐことで作用する。副作用として奇妙な夢を見ることがある。また、ガランタミンには、レム睡眠潜時——入眠から最初のレム睡眠までの時間——を短くして、眼の動きの回数で測定できるレム密度を上げる効果がある。[25]

認知症患者の記憶力を改善させるガランタミンは、同じ効果で眠っている人の頭をはっきりさせる。スティーヴンはこれまでに、明晰夢を見たいという人一〇〇人以上に、さまざまな量のガランタミンやそのほかのコリンエステラーゼ阻害薬を与えてきた。結果は上々だった。すでに明晰夢を見ることができた人々がガランタミンを飲んだ場合、偽薬を飲んだ夜に比べて五倍明晰夢を見やすくなったという。スティーヴンはこうした発見を査読付きの雑誌で発表していないが、国際夢研究協会（ＩＡＳＤ）での発表や口コミの後押しもあり、公式、非公式での研究の盛りあがりに一役買っている。同時に、ガランタミンドといったような名前で売り出される、明晰夢を見るためのサプリメントの市場にも刺激を与えている。明晰夢に関するオンライン上の掲示板には、ガランタミンを飲んで明晰夢を見ることに成功した、といった話があふれている。「はじめて飲んだ夜、次から次へと明晰夢を見た」とあるフォーラムのメンバーの一人は書きこむ。「サプリを飲んだ夜はたいていすごい夢を見る。空を飛ぶ夢とか、わくわくするような冒険の旅に出る夢とか」という者もいる。ある研究者が、ガランタミンを常用して明晰夢を見る一九人を調査したところ、質的にちがいがあることがわかった。[26]薬による明晰夢は普通に見る明晰夢よりも鮮明で、長く続き、安定していたという。

しかし、ガランタミンは特効薬ではない。頭痛、吐き気、不眠などの厄介な副作用も引き起こす。そして効きすぎる問題もある。成功の体験談の隣には、注意を促す体験談が並ぶ。「脳がえぐられて八つ裂きにされたような感じがした」「水中の氷山の底に頭をこすりつけられる、おかしな夢を何度も見た」「ベッドを突き抜けて落ちるような感覚があって、キーッという大きな音がして揺れがはじまった」「すごく怖くて体が動かなかった」

私たちの実験が始まった翌日、何人かが朝の講義にげっそりした様子であらわれた。薬を飲んだら眠れなくなったという。一人は一晩中吐いていた。私にはガランタミンが効いた。ガランタミンを飲んだ二晩とも明晰夢を見ることができたし、もう一度眠りにつくのも問題なかった。あとで偽薬だったとわかったものを飲んだ夜には、明晰夢ではない普通の夢を見た。知りあいが私と同じように夢の科学についての本を書いていると知って不安になる夢だった。しかし、ガランタミンよりも効果的だったと思うのは、日常から離れた場所――日々のあれこれを考えずにすみ、同じ目標を持つ仲間に囲まれる場所――にいることだった。明晰夢に意識を集中させ、一日のなかで定期的に夢について語る環境のなかで、ペルーではじめて見た明晰夢をふたたび見たのは偶然ではないと思っている。

スティーヴンがかたくなに独自の路線を歩んでいるあいだ（ハワイに一〇人から二〇人を集めては、その結果をアリゾナに戻って記録した）、彼が貢献したこの分野は確実に進歩を遂げ、ついに科学の世界でも認められるようになった。脳波計を使った研究は、普段眠っているときには休止していて、明晰夢を見ているときには活動する脳の部分を明らかにした。二〇〇九年、ドイツの心理学者ウーズラ・フォスは、明晰夢を見ているときには前頭葉が活発に活動していることを発見した[27]。前頭葉は、論理的な思考、問題解決、内省といった高いレベルの認知処理を行なう場所で、レム睡眠時にはたいてい休止している。フォスは明晰夢を、起きているときと眠っているときの認知機能が組み合わさった「意識のハイブリッド状態」と表現した。

スティーヴンの初期の研究成果を詳しく調べて再生しようとする試みにより、その主張の一部は確認されたが、一部は議論を巻き起こした。夢の中での動きと実際の目の動きがつながっているというデメントの発見――スティーヴンの証拠のもとになっている――を再生しようとしたところ、はっきりした結果が出ず、いわゆる「走査仮説」は議論の対象となった。[28] 批判する者は、赤ちゃんは視覚像を伴う夢を見ないのに目が動くと言い、支持する者は盲目の人の研究を取りあげた。五歳くらいになる前に視力を失った人は夢を見ることはできない。[29] それよりあとに視力を失った人は、夢のなかである程度の視覚像を維持するが、それは時間とともに薄れていく。一九六〇年代にシカゴの心理学者は、ジャズ・ピアニストのジョージ・シアリングの眠りを研究した。生まれたときから目が見えなかった彼の目は、レム睡眠のあいだほとんど動かなかった。さらに最近では、テクニオン・イスラエル工科大学に睡眠研究所を設立したペレツ・ラヴィーが、さまざまな年齢で視力を失った人を集めて調査し、目が見えない期間が長い人ほど、視覚像を伴う夢を見なくなり、レム睡眠時の目の動きも減っていくことがわかった。[30]

ダニエル・エルラッヒャーとマイケル・シュレドルは、スティーヴンと同じように、数をかぞえたときの時間は夢を見ているときも起きているときも同じであると示したが、身体的運動——歩く、スクワットをする、体操をする——にかかる時間は、夢のなかのほうが少し長いことも明らかにした。「明晰夢の持続時間と、筋肉からのフィードバックの遅れ、つまりレム睡眠中の神経伝達の遅れには関係があるのかもしれない」[31] と彼らは考えている。スティーヴンが行なった手を握る実験と、右脳と左脳の機能を示す実験は再現できなかったが、それがあり得ることを示す手がかりはある。ある実験で、マーティン・ドレスラーとその仲間は、六人の明晰夢を見る人に夢のなかで手を握りしめてもらった。[32] それができたのは二人だけだったが、夢のなかで手を握りしめたとき、動いていたのは感覚運動皮質だった。起きているときに手を握っても同じ領域が働く。しかし、ドレスラーは手の筋肉の動きは測定しなかった。「夢のなかで手を動かしても、筋肉の弛緩が実際に動かすのを妨げていることは過去の研究で明らかになっている。せいぜい小さな筋肉がぴくっとするだけだ」。スティーヴンの影響を受けたある実験では、夢のなかの手の動きを現実の世界における動きに変換できるか試された。エルラッヒャーは博士論文のために、明晰夢を見る人に夢に入ったら手を開いたり閉じたりしてほしいとお願いし、筋電図で前腕の筋肉を測定した。「スティーヴンの最初の論文にあったように、小さな動きが何人かに確認された。だが、なんの動きもないこともあった」。それでも、とエルラッヒャーは続ける。「スティーヴンの初期の研究は非常に重要だ。大いに触発されている」

明晰夢は治療や臨床の問題だけではなく、知性の問題に取り組むうえでも役立てることができそうだ。「主観的な体験と神経系の関係を研究したければ、夢は最適な手段となる」と、フィンランドのトゥルク大学の神経科学者カティア・ヴァリは言った。[33] 彼女は、夢を見ない眠り、普通の夢、明晰夢の神経系のちがいを特定できれば、意識における認識の基礎に光を当てることができると考えている。ドレスラーは、夢を見ながらそれを自覚し、コントロールする方法を学ぶことができれば、統合失調症患者が幻覚を認めることができるようになるのではないか、と期待している。「普通の夢を見ているときと、統合失調症を発症しているときには、人は現在の状況を洞察する力を失っている」とドレスラーは言う。どんなに精神的に安定している人でも、普通の夢のなかには脈絡のないものが出てくるし、全体を把握する視点は失われている。このように夢を見る脳は、精神病患者の脳に似ているところがある。[34] しかし、明晰夢を見ているとき、つまり意識はあるが意志が十分に働かないときには、その人は「洞察力が損なわれたモデル」を見ていることになる。もし統合失調症の患者が明晰夢をマスターできれば、症状が悪化したときに「損なわれた状態にいることを気づけるようになるかもしれない」。

明晰夢は、もう少し一般的な心の病、たとえば不安障害などを抱える人の助けにもなる。[35] ドイツの心理学者パウル・トーライは、一九六〇年代に治療手段としての明晰夢の可能性に気づいていた。[36] トーライは複雑な関係にあった父親の死後、父に似た人物にいじめられたり、叱られたりする夢を見るようになった。その人物が明晰夢に出てきたとき、トーライはここぞとばかりに攻撃したり、自分に影響力を行使しないもの――たいていは小人、ときにはミイラ――に変身させたりした。しかし、勝利の満足感は朝には消え、父は何度でも夢にあらわれた。ある夜、トーライは別の方法を試してみようと思った。その人物がいつものように怒りだすと、トーライは反撃せずに会話を試みた。いつまでも夢に出てくることについては怒りながらも、父の言うことのいくつかについてはそのとおりだと認め、二人は握手をした。「この明晰夢は、私の夢と現実の生活に解放感と励ましを与えてくれた。以来、父が恐ろしい人物として夢に出てくることはなくなった」[37]

自身のこの経験を一般化できないだろうかと、トーライは学生を相手に実験をはじめた。夢という安全な環境のなかで、意図的に問題を呼び起こしてそれに対峙することで、心の健康を向上させることができるのではないかと考えたのである。そこで、明晰夢を見る人に夢のなかで恐ろしい人や状況を探すようにお願いした。もし、池に浮いていたら、底まで潜る。開けた草原にいたら、暗い森を探す。そして敵を見つけた場合には、攻撃したい気持ちを抑え、平和な関係を保とうと努力する。こうしたことを六二人の明晰夢を見る人にお願いし、結果、恐ろしい人物が出てくる夢を二八二件集めることができた。その三分の一で、夢を見た人はその人物と和解していた。その方法で有効だったのは、トーライが発見したように、友好的に会話することだった。敵の目をじっと見るのも効果があった。トーライが期待したように、夢のなかで実現した緊張緩和《デタント》の余韻は起きたあとも続いた。被験者の六二パーセントは実生活でも不安や心配が減り、四五パーセントは精神的に安定したような気がすると言った。

リーネ・サルヴェセンは物心がついたときからずっと心配性で、自然に明晰夢を見ていた。子どものころ、繰り返し悪夢に苦しめられた彼女は、そのときに夢だとわかれば逃れられることに気づいた。ある日、車の後部座席にすわっていて、とつぜん運転していた両親が消える夢を見た。このままでは車は突進して、後ろに小さなリーネをのせたまま、どこかに衝突するだろう。その瞬間ひらめいた。目をさませばいいのだ。そのときはそれで事なきを得たが、自分でコントロールすることを覚えてからは、悪夢を見なくてすむようになった。ある夜、いつものように夢のなかで両親が消えたあと、リーネは新しい方法を考えて実行した。幼稚園の友達を呼んで車を運転させたのである。「二人で運転席にすわっていっしょに運転したの。そうしたらもう悪夢じゃなくなっちゃった[38]」

ほぼ毎晩明晰夢を見ていたリーネは、明晰夢について書かれた雑誌記事を読むまで、誰でも見ているものだと思っていた。「記事によれば、それが自然にできるのはごく少数の人だって。ってことは、私って特別？」そう言って彼女は笑った。リーネにとっては息をするのと同じくらい自然なことだが、ほかの人にとっては達成困難な目標だとはじめて知ったのだった。

この特別なスキルにもかかわらず、リーネは十代から二十代前半まで不安に苦しんだ。「いつもストレスを感じていて、自分ではどうにもできないものだと思っていた」。セラピーや瞑想を試したが、どれも効果はなかった。「毎日が苦しかった。高校の最終学年のときにはどうにもならなくなった」。毎晩一二時間は寝ていたにもかかわらず、疲れて体が動かなかったため、学校はたびたび休んだ。成績はあっという間に落ちた。仕事についてからは、集中的に治療を受けるために病気休暇をとった。

リーネはネット上で明晰夢の専門家ロバート・ワゴナーに会うまで、主に楽しむために明晰夢を見ていたが、ワゴナーはリーネに問題解決の鍵になるかもしれないと言った。その後明晰夢を見たとき、リーネはワゴナーの助言にしたがった。「私は自分に言ったの。この先一週間、私はハッピーに過ごせる。心配なんかない、って。夢のなかで声に出して、胸を張って言った」。目覚めたとき、自分のなかで何かが変わったような気がした。「不安が消えたような気がしたの。最高の気分だった」。担当のセラピストはその変身ぶりに驚いた。「彼のところに行ったとき、向こうは私が全然ちがっているのがわかったみたい。私がしたことを話すと、椅子から転げ落ちそうになってた」。落ち着いた気持ちは続いた。消えそうになると、また明晰夢のなかでマントラを唱えた。リーネはいまでもときどきパニック発作を起こすが、その不安には以前ほどの威力はなくなった。

一方、スポーツ研究者は、明晰夢をパフォーマンス向上や練習に利用している。[39] マイケル・シュレドルとダニエル・エルラッヒャーは、二〇一〇年代に、明晰夢を使って身体能力を高める一連の実験を行なった。ある実験では、四〇人に二メートルほど離れたコップにコインを投げ入れてもらった。その後、練習を続けるグループ、明晰夢のなかでコイン投げをしてもらうグループ、何もしないグループに分けた。その後もう一度実際にコイン投げをしてもらうと、何もしなかったグループの命中率が四パーセントアップしたのに対して、夢に見たグループは四三パーセントアップしていた（ただし、起きているときに練習するのがもっとも効果的だった）。

スティーヴンの初期の研究は最近になって正しいことが立証されてきているが、彼に学問の世界を苦々しく思う気持ちはほとんどない。著書はいまでも売れている。熱心な信者がいて、ワークショップは盛況だ。夢のなかのスピリチュアルな体験がその野心をやわらげたのかもしれない。スティーヴンは三〇分ほどかけて、自分が体験した明晰夢について語ってくれた。宗教的なシンボルがあちこちにある空に浮かんでいて、自然界と一体になったと感じたとき、体が消えて「一点の意識」になったという。目覚めたときには死の恐怖は消えていた。明晰夢は彼に十分なものを与えたようだ。

おわりに

ペルーの夏以来、私はずっと夢日記をつけている。日記といえるもので続いたのはこれだけだ。普通の日記をつけようとするといつも構えてしまって、自意識過剰になり、自由に書いていいと思うとかえって書けなくなってしまう。だけど、夢をつづるなら簡単だ。私は目覚めるとすぐに夢に集中するように心がけた。朝、ぼんやりと浮かぶもののなかから映像や感覚をひろいあげ、それをたどって全体のストーリーや場面を思い出す。続けるうちに、つづる夢は長く、詳細になっていった。ほぼ毎朝、短い場面や印象から物語が生まれている。意識を失っていても私は生きて、感じて、行動しているという証拠を眺めるのは楽しいものだ。夢が日常に与える影響が大きくても小さくても、私は大切にしている。なぜなら、それは私が経験したことだから。たとえ忘れてしまっても、そのときは本物だから。

ときどき日記をめくる。そうすると、自分が寝ているあいだにつくりだした不思議な世界にもう一度入りこむような気がするだけではなく、その夢を見る原因になったそのときの状況のことも思い出す。大学の最後の年、私は将来のことを不安に思っていた。ある夢では、私は友人たちといっしょにのんびりと草原を歩いていた。そして、アザラシの群れに出くわす。アザラシはとつぜんスーツを着た男たちに変身し、私たちに経営コンサルタントになるように言う。アザラシをビジネスマンに変身させた私の心配の元は、おそらくクレディ・スイスに応募するのをためらっていた（そして、結局応募しなかった）理由と同じものだろう。

大学の最終試験が近づいたころには、古典的な試験の悪夢にうなされるようになり、さらに担当教授に専攻を地形学に変えたと伝える夢を見た。インターネット上にエッセイ（個人的な内容が多かった）を書く仕事を得てからは、タブロイド紙の記者に、トイレにいるところを写真に撮られる夢を見た。おそらく世間に公表していい個人の領域の線引きを、脳が手伝おうとしてくれたのだろう。

明晰夢を見たいときには、まず時間をとる。人生の大イベントやストレスがかかりそうな変化のない一週間を選ぶ。私はかなり几帳面に夢日記をつけている。ハワイでもらった「夢のなかで目覚めよ」と書かれた鮮やかな青のリストバンドをつけ、思い出すたびにリアリティ・チェックをしている。携帯電話にはヘッドスペースという瞑想用のアプリを入れている。真夜中に起きるために目覚まし時計をセットしたりはしないが、朝方に目を覚ますことはよくある。明晰夢を見ようと思っていれば、朝の四時に目覚めてもあわてることはない。せっかくのチャンスだと思って、夢のなかで目覚めることに意識を集中させてもう一度寝る。明晰夢を習得して——あるいは、習得しようとして——よかったのは、その訓練によって現実の体験を鮮明なものにし、場合によっては再評価できることだ。こうした夜の時間は不安のための時間ではなく、可能性に満ちた時間となる。

いろいろ知って、いまは自分の夢をもっと信頼できるようになった。夢は、現実の世界の行動だけではなく、自分ではあまり意識していない思考や空想ともつながっている。私は夢のおかげで、恋愛感情を整理し、友人に対する気持ちをはっきりさせることができたと思っている。最近、しばらく連絡をとっていなかった――もうつきあうことはないと思っていた――古い友人が続けて夢に出てきた。彼女は離れたところでただうろうろしていて、場違いに見えた。バレエのクラスにあらわれ、クリスマス・パーティーにもあらわれた。昼間こうした夢を考えてみて、私たちの友情は終わっていないのかも、と思った。私はこの友人にメールを送り、ふたたび会うようになった。

過去数十年のあいだ、夢に関する研究から私たちは多くを学んできたが、数ある新しい技術の一つでもうまくいけば、研究のスピードが一気に上がる可能性がある。研究者はいまでも被験者の報告に頼っている点を批判されている。機能画像を利用すれば、眠っているときに脳のどの部分が活動するかはわかるが、被験者が夢の内容を正直に話しているかどうかを判断する方法はこれまではなかった。それももうすぐ変わるかもしれない。二〇一三年、神経科学者の堀川友慈《ほりかわともやす》率いる日本人研究者のチームは、被験者の夢の内容をリアルタイムで解読する研究について発表した[1]。堀川は、三人の若者に、ｆＭＲＩ（機能的磁気共鳴断層撮影）装置に入ってもらい、脳波計につないだ状態で何度か昼寝をしてもらった。レム睡眠に入ると被験者を起こして、どんな夢を見ていたか訊いた。一人につき二〇〇以上の夢の断片を集め、もっともよく出てきたモチーフのリスト——自動車、コンピューター、本、女性、男性など——をつくった。次にこうしたものを夢に見ているときの脳の活動を観察し、そのデータを使って特定のｆＭＲＩのパターンを夢のモチーフに対応させ、電子による夢辞典らしきものをつくった。その後、堀川は被験者が眠っているときのｆＭＲＩを見て、どういう夢を見ているか推測した。すると、実際の報告と驚くほど一致したのである。といっても、実際に夢が読めるわけではない。被験者が夢に見た男性や女性が誰なのか、本や自動車が具体的にどんなものなのか、それに対して被験者がどう感じたのかはわからない。それでも可能性は秘めている。

それまではラットに頼った研究を続けることになるだろうと、マット・ウィルソンは予測する。「答えは齧歯類のモデルから出てくると思う」と彼は言った。[2] ガエタン・ドゥ・ラヴィレオンがマウスの実験により、夢を見ているあいだに記憶を操作できるかもしれないことを示したときには、興奮したという。[3]「私たちは夢の非常に細かいところにまで影響を与えたいと思っている。夢を見ているあいだに新しい内容をつくりあげることができるかもしれないというところまで考えたい。そこに登場したのがこの選択的学習という考えだ。つまり、報酬のシグナルの操作と組み合わせる」。理屈の上では、「ラットの夢の内容を操作するか、あるいはある内容を選んで強化するかして、ラットに特定のことを学ばせることができるというなら、学習プロセスをコントロールできるようになるといってもいいだろう」。

この本を書きはじめたとき、私はあまり知りすぎてしまうと、そもそも最初に興味を持つきっかけとなった夢の謎めいた魅力が失われてしまうのではないかと心配した。しかし、それは杞憂だった。意識がないあいだに脳がどのように新しい世界をつくりあげているかは学んだが、夢が持つ奇想天外さには相変わらず惹きつけられるし、まだまだ謎はたくさんある。恋に落ちるときにはドーパミンが一気に放出されると知ったからといって、浮きたつ気持ちがなくなるわけではないように、夢と神経系の関係を知ったからといって、その楽しさが失われるわけでも、記憶に警鐘が鳴らされるわけでもない。ウィリアム・デメントほど夢の生物学的メカニズムを知っている者はそういないが、そんな彼でさえ、肺がんの夢を見て煙草をやめたのだ。アラン・ホブソンは、反フロイト派を自認しているが、もう何十年も詳細な夢日記をつけている。しかも、自分の夢は出版に値すると思ったようだ。『フロイトが見なかった一三の夢（*Thirteen Dreams Freud Never Had*）』のなかで、ホブソンは自分の夢を使って、夢の生物学的なプロセスを説明するとともに、自分の人生の感情の軌跡についても語っている。その二つが共存できないものだとは考えていない。

私自身、自分の夢のパターンやテーマはだいたい把握しているが、それでも自分の脳がつくりだした心像やストーリーに絶えず驚かされている。人間はカオスのなかにもある程度の秩序を見いだすことができるが、なぜこの記憶があの記憶とくっついたのか、なぜこのシーンを見せるのに脳はこの夜を選んだのかはわからない。夢の魅力は完全には解明できないところにある。最近、私は胴体のない、スペイン語しか話さない日本人の赤ちゃんを世話する夢を見た。別の夜には、引退した数学者向けの老人ホームにライターのジャネット・マルカムを訪ね、本の構成についてアドバイスを求める夢を見た。何かを触発されるわけでもなく、忘れていた記憶が掘り起こされるわけでもなく、そもそもまったく意味が通らない夢を見ることもある。夢は現実逃避で、穴を掘ったり、研究したりといった日々の現実を忘れさせてくれる。夢は楽しませてくれる。夢は眠っているときに私が生きている証拠だ。

はじめて人間の脳を見たときのことは鮮明に覚えている。当時私は九年生で、それは科学室の棚の上の段に置かれたホルマリンが満たされた瓶のなかで浮いていた。ある日の放課後、みんなが帰ったあと、私はテーブルの上に椅子をのせてよじ登って、口をぽかんと開けてそれを見つめた。管みたいなのがぐにょぐにょとひしめいているこんな小さな塊が、私が私であることをすべて決めているなんて、どういうことなんだろう。驚きだった。それで、将来は神経学者になると言ってまわった。その思いは続かず、長いあいだ脳について考えることもなかったが、この本を書きながら、ほとんど忘れていたあのとき感じた畏敬の念を何度も思い出した。

心理学者ルービン・ナイマンは、夢の文化の欠如は、私たちの健康上の危険を示唆していると主張する[4]。夢が心の健康や認知機能に重要な役割を果たしていることは、とくにレム睡眠を阻害する薬がよく処方されるいま、認識されなければならない。オピオイドやベンゾジアゼピン、その他の抗うつ剤など、よく処方される薬は夢を抑制するものとして知られている。だからいま、夢について語りはじめよう。深みのある本物の体験であるかのように夢を扱おう。この世界で夢にふさわしい場所を与えよう。

謝辞

本書はまさにグループ・プロジェクトの成果である。

まず編集長のエイモン・ドーランに心からお礼を申し上げる。その楽観的な姿勢にはいつも元気づけられた。彼は仕組みがないところに仕組みを見いだす超人的な能力を持っている。それから、ホートン・ミフリン・ハーコートのチームにも。とくにトレイシー・ロウ、リサ・グラヴァー、ローズマリー・マクギネス、マイケル・ダディング、ステファニー・ブシャート、デブ・ブローディ。以下の方々にも感謝の言葉をささげたい。

エージェントのブリジット・ワーグナー・マッツィ。私が自分を信じるより先に私が本を書けると信じてくれた。それから、チェルシー・ヘラー、エリカ・バウマン、エライアス・アルトマンほか、イヴィタスのチーム全員。

ジリアン・ブラッシルとジェーン・フー。二人は信じられないほどの忍耐力で内容を確認してくれた。偏見にとらわれることなく物事の核心を追求する姿勢には感銘を受けた。

時間をさいていろいろ説明してくれたり、研究室に招いてくれたりした研究者のみなさん、とくにパトリック・マクナマラ、ロバート・スティックゴールド、マット・ウィルソン、スティーヴン・ラバージ、ディアドラ・バレット、ハンナ・ワートシャフター、マーク・ブレッシュナー。調査するうえで欠かせなかった本の著者の方々、ケリー・バルクリー、ジェニファー・ヴィント、ウィリアム・ドムホフ、アンドレア・ロック。

まだ原稿がまとまっていない段階で読んでくれ、私がフィードバックを必要とするとき、励ましが必要なときをわかってくれて、最後の最後まで（休暇中でも）一文にこだわって議論してくれた以下の友人たち。アダム・プランケット、エスター・ブレーガー、ジュリア・フィッシャー、クレア・グローデン、アイザック・チョティナー、レーン・フローシャイム、ジュネヴィーヴ・ウォーカー、ジェシー・シンガル、エミリー・ホルマン、ブルック・シューマン、エミリー・フライ、アレックス・ストーン、メリッサ・ダール、メレディス・トゥリッツ、ジャスティン・エリオット。

原稿整理に一流の腕を発揮してくれて、応援し続けてくれた母と、私のいちばん熱心な広報担当者である父。

毎月、夢の大切さを思い出させてくれたドリーム・グループのメンバー。

それから、何年も前にこのプロジェクトを思いつくきっかけをくれた大切な友達ジェームズ・ローランド。

訳者あとがき

人はなぜ夢を見るのか。体は休んでいるのに、私たちは夢のなかで多様な体験をしている。それは楽しいものとは限らない。目が覚めて、なぜこんな夢を見たのだろうと首をかしげたり、夢でよかったと冷や汗をかいたりすることもあるのではないだろうか。実際、本書でも触れられているように、一般的には楽しい夢よりもネガティブな夢を見る人のほうが多いという。いったいそれはどうしてなのか。

本書の著者は、こうした夢の不思議に魅せられたひとりである。オックスフォード大学で考古学と人類学を専攻した著者は、発掘調査に訪れたペルーの村で、夜の時間を持て余し、友人から一冊の本を借りて読む。あやしげな自己啓発書に思えたが、ほかに読むものがないのでとりあえずページをめくると、そこには「明晰夢」を見る方法が書かれていた。「明晰夢」とは、自分が夢を見ていることを自覚しながら見る夢のことである。この明晰夢をペルーで実際に見たことがきっかけとなって、著者は夢の科学の世界に足を踏みいれる。

ＢＢＣなどのメディアにさまざまなジャンルの記事を寄稿する著者は、睡眠科学の専門家でも脳《ニューヨーク》《エル》《ヴォーグ》《ワシントン・ポスト》などの新聞・雑誌や、ヴァイス、科学の専門家でもない。そんな彼女が自身の関心と経験に後押しされて、歴史を紐とき、文学や芸術にあたり、研究の第一線で活躍する専門家を訪ね歩いて、夢の科学の歴史と可能性、そして夢の効用についてまとめたのが本書である。それだけでも十分に知的好奇心が刺激される内容になっているが、著者の筆は、そこにとどまらない。みずから国際夢研究協会（ＩＡＳＤ）に潜入して現場をレポートし、ヴァーチャル・リアリティを利用した最新の悪夢克服プログラムを体験し、ドリーム・グループを主催して自分が見た夢を語り、明晰夢の第一人者スティーヴン・ラバージがハワイで開催するワークショップに参加して、その内容を紹介する。そこには、夢の科学に取り組む人たちの苦労や成果だけではなく、奇抜さまで率直につづられていて、ルポとしてのおもしろさも十分に堪能してもらえると思う。

なかでも第４章で紹介されている国際夢研究協会の年次会合の描写はおもしろい（ちなみに日本にも支部があり、二〇二〇年の年次会合は、六月にアリゾナで開催されるとのことだ）。自分が見た夢を忠実に再現する仮装をして参加する「夢の舞踏会」があるなど、かなりユニークでエキセントリックな会合のようだが、著者の言葉を借りれば、「異端と見なされた先人たち」の「偏見を持たない知性」と「並外れた忍耐力」に敬意を表したものということだ。たしかに、過去の夢の研究者たちは、科学の世界では傍流とされることが多かった。それは、研究者自身の問題というより、どんな夢を見たかは被験者の申告に頼るしかないという調査手法の限界によるものだろう。たとえ意図的な嘘を排除できたとしても、無意識のうちに物語をつくってしまうこともあるかもしれない。なにしろ夢の記憶はあやふやなことが多い。だが、それも変わりつつある。

脳科学が発展して睡眠中の脳の働きが解明されるようになり、ラットを使った研究が進み（ネズミは嘘をつかない）、さらに、日本では被験者が見ている夢をリアルタイムで解読する研究が進められているという。科学の対象として認められるようになった夢の研究は、この先大きく変わる可能性を秘めている。

映画「インセプション」で一躍有名になった明晰夢についても、見るための方法が述べられている。ポイントはいくつかあり、まずは夢を思い出せるようになることが重要で、これには夢日記をつけることが有用だという。そして、いま自分が起きているのか、夢を見ているのかを問いかけるリアリティ・チェックを習慣づけること。それから、明晰夢を見やすい時間帯を狙うこと（睡眠の遅い時間帯のほうが成功する確率が高いらしい）。訳者はこれまで明晰夢を見たことがなく、まずは夢日記をつけるところからはじめてみた。夢を見てもすぐに忘れてしまうのが常だったが、書くことを習慣づけていくと、次第に思い出せる量が増えていった。これは実感できた。とはいえ、残念ながら、明晰夢を見るところまでは行きつけなかった。ラバージは、誰でも明晰夢を見られるようになると言うが、その真偽はいまのところは定かではない。しかし、明晰夢を見やすい人というのはたしかにいるらしい。訳者のまわりにも、よく見ると言う人が何人かいた。興味のある方はチャレンジしてみてはいかがだろうか。

夢をきっかけにして生まれたり、夢をテーマにした芸術作品は多い。本書内でも多数言及されているし、日本でも、「こんな夢を見た」という有名な書き出しではじまる夏目漱石の『夢十夜』や、黒澤明監督の「夢」など枚挙にいとまがない。黒澤監督は「人間は夢を見ているとき天才である」と言い、映画「夢」を撮るにあたっては、家族に「今日どんな夢を見た?」と毎日訊いていたという。しかし、こうした話はあくまでも芸術の世界の話であって、一般人の世間話としては、オチも脈絡もない夢の話はつまらないとする風潮がある。それは日本もアメリカも変わらないようだ。だが、それは歴史的に見て最近の現象だと著者は言う。人間は先史の時代から夢に意味を見いだし、コミュニケーションの手段として活用してきた。本書で述べられているように、夢の効用もたくさんある。しかも、科学的には今後、飛躍的に発展することが期待されている。人生の三分の一は眠って過ごすと言われているように、いずれにしても人間は眠りからも夢からも逃れることはできない。それならば、その時間を豊かなものにして、さらに起きている時間にも役立てられればいいではないか。読者のみなさんにとって、本書がそのきっかけになることを願っている。

二〇二〇年一月

原　注

はじめに

1. Stephen LaBerge and Howard Rheingold, *Exploring the World of Lucid Dreaming* (New York: Ballantine, 1990), 9.
2. Jayne Gackenbach, "An Estimate of Lucid Dreaming Incidence," *Lucidity* 10 (1991): 231; Michael Schredl and Daniel Erlacher, "Frequency of Lucid Dreaming in a Representative German Sample," *Perceptual and Motor Skills* 112, no. 1 (2011): 104–8, doi: 10.2466/09.PMS.112.1.104-108.
3. LaBerge and Rheingold, *Exploring the World of Lucid Dreaming*, 171.
4. William V. Harris, *Dreams and Experience in Classical Antiquity* (Cambridge, MA: Harvard University Press, 2009), 91.
5. David Burton, *Buddhism: A Contemporary Philosophical Investigation* (London: Routledge, 2017), 103.
6. M. Saurat et al., "Walking Dreams in Congenital and Acquired Paraplegia," *Consciousness and Cognition* 20, no. 4 (2011): 1425–32, doi: 10.1016/j.concog.2011.05.015.
7. Uma Majmudar, *Gandhi's Pilgrimage of Faith: From Darkness to Light* (Albany: State University of New York Press, 2005), 171.
8. Iain R. Edgar, *The Dream in Islam: From Qur'anic Tradition to Jihadist Inspiration* (New York: Berghahn, 2011), 66–70.
9. Patrick McNamara, "People Who Don't Dream Might Not Recall Their Dreams," *Psychology Today*, October 25, 2015, https://www.psychologytoday.com/blog/dream-catcher/201510/people-who-dont-dream-might-not-recall-their-dreams.
10. Stephen LaBerge, *Lucid Dreaming* (Los Angeles: J. P. Tarcher, 1985), e-text. ［『明晰夢――夢見の技法』、大林正博訳、春秋社、2005 年］
11. Simon Sherwood et al., "Dream Clairvoyance Study II Using Dynamic Video-Clips: Investigation of Consensus Voting Judging Procedures and Target Emotionality," *Dreaming* 10, no. 4 (2000): 221–36.
12. "American Academy of Sleep Medicine Accreditation: Facts 06 04 08," https://aasm.org/resources/factsheets/accreditation.pdf.
13. Lynn Celmer, "Demand for Treatment of Sleep Illness Is Up as Drowsy Americans Seek Help for Potentially Dangerous Conditions," American Academy

of Sleep Medicine, December 19, 2012, https://aasm.org/demand-for-treatment-of-sleep-illness-is-up-as-drowsy-americans-seek-help-for-potentially-dangerous-conditions/.

14. "$79.85 Billion Sleep Aids Market by Product and Sleep Disorder——Global Opportunity Analysis and Industry Forecast, 2017–2023——Research and Markets," *BusinessWire*, May 5, 2017, https://www.businesswire.com/news/home/20170505005558/en/79.85-Billion-Sleep-Aids-Market-Product-Sleep.
15. Jennifer M. Windt, *Dreaming: A Conceptual Framework for Philosophy of Mind and Empirical Research* (Cambridge, MA: MIT Press, 2015).

第１章　私たちは夢にどう向き合ってきたのか

1. Kelly Bulkeley, *Dreaming in the World's Religions: A Comparative History* (New York: NYU Press, 2008), 193.
2. Ibid., 27.
3. S. M. Oberhelman, "Galen on Diagnosis from Dreams," *Journal of the History of Medicine and Allied Sciences* 38 (1985): 37.
4. Naphtali Lewis, *The Interpretation of Dreams and Portents in Antiquity* (Mundelein, IL: Bolchazy-Carducci, 1976), 30.
5. Edward Tick, *The Practice of Dream Healing: Bringing Ancient Greek Mysteries into Modern Medicine* (Wheaton, IL: Quest Books, 2001), 127.
6. Ibid., 105.
7. Jonathan W. White, *Midnight in America: Darkness, Sleep, and Dreams During the Civil War* (Chapel Hill: University of North Carolina Press, 2017), 98.
8. Patrick McNamara and Kelly Bulkeley, "Dreams as a Source of Supernatural Agent Concepts," *Frontiers in Psychology* 6 (2015): 283, doi: 10.3389/fpsyg.2015.00283.
9. Richard Schweickert and Zhuangzhuang Xi, "Metamorphosed Characters in Dreams: Constraints of Conceptual Structure and Amount of Theory of Mind," *Cognitive Science* 34, no. 4 (2010): 665–84, doi: 10.1111/j.1551-6709.2009.01082.x.
10. Patrick McNamara, "Dreams and Revelations," *Aeon*, September 5, 2016.
11. Andrew Burstein, *Lincoln Dreamt He Died* (New York: St. Martin's Press, 2013), 48.
12. "Pre-History: Hypotheses About Dreams from Ancient Times to the End of the 19th Century," Freud Museum in London, https://www.freud.org.uk/education/topic/10576/subtopic/40021/.

13. Deirdre Barrett, *The Committee of Sleep: How Artists, Scientists, and Athletes Use Their Dreams for Creative Problem Solving——and How You Can Too* (New York: Crown, 2001), 163.
14. Sigmund Freud, *The Interpretation of Dreams*, trans. A. A. Brill (London: George Allen and Unwin, 1913).［『夢判断』、高橋義孝訳、新潮社、1969 年］
15. Milan Kundera, *Identity*, trans. Linda Asher (New York: Harper Perennial, 1997), 5.［『ほんとうの私』、西永良成訳、集英社、1997 年］
16. Robert Van de Castle, *Our Dreaming Mind* (New York: Ballantine, 1994), 141.
17. Carl Jung, *The Archetypes and the Collective Unconscious*, 2nd ed., trans. R.F.C. Hull (Princeton, NJ: Princeton University Press, 1981), 3.
18. Carl Jung, *Modern Man in Search of a Soul*, trans. W. S. Dell and Cary F. Baynes (Orlando: Harcourt, 1933), 19–21.
19. Philip Jenkins, *Dream Catchers: How Mainstream America Discovered Native Spirituality* (Oxford: Oxford University Press, 2004), 18, 96.
20. Anthony F. C. Wallace, "Dreams and the Wishes of the Soul: A Type of Psychoanalytic Theory Among the Seventeenth Century Iroquois," *American Anthropologist* 60, no.2 (1958): 235.
21. Francesco Gioseppe Bressani, *The Jesuit Relations and Allied Documents*, vol. 39, ed. Reuben Gold Thwaites (Cleveland: Burrows Brothers, 1899), 18.
22. Ibid., vol. 10, 169.
23. Jackson Steward Lincoln, *The Dream in Native American and Other Primitive Cultures* (Mineola, NY: Dover, 2003), 207–57.
24. Bulkeley, *Dreaming in the World's Religions*, 261.
25. Michele Stephen, "'Dreaming Is Another Power!': The Social Significance of Dreams Among the Mekeo of Papua New Guinea," *Oceania* 53, no. 2 (1982): 106–22.
26. Sylvie Poirier, "This Is Good Country. We Are Good Dreamers," in *Dream Travelers: Sleep Experiences and Culture in the Western Pacific*, ed. Roger Ivar Lohmann (New York: Palgrave Macmillan, 2003), 107–25.
27. William Merrill, "The Rarámuri Stereotype of Dreams," in *Dreaming: Anthropological and Psychological Interpretations*, ed. Barbara Tedlock (Santa Fe: School of American Research Press, 1992), 194, 203.
28. William G. Domhoff, "A Brief Biography of Calvin S. Hall," https://www2.ucsc.edu/dreams/About/calvin.html.
29. Calvin Hall and William Domhoff, "Friendliness in Dreams," *Journal of Social*

Psychology 62, no. 2 (1964): 309.
30. William Domhoff, "The Dreams of Men and Women: Patterns of Gender Similarity and Difference" (2005), https://www2.ucsc.edu/dreams/Library/domhoff_2005c.html.
31. William Domhoff, "The Content of Dreams: Methodologic and Theoretical Implications," in *Principles and Practices of Sleep Medicine*, 4th ed., ed. Meir Kryger et al. (Philadelphia: W. B. Saunders, 2005), 522–34.
32. 著者によるミルトン・クレイマーへのインタビュー（2017 年 7 月 6 日）。
33. William Domhoff, "Moving Dream Theory Beyond Freud and Jung," paper presented at the symposium "Beyond Freud and Jung?," Graduate Theological Union, Berkeley, California, September 23, 2000, https://www2.ucsc.edu/dreams/Library/domhoff_2000d.html.
34. David Foulkes, *Children's Dreaming and the Development of Consciousness* (Cambridge, MA: Harvard University Press, 1999).
35. Andrea Rock, *The Mind at Night: The New Science of How and Why We Dream* (New York: Basic Books, 2004), 32. ［『新装版 脳は眠らない――夢を生みだす脳のしくみ』、伊藤和子訳、武田ランダムハウスジャパン、2009 年］
36. Foulkes, *Children's Dreaming*, 57.
37. Ibid., 61.
38. Ibid., 160.
39. Ralph Greenson, "The Exceptional Position of the Dream in Psychoanalytic Practice," in *Essential Papers on Dreams*, ed. Melvin Lansky (New York: NYU Press, 1992), 84.
40. Rachel Aviv, "Hobson's Choice: Can Freud's Theory of Dream Hold Up Against Modern Neuroscience?", *Believer*, October 2007, https://www.believermag.com/issues/200710/?read=article_aviv.
41. J. Allan Hobson, *Dream Life: An Experimental Memoir* (Cambridge, MA: MIT Press, 2011), vii.
42. J. Allan Hobson and Robert McCarley, "The Brain as a Dream State Generator: An Activation-Synthesis Hypothesis of the Dream Process," *American Journal of Psychiatry* 134, no. 12 (1977): 1335–48.
43. J. Allan Hobson, *Thirteen Dreams Freud Never Had: The New Mind Science* (New York: Pi Press, 2005), 11.
44. Bruce K. Alexander and Curtis P. Shelton, *A History of Psychology in Western Civilization* (Cambridge: Cambridge University Press, 2014), 410.

45. Rock, *The Mind at Night*, 39.［『新装版 脳は眠らない――夢を生みだす脳のしくみ』、伊藤和子訳、武田ランダムハウスジャパン、2009 年］
46. John Edgar Coover, *Experiments in Psychical Research at Leland Stanford Junior University* (Palo Alto, CA: Stanford University Press, 1917), 31.
47. Robert Franklin Durden, *The Launching of Duke University, 1924–1949* (Durham, NC: Duke University Press, 1993), 114.
48. Hornell Norris Hart, *The Enigma of Survival: The Case for and Against an After Life* (Springfield, IL: C. C. Thomas, 1959), 236.
49. Jeff Wilson, *Mindful America: The Mutual Transformation of Buddhist Meditation and American Culture* (Oxford: Oxford University Press, 2014), 35.
50. Jenkins, *Dream Catchers*, 157.
51. Ibid., 18.
52. Ibid., 154.
53. Montague Ullman, "Dream Telepathy――Experimental and Clinical Findings", in *Lands of Darkness: Psychoanalysis and the Paranormal*, ed. Nick Totton (London: Karnac Books, 2003).
54. Stanley Krippner, "Anomalous Experiences and Dreams," in *The New Science of Dreaming*, vol.2, eds. Deirdre Barrett and Patrick McNamara (Westport, CT: Praeger Perspectives, 2007), 295.
55. Montague Ullman and Stanley Krippner, *Dream Telepathy: Experiments in Nocturnal Extrasensory Perception* (Newburyport, MA: Hampton Roads, 2003), 171.
56. Van de Castle, *Our Dreaming Mind*, 416–19.
57. 著者によるスタンリー・クリップナーへのインタビュー（2016 年 4 月 13 日）。
58. Gordon T. Thompson, "Federal Grant Supports ESP Dream Research at Maimonides," *New York Times*, November 25, 1973, https://www.nytimes.com/1973/11/25/archives/federal-grant-supports-esp-dream-reserach-at-maimonides.html.
59. Richard Wiseman, *Paranormality: Why We See What Isn't There* (N.P.: Spin Solutions, 2010), 144–46.［『超常現象の科学――なぜ人は幽霊が見えるのか』、木村博江訳、文藝春秋、2012 年］
60. John C. Barker, "Premonitions of the Aberfan Disaster," *Journal of the Society for Psychical Research* 44 (1967): 168–81.
61. Gennady Barabtarlo, *Insomniac Dreams: Experiments with Time by Vladimir Nabokov* (Princeton, NJ: Princeton University Press, 2017).

62. Sue Llewellyn, "Are Dreams Predictions?," *Aeon*, May 23, 2016, https://aeon.co/essays/how-dreams-predict-the-future-by-making-sense-of-the-past.
63. "Paul Tillich Dies; Theologian Was 79," *New York Times*, October 23, 1965, https://timesmachine.nytimes.com/timesmachine/1965/10/23/96719832.html?pageNumber=1.
64. Charlotte Beradt, *The Third Reich of Dreams* (Chicago: Quadrangle Books, 1968).
65. Bruno Bettelheim, ibid.
66. R. Wiseman, *Paranormality*, 150. [『超常現象の科学——なぜ人は幽霊が見えるのか』、木村博江訳、文藝春秋、2012 年]
67. Edward Belvedere and David Foulkes, "Telepathy and Dreams: A Failure to Replicate," *Perceptual and Motor Skills* 33, no. 3 (1971): 783, doi: 10.2466/pms.1971.33.3.783.
68. Caroline Watt, "Twenty Years at the Koestler Parapsychology Unit," *Psychologist* 19 (2006): 424–27.
69. Caroline Watt, "Precognitive Dreaming: Investigating Anomalous Cognition and Psychological Factors," *Journal of Parapsychology* 78, no. 1 (2014): 115–25.
70. Caroline Watt et al., "Psychological Factors in Precognitive Dream Experiences: The Role of Paranormal Belief, Selective Recall and Propensity to Find Correspondences," *International Journal of Dream Research* 7, no. 1 (2014): 1–8, doi: 10.11588/ijodr.2014.1.11218.

第 2 章　先駆者

1. Chip Brown, "The Stubborn Scientist Who Unraveled a Mystery of the Night," *Smithsonian*, October 2003, https://www.smithsonianmag.com/science-nature/the-stubborn-scientist-who-unraveled-a-mystery-of-the-night-91514538/.
2. 著者によるアーモンド・アゼリンスキーへのインタビュー (2017 年 7 月 14 日)。
3. Lynne Lamberg, "The Student, the Professor and the Birth of Modern Sleep Research," *Medicine on the Midway* (Spring 2004), http://www.uchospitals.edu/pdf/uch_006319.pdf.
4. Eugene Aserinsky, "Memories of Famous Neuropsychologists: The Discovery of REM," *Journal of the History of the Neurosciences* 5, no. 3 (1996): 213.
5. Anna Azvolinsky, "Cave Dwellers, 1938," *Scientist* (March 2016), https://www.the-scientist.com/?articles.view/articleNo/45359/title/Cave-Dwellers-1938/.
6. Aserinsky, "Memories of Famous Neuropsychologists," 214.

7. Eugene Aserinsky and Nathaniel Kleitman, “Regularly Occurring Periods of Eye Motility, and Concomitant Phenomena, During Sleep,” *Science* 118, no. 3062 (1953): 273.
8. Kate Murphy, “Catching Up on Sleep with Dr. William C. Dement,” *New York Times*, September 22, 2012, http://www.nytimes.com/2012/09/23/opinion/sunday/catching-up-on-sleep-with-dr-william-c-dement.html.
9. Dorian Rolston, “The Dream Catcher,” *Matter*, November 21, 2013, https://medium.com/matter/the-dream-catcher-c85e3bb29693.
10. Joan Libman, “Dr. Dreams: Stanford Scientist Stephen LaBerge Is Sleeping on the Idea that Dreams Are a Tool for Bettering Our Lives,” *Los Angeles Times*, November 15, 1988, http://articles.latimes.com/1988-11-15/news/vw-221_1_lucid-dream/2.
11. David Jay Brown, ed., *Mavericks of the Mind: Conversations for the New Millennium* (Emeryville, CA: Crossing Press, 1993).［『内的宇宙の冒険者たち——意識進化の現在形』、菅靖彦訳、八幡書店、1995 年］
12. 著者によるスティーヴン・ラバージへのインタビュー（2017 年 6 月 30 日）。
13. 著者によるスティーヴン・ラバージへのインタビュー（2016 年 9 月 30 日）。
14. LaBerge and Rheingold, *Exploring the World of Lucid Dreaming*, 67.
15. Bulkeley, *Dreaming in the World's Religions*, 100.
16. Celia Green, *Lucid Dreams* (Oxford: Institute of Psychophysical Research, 1968), 30.
17. Ibid., 51.
18. Ibid., 63.
19. Aristotle, “On Dreams,” in LaBerge, *Lucid Dreaming*.［『明晰夢——夢見の技法』、大林正博訳、春秋社、2005 年］
20. Philip Schaff, ed., *Nicene and Post-Nicene Fathers, First Series*, vol. 1, trans. J. G. Cunningham (Buffalo, NY: Christian Literature Publishing, 1887), 514.
21. LaBerge, *Lucid Dreaming*.［『明晰夢——夢見の技法』、大林正博訳、春秋社、2005 年］
22. Ibid.
23. Ibid.
24. Frederik van Eeden, *The Bride of Dreams*, trans. Mellie von Auw (New York: Mitchell Kennerley, 1913), 160.
25. LaBerge, *Lucid Dreaming*.［『明晰夢——夢見の技法』、大林正博訳、春秋社、2005 年］

26. 著者によるスティーヴン・ラバージへのインタビュー（2016年9月30日）。
27. Howard Roffwarg et al., "Dream Imagery: Relationship to Rapid Eye Movements of Sleep," *Archives of General Psychiatry* 7, no. 4 (1962): 235–58, doi: 10.1001/archpsyc.1962.01720040001001.
28. William C. Dement, *Some Must Watch While Some Must Sleep: Exploring the World of Sleep* (New York: Norton, 1972), 118. ［『夜明かしする人、眠る人』、大熊輝雄訳、みすず書房、1975年］
29. Roffwarg et al., "Dream Imagery."
30. Stephen LaBerge, presentation at Dreaming and Awakening, Kalani Oceanside Retreat, Hawaii, September 25, 2016.
31. Stephen LaBerge et al., "Lucid Dreaming Verified by Volitional Communication During REM Sleep," *Perceptual and Motor Skills* 52 (1981): 727–32.
32. 著者によるパトリシア・ガーフィールドへのインタビュー（2017年9月23日）。
33. 著者によるエリン・ワムズリーへのインタビュー（2015年11月5日）。
34. 著者によるスティーヴン・ラバージへのインタビュー（2017年6月30日）。
35. LaBerge et al., "Lucid Dreaming Verified," 731.
36. 著者によるスティーヴン・ラバージへのインタビュー（2017年6月30日）。
37. LaBerge, presentation at Dreaming and Awakening.
38. Jacqueline Carroy, "Observer, Raconter ou Ressusciter Les Reves?," *Communications* 84 (2009): 139.
39. Stephen LaBerge and William Dement, "Lateralization of Alpha Activity for Dreamed Singing and Counting During REM Sleep," *Psychophysiology* 19 (1982): 331–32.
40. LaBerge and Rheingold, *Exploring the World of Lucid Dreaming*, 107.
41. Stephen LaBerge et al., "Physiological Responses to Dreamed Sexual Activity During Lucid REM Sleep," *Psychophysiology* 20 (1993): 454–55.
42. Libman, "Dr. Dreams."

第3章　夢は研究室へ

1. 著者によるマシュー・ウィルソンへのインタビュー（2017年3月16日）。
2. Johannes Niediek and Jonathan Bain, "Human Single-Unit Recordings Reveal a Link Between Place-Cells and Episodic Memory," *Frontiers in Systems Neuroscience* 8 (2014): 158.
3. 著者によるハンナ・ワートシャフターへのインタビュー（2017年4月5日）。
4. "Wilson Lab @ MIT," Massachusetts Institute of Technology, http://www.mit.

edu/org/w/wilsonlab/html/publications.html.

5. E. A. Maguire et al., "London Taxi Drivers and Bus Drivers: A Structural MRI and Neuropsychological Analysis," *Hippocampus* 16, no. 12 (2006): 1091.
6. Robert Stickgold et al., "Replaying the Game: Hypnagogic Images in Normals and Amnesics," *Science* 290, no. 5490 (2000): 350–53, doi: 10.1126/science.290.5490.350.
7. 著者によるロバート・スティックゴールドへのインタビュー（2017年3月13日）。
8. 著者によるデイヴィッド・ロッデンベリーへのインタビュー（2017年3月22日）。
9. 著者によるジョゼフ・デ・コーニンクへのインタビュー（2017年3月30日）。
10. Joseph De Koninck et al., "Intensive Language Learning and Increases in Rapid Eye Movement Sleep: Evidence of a Performance Factor," *International Journal of Psychophysiology* 8, no. 1 (1989): 43–47.
11. Joseph De Koninck et al., "Language Learning Efficiency, Dreams and REM Sleep," *Psychiatric Journal of the University of Ottawa* 15, no. 2 (1990): 91–92.
12. Joseph De Koninck et al., "Vertical Inversion of the Visual Field and REM Sleep Mentation," *Journal of Sleep Research* 5, no. 1 (1996): 16–20.

第4章　睡眠研究のルネサンス

1. "Conferences and Events Archive," International Association for the Study of Dreams, http://www.asdreams.org/conferences-and-events-archive/.
2. "Books Reviewed in DreamTime," International Association for the Study of Dreams, http://www.asdreams.org/books-reviewed-in-dreamtime/.
3. Slavoj Zizek, *Trouble in Paradise: From the End of History to the End of Capitalism* (New York: Melville House, 2014).
4. "Lecturer Wins Prestigious International Award for Research into Lucid Dreams," University of Northampton, https://www.northampton.ac.uk/news/david-saunders-ernest-hartmann-award/.
5. "Michael Schredl: Sleep Laboratory: Central Institute of Mental Health," Google Scholar, https://scholar.google.com/citations?hl=de&user=YNIpIfMAAAAJ&view_op=list_works&sortby=pubdate.
6. Patricia Sagaspe et al., "Effects of Sleep Deprivation on Color-Word, Emotional and Specific Stroop Interference and on Self-Reported Anxiety," *Brain and Cognition* 60, no. 1 (2006): 76.
7. Daniel E. Ford et al., "Epidemiological Study of Sleep Disturbances and Psychiatric Disorders: An Opportunity for Prevention?," *Journal of the American*

Medical Association 262, no. 11 (1989): 1479.

8. Najib Tayas et al., "A Prospective Study of Sleep Duration and Coronary Heart Disease in Women," *Journal of the American Medical Association Internal Medicine* 163, no. 2 (2003): 205.
9. Sanjay R. Patel and Frank B. Hu, "Short Sleep Duration and Weight Gain: A Systematic Review," *Obesity* 16, no. 3 (2008): 643.
10. A. M. Williamson and Anne-Marie Feyer, "Moderate Sleep Deprivation Produces Impairments in Cognitive and Motor Performance Equivalent to Legally Prescribed Levels of Alcohol Intoxication," *Occupational and Environmental Medicine* 57, no. 10 (2000): 649.
11. Matthew Walker, *Why We Sleep: Unlocking the Power of Sleep and Dreams* (New York: Scribner, 2017), 134. ［『睡眠こそ最強の解決策である』、桜田直美訳、SBクリエイティブ、2018年］
12. Steven W. Lockley et al., "Effect of Reducing Interns' Weekly Work Hours on Sleep and Attentional Failures," *New England Journal of Medicine* 351 (2004): 1829–37.
13. Christopher P. Landrigan et al., "Effect of Reducing Interns' Work Hours on Serious Medical Errors in Intensive Care Units," *New England Journal of Medicine* 351 (2004): 1838.
14. N. A. Jessen et al., "The Glymphatic System: A Beginner's Guide," *Neurochemical Research* 40, no. 12 (2015): 2583.
15. Andy R. Eugene and Jolanta Masiak, "The Neuroprotective Aspects of Sleep," *MEDtube Science* 3, no. 1 (2015): 35.
16. Michele Bellesi et al., "Effects of Sleep and Wake on Oligodendrocytes and Their Precursors," *Journal of Neuroscience* 33, no. 36 (2013): 14288, doi: 10.1523/JNEUROSCI.5102-12.2013.
17. E. Van Cauter and L. Plat, "Physiology of Growth Hormone During Sleep," *Journal of Pediatrics* 128, no. 5 (1996): S32.
18. Alexandros N. Vgontzas, "Sleep Deprivation Effects on the Activity of the Hypothalamic-Pituitary-Adrenal and Growth Axes: Potential Clinical Implications," *Clinical Endocrinology* 51 (1999), doi: 10.1046/j.1365-2265.1999.00763.x.
19. "Sleep and Disease Risk," Division of Sleep Medicine at Harvard Medical School, http://healthysleep.med.harvard.edu/healthy/matters/consequences/sleep-and-disease-risk.

20. Ibid.
21. G. Halser et al., "The Association Between Short Sleep Duration and Obesity in Young Adults: A 13-Year Prospective Study," *Sleep* 27, no. 4 (2004): 661.
22. D. J. Gottlieb et al., "Association of Sleep Time with Diabetes Mellitus and Impaired Glucose Tolerance," *Archives of Internal Medicine* 165, no. 8 (2005): 863.
23. Els van der Helm et al., "REM Sleep De-Potentiates Amygdala Activity to Previous Emotional Experiences," *Current Biology* 21, no. 23 (2011): 2029, doi: 10.1016/j.cub.2011.10.052.
24. Annie Gordon, "Up All Night: The Effects of Sleep Loss on Mood," *Psychology Today*, August 15, 2013, https://www.psychologytoday.com/blog/between-you-and-me/201308/all-night-the-effects-sleep-loss-mood.
25. Haruki Murakami, "Sleep," trans. Jay Rubin, *New Yorker*, March 30, 1992, 34. [「眠り」、『TVピープル』所収、文藝春秋、1990年]
26. Gay Gaer Luce, "Sleep Deprivation," *Current Research on Sleep and Dreams* (Washington, DC: Public Health Service Publication no. 1389, 1973).
27. "Stay-Awake Man Half Way to Goal," *New York Times*, January 25, 1959.
28. Geoff Rolls, *Classic Case Studies in Psychology*, 3rd ed. (London: Routledge, 2015), 251–52.
29. "Secrets of Sleep――Sleep Deprivation――Peter Tripp Part 2/2," YouTube video, posted November 26, 2012, https://www.you tube.com/watch?v=2tlsB00X z4E.
30. Shankar Vedantam, "The Haunting Effects of Going Without Sleep," *Morning Edition*, NPR, December 27, 2017.
31. Rolls, *Classic Case Studies*, 253–56.
32. Michael Horsnell, "Man Who Stayed Up for 266 Hours Awakes to Bad News," *Irish Independent*, May 26, 2007, https://www.independent.ie/world-news/man-who-stayed-up-for-266-hours-awakes-to-bad-news-about-the-record-26293322.html.
33. Robbert Havekes et al., "Sleep Deprivation Causes Memory Deficits by Negatively Impacting Neuronal Connectivity in Hippocampal Area CA1," *eLife* 5 (2016): 13424, doi: 10.7554/eLife.13424.
34. Paula Alhola and Paivi Polo-Kantola, "Sleep Deprivation: Impact on Cognitive Performance," *Neuropsychiatric Disease and Treatment* 3, no. 5 (2007): 553.
35. Nam Nguyen et al., "Overnight Sleep Enhances Hippocampus-Dependent Aspects of Spatial Memory," *Sleep* 36, no. 7 (2013): 1051, doi: 10.5665/sleep.2808.

36. Yusuf Patrick et al., "Effects of Sleep Deprivation on Cognitive and Physical Performance in University Students," *Sleep and Biological Rhythms* 15, no. 3 (2017): 217, doi: 10.1007/s41105-017-0099-5.

37. Shelley Hershner and Ronald Chervin, "Causes and Consequences of Sleepiness Among College Students," *Nature and Science of Sleep* 6 (2014): 73, doi: 10.2147/NSS.S62907.

38. Eric Ride and Mark Showalter, "Sleep and Student Achievement," *Eastern Economic Journal* 38, no. 4 (2012): 512.

39. Christie Nicholson, "Strange but True: Less Sleep Means More Dreams," *Scientific American*, September 20, 2007, https://www.scientificamerican.com/article/strange-but-true-less-sleep-means-more-dreams/.

40. A. Rechtschaffen and B. M. Bergmann, "Sleep Deprivation in the Rat by the Disk-Over-Water Method," *Behavioral Brain Research* 69, no. 2 (1995): 55.

41. William Dement, "The Paradox of Sleep: The Early Years," *Archives Italiennes de Biologie* 142 (2004): 340–41.

42. Heather Schofield, "Development and Behavioral Economics Lab in Chennai, India," Center for Global Health at the Perelman School of Medicine-University of Pennsylvania, https://www.med.upenn.edu/globalhealth/development-and-behavioral-economics-lab-in-chennai-india.html.

第5章　夢で問題を解決する

1. Barrett, *The Committee of Sleep*, 164–66.

2. Ibid., 163–64.

3. Ibid., 170–75.

4. Morton Schatzman, "The Meaning of Dreaming," *New Scientist*, December 25, 1986.

5. 著者によるロバート・スティックゴールドへのインタビュー（2017年3月13日）。

6. Randy L. Buckner et al., "The Brain's Default Network: Anatomy, Function, and Relevance to Disease," *Annals of the New York Academy of Sciences* 1124, no. 1 (2008): 2.

7. A. Sood and D. T. Jones, "On Mind Wandering, Attention, Brain Networks, and Meditation," *Explore* 9, no. 3 (2013): 136.

8. Roger E. Beaty et al., "Creativity and the Default Network: A Functional Connectivity Analysis of the Creative Brain at Rest," *Neuropsychologia* 64 (2014): 92, doi: 10.1016/j.neuropsychologia.2014.09.019.

9. Kieran C. R. Fox et al., "Dreaming as Mind Wandering: Evidence from Functional Neuroimaging and First-Person Content Reports," *Frontiers in Human Neuroscience* 7 (2013): 412, doi: 10.3389/fnhum.2013.00412.
10. Robert Stickgold et al., "Sleep-Induced Changes in Associative Memory," *Journal of Cognitive Neuroscience* 11, no. 2 (1999): 182–93.
11. Ernest Schachtel, *Metamorphosis: On the Conflict of Human Development and the Psychology of Creativity* (New York: Basic Books, 1959), 308.
12. Michael Schredl and Iris Reinhard, "Gender Differences in Dream Recall: A Meta-Analysis," *Journal of Sleep Research* 17, no. 2 (2008): 125, doi: 10.1111/j.1365-2869.2008.00626.x.
13. Tore Nielsen, "Variations in Dream Recall Frequency and Dream Theme Diversity by Age and Sex," *Frontiers in Neurology* 3 (2012): 106, doi: 10.3389/fneur.2012.00106.
14. Michael Schredl et al., "Dream Recall Frequency, Attitude Towards Dreams and Openness to Experience," *Dreaming* 13, no. 3 (2003): 145, doi: https://doi.org/10.1023/A:1025369311813.
15. J. Houran and R. Lange, "Modeling Precognitive Dreams as Meaningful Coincidences," *Psychological Reports* 83, no. 3, pt. 2 (1998): 1411, doi: 10.2466/pr0.1998.83.3f.1411.
16. Joshua Jackson et al., "Can an Old Dog Learn (and Want to Experience) New Tricks? Cognitive Training Increases Openness to Experience in Older Adults," *Psychology and Aging* 27, no. 2 (2012): 286, doi: 10.1037/a0025918.
17. Diana Yates, "Enhancing Cognition in Older Adults Also Changes Personality," University of Illinois News Bureau, January 18, 2012, https://news.illinois.edu/view/6367/205159.
18. Jeremy Taylor, *The Wisdom of Your Dreams: Using Dreams to Tap into Your Unconscious and Transform Your Life* (New York: Penguin, 1992), 61.
19. Maia Szalavitz, "Sleeping It Off: How Alcohol Affects Sleep Quality," *Healthland* (blog), *Time*, February 8, 2013, http://healthland.time.com/2013/02/08/sleeping-it-off-how-alcohol-affects-sleep-quality/.
20. Matthew Ebben et al., "Effects of Pyridoxine on Dreaming: A Preliminary Study," *Perceptual and Motor Skills* 94, no. 1 (2002): 135, doi: https://doi.org/10.2466/pms.2002.94.1.135.
21. 著者によるメグ・ジェイへのインタビュー（2017 年 7 月 6 日）。
22. Henry Reed, "Learning to Remember Dreams," *Journal of Humanistic*

Psychology 13, no. 3 (1973): 33–48, doi: 10.1177/002216787301300305.

23. Amy R. Parke and Caroline L. Horton, "A Re-Examination of the Interference Hypothesis on Dream Recall and Dream Salience," *International Journal of Dream Research* 2, no. 2 (2009): 60–63, doi: https://doi.org/10.11588/ijodr.2009.2.364.
24. Taylor, *The Wisdom of Your Dreams*, 72.
25. Rubin Naiman, "Dreamless: The Silent Epidemic of REM Sleep Loss," *Annals of the New York Academy of Sciences* 1406 (2017): 80.
26. Deirdre Barrett, "What Processes in the Brain Allow You to Remember Dreams?," *Scientific American Mind* 25, June 12, 2014, https://www.scientificamerican.com/article/what-processes-in-the-brain-allow-you-to-remember-dreams/.
27. Mark Solms, *The Brain and the Inner World: An Introduction to the Neuroscience of Subjective Experience* (New York: Other Press, 2002), 183.［『脳と心的世界――主観的経験のニューロサイエンスへの招待』、平尾和之訳、星和書店、2007年］
28. Barrett, *The Committee of Sleep*, 68–69.
29. Ibid., 66–67.
30. Ibid., 30.
31. Ibid.
32. Rock, *The Mind at Night*, 147.［『新装版 脳は眠らない――夢を生みだす脳のしくみ』、伊藤和子訳、武田ランダムハウスジャパン、2009年］
33. Barrett, *The Committee of Sleep*, 40.
34. Ibid., 46.
35. Kelly Bulkeley, *Big Dreams: The Science of Dreaming and the Origins of Religion* (Oxford: Oxford University Press, 2016), 83.
36. Michaela Schrage-Früh, *Philosophy, Dreaming and the Literary Imagination* (New York: Palgrave Macmillan, 2016), 55–56.
37. Bulkeley, *Dreaming in the World's Religions*, 15.
38. David Watson, "To Dream, Perchance to Remember: Individual Differences in Dream Recall," *Personality and Individual Differences* 34, no. 7 (2003): 1271, doi: 10.1016/S0191-8869(02)00114-9.
39. James Pagel et al., "Dream Use in Filmmaking," *Dreaming* 9, no. 4 (1999): 247.
40. 著者によるジェームズ・パジェルへのインタビュー（2017年3月29日）。
41. Charles Simic, "Dreams I've Had (and Some I Haven't)," *Daily* (blog), *New York Review of Books*, January 24, 2013, http://www.nybooks.com/daily/2013/01/24/

simic-dreams-had/.
42. Barrett, *The Committee of Sleep*, 43.
43. Ibid., 5–6.
44. Ibid., 63.
45. Salvador Dalí, *Fifty Secrets of Magic Craftsmanship*, trans. Haakon M. Chevalier (Mineola, NY: Dover, 1948).［『ダリ――私の 50 の秘伝』、音土知花訳、マール社、2009 年］
46. Maria Konnikova, "How to Beat Writer's Block," NewYorker.com, March 11, 2016, https://www.newyorker.com/science/maria-konnikova/how-to-beat-writers-block.
47. Kay Redfield Jamison, *Night Falls Fast: Understanding Suicide* (New York: Vintage, 2000), 98.［『早すぎる夜の訪れ――自殺の研究』、亀井よし子訳、新潮社、2001 年］
48. Norman Sherry, *The Life of Graham Greene, Volume One: 1904–1939* (New York: Penguin, 1989), 92.
49. Yvonne Cloetta, foreword to Graham Greene, *A World of My Own: A Dream Diary* (New York: Viking, 1992).
50. Graham Greene, *The End of the Affair* (New York: Penguin, 1951), 19.［『情事の終り』、上岡伸雄訳、新潮社、2014 年］
51. Naomi Epel, *Writers Dreaming* (New York: Carol Southern Books, 1993), 26.［『夢をみる作家たち』、柴田裕之監訳、バベル・プレス、2001 年］
52. Patrick Lauppe, "Trial: A Conversation with Kathryn Davis," blog, *Harvard Advocate*, March 3, 2014, http://theharvardadvocate.com/blog/post/2014-3-7-trial-a-conversation-with-kathryn-davis/.
53. Epel, *Writers Dreaming*, 137–38.［『夢をみる作家たち』、柴田裕之監訳、バベル・プレス、2001 年］
54. Barrett, *The Committee of Sleep*, 90–92.
55. Otto Loewi, *From the Workshop of Discoveries* (Lawrence: University of Kansas Press, 1953), 33.
56. *A Brilliant Madness: John Nash*, directed by Mark Samels (PBS, 2002), documentary film transcript, https://cosmolearning.org/documentaries/a-brilliant-madness-john-nash-620/1/.

第 6 章　夢で人生の危機に備える

1. Antti Revonsuo, "The Reinterpretation of Dreams: An Evolutionary Hypothesis

of the Function of Dreaming," *Behavioral and Brain Sciences* 23 (2000): 877.

2. Dolores Martinez-Gonzalez et al., "REM Sleep Deprivation Induces Changes in Coping Responses that are not Reversed by Amphetamine," *Sleep* 27, no. 4 (2004): 609.
3. Isabelle Arnulf et al., "Will Students Pass a Competitive Exam that They Failed in Their Dreams?," *Consciousness and Cognition* 29 (2014): 36, doi: 10.1016/j.concog.2014.06.010.
4. Ibid., 46.
5. Michael Schredl, "Personality Correlates of Flying Dreams," *Imagination, Cognition and Personality* 27, no. 2 (2007): 135, doi: 10.2190/IC.27.2.d.
6. Frederick L. Coolidge et al., *Dream Interpretation as a Psychotherapeutic Technique* (Boca Raton: CRC Press, 2006), 112.
7. Ibid., 28.
8. Richard Griffith et al., "The Universality of Typical Dreams: Japanese vs. Americans," *American Anthropologist* 60, no. 6 (1958): 1173, doi: 10.1525/aa.1958.60.6.02a00110.
9. Ibid., 1177.
10. Aron Moss, "What Does It Mean When You Dream Your Teeth Are Falling Out?" Chabad-Lubavitch Media Center, https://www.chabad.org/library/article_cdo/aid/2842585/jewish/What-Does-It-Mean-When-You-Dream-Your-Teeth-Are-Falling-Out.htmb.
11. Coolidge, *Dream Interpretation*, 115.
12. Frank J. Sulloway, *Freud, Biologist of the Mind: Beyond the Psychoanalytic Legend* (Cambridge, MA: Harvard University Press, 1979), 344.
13. Van de Castle, *Our Dreaming Mind*, 340.
14. "Teeth Dreams," DreamDictionary.org, https://www.dream-dictionary.org/common/teeth-dreams/.
15. "Common Dreams: Teeth Dreams," Dream Moods, http://www.dreammoods.com/commondreams/teeth-dreams.html.
16. "Dreams About Teeth," DreamLookup.com, http://www.dreamlookup.com/index.php/search/level1/Teeth/.
17. Frederick Coolidge, "The Loss of Teeth in Dreams: An Empirical Investigation," *Psychological Reports* 54, no. 3 (1984): 931–35, doi: 10.2466/pr0.1984.54.3.931.
18. A. H. Pantoja et al., "Assessment of the Adaptive Value of Dreams," paper presented at the annual Society for Neurosci ence Conference, Chicago, Illinois,

October 19, 2009, http:// www.abstractsonline.com/Plan/ViewAbstract.aspx?sKey=93f119e2-d112-481c-bf0e-c8e3a9ba665f&cKey=f1e4632c-97be-41ad-a1dd-7f5727445b-c6&mKey=%7b081F7976-E4CD-4F3D-A0AF-E8387992A658%7d.1173.
19. Ewen Callaway, "Dreams of Doom Help Gamers Learn," *New Scientist*, October 30, 2009, https://www.newscientist.com/article/dn18082-dreams-of-doom-help-gamers-learn/.
20. Erin Wamsley et al., "Dreaming of a Learning Task Is Associated with Enhanced Sleep-Dependent Memory Consolidation," *Current Biology* 20, no. 9 (2010): 850–55.
21. 著者によるエリン・ワムズリーへのインタビュー（2015年11月6日）。
22. Louis Breger, Ian Hunter, and Ron Lane, *The Effect of Stress on Dreams* (New York: International Universities Press, 1971), 179.
23. G. William Domhoff, "Realistic Simulation and Bizarreness in Dream Content: Past Findings and Suggestions for Future Research," in *The New Science of Dreaming: Content, Recall, and Personality Characteristics*, vol. 2 (Westport, CT: Praeger Press, 2007), 4–5.
24. Robert Stickgold, Allan Hobson, and Cynthia Rittenhouse, "Constraint on the Transformation of Characters, Objects, and Settings in Dream Reports," *Consciousness and Cognition* 3, no. 1 (1994): 100.
25. Antti Revonsuo and Christina Salmivalli, "A Content Analysis of Bizarre Elements in Dreams," *Dreaming* 5, no. 3 (1995): 169.
26. Maria M. Wong et al., "Childhood Sleep Problems, Response Inhibition, and Alcohol and Drug Outcomes in Adolescence and Young Adulthood," *Alcoholism: Clinical and Experimental Research* 34, no. 6 (2010): 1033.
27. C. L. Turvey et al., "Risk Factors for Late-Life Suicide: A Prospective, Community-Based Study," *American Journal of Geriatric Psychiatry* 10, no. 4 (2002): 398.
28. Andrea N. Goldstein-Piekarski et al., "Sleep Deprivation Impairs the Human Central and Peripheral Nervous System Discrimination of Social Threat," *Journal of Neuroscience* 35, no. 28 (2015): 10135, doi: https://doi.org/10.1523/jneurosci.5254-14. 2015.
29. Anastasia Mangiaruga et al., "Spotlight on Dream Recall: The Ages of Dreams," *Nature and Science of Sleep* 10 (2018): 1–12, doi: 10.2147/NSS.S135762.
30. Milton Kramer et al., "Depression: Dreams and Defenses," *American Journal of*

Psychiatry 122, no. 4 (1965): 411–19.
31. Deirdre Barrett and Michael Loeffler, “Comparison of Dream Content of Depressed vs. Nondepressed Dreamers,” *Psychological Reports* 70, no. 2 (1992): 403–6.
32. Domhoff, “The Content of Dreams.”
33. Nell Casey, ed., *Unholy Ghost: Writers on Depression* (New York: Harper Perennial, 2002).
34. Ibid., 9.
35. Ibid., 236.
36. Styron in Epel, *Writers Dreaming*, 277. [『夢をみる作家たち』、柴田裕之監訳、バベル・プレス、2001 年]
37. “Natural Patterns of Sleep,” Division of Sleep Medicine at Harvard Medical School and WGBH Educational Foundation, http://healthysleep.med.harvard.edu/healthy/science/what/sleep-patterns-rem-nrem.
38. Maria Popova, “Dreaming, Depression, and How Sleep Affects Emotions,” Atlantic, August 13, 2012, https://www.theatlantic.com/health/archive/2012/08/dreaming-depression-and-how-sleep-affects-emotions/261051/.
39. Rosalind Cartwright et al., “Role of REM Sleep and Dream Variables in the Prediction of Remission from Depression,” *Psychiatry Research* 80, no. 3 (1998): 249–255, doi: 10.1016/S0165-1781(98)00071-7.
40. Walker, *Why We Sleep*, 211. [『睡眠こそ最強の解決策である』、桜田直美訳、SB クリエイティブ、2018 年]
41. Rosalind Cartwright, “Dreams and Adaptation to Divorce,” in *Trauma and Dreams*, ed. Deirdre Barrett (Cambridge, MA: Harvard University Press, 2001), 179–85.
42. Rosalind Cartwright et al., “Broken Dreams: A Study of the Effects of Divorce and Depression on Dream Content,” *Psychiatry* 47, no. 3 (1984): 251–59, doi: 10.1080/00332747.1984.11024246.
43. Scott Wright et al., “The Impact of Dreams of the Deceased on Bereavement: A Survey of Hospice Caregivers,” *American Journal of Hospice and Palliative Medicine* 31, no. 2 (2014): 132, doi: 10.1177/1049909113479201.
44. Joan Didion, *The Year of Magical Thinking* (New York: Vintage, 2005), 159. [『悲しみにある者』、池田年穂訳、慶応義塾大学出版会、2011 年]
45. Eric Homberger, “Obituary: John Gregory Dunne,” *Guardian*, January 2, 2004, https://www.theguardian.com/news/2004/jan/02/guardianobituaries.

booksobituaries.
46. Didion, *Year of Magical Thinking*, 161.［『悲しみにある者』、池田年穂訳、慶応義塾大学出版会、2011 年］
47. Michael Schredl and Hildegard Engelhardt, "Dreaming and Psychopathology: Dream Recall and Dream Content of Psychiatric Inpatients," *Sleep and Hypnosis* 3, no. 1 (2001): 44.
48. Patricia Garfield, "Dreams in Bereavement," in *Trauma and Dreams*, 186–211.
49. Philip Roth, *Patrimony: A True Story* (New York: Vintage, 1996), 237.［『父の遺産』、柴田元幸訳、集英社、2009 年］
50. Deirdre Barrett, "Through a Glass Darkly: Images of the Dead in Dreams," *Omega: Journal of Death and Dying* 24, no. 2 (1992): 97–108, doi: 10.2190/H9G7-7AK5-15TF-2AWA.
51. Daphne Merkin, *This Close to Happy: A Reckoning with Depression* (New York: Farrar, Straus and Giroux, 2017), 223.
52. Alice van Harten, "Socrates on Life and Death (Plato, Apology 40C5–41C7)," *Cambridge Classical Journal* 57 (2011): 165–83, doi: 10.1017/S1750270500001317.
53. Yisroel Cotlar, "The Kabbalah of Sleep," Chabad-Lubavitch Media Center, http://www.chabad.org/library/article_cdo/aid/559460/jewish/The-Kabbalah-of-Sleep.htm.
54. Burstein, *Lincoln Dreamt He Died*, 242.
55. 著者によるシェーン・マッカリスティンへのインタビュー（2015 年 11 月 5 日）。
56. Kelly Bulkeley and Patricia Bulkley, *Dreaming Beyond Death: A Guide to Pre-Death Dreams and Visions* (Boston: Beacon Press, 2006), 18.［『死のまぎわに見る夢』、秋田恭子、木村和喜子訳、講談社、2006 年］
57. Christopher Kerr et al., "End-of-Life Dreams and Visions: A Longitudinal Study of Hospice Patients' Experiences," *Journal of Palliative Medicine* 17, no. 3 (2014): 296, doi: 10.1089/jpm.2013.0371.
58. Wojciech Owczarski, "Therapeutic Effects of the Dreams of Nursing Home Residents in Poland," *Dreaming* 24, no. 4 (2014): 270–78.
59. Katie Roiphe, *The Violet Hour* (New York: Random House, 2016), 233.
60. Ibid., 251–52.
61. Bulkeley and Bulkley, *Dreaming Beyond Death*, 1–3.［『死のまぎわに見る夢』、秋田恭子、木村和喜子訳、講談社、2006 年］
62. Kay Turner, *I Dream of Madonna: Women's Dreams of the Goddess of Pop* (San Francisco: Collins Publishers, 1993).［『マドンナを夢みて――女性たちの夢に

現われたポップスの女神』、中谷ハルナ訳、同朋舎出版、1994 年]
63. Ibid., 58.
64. Ibid., 83.
65. Ernest Hartmann, “Outline for a Theory on the Nature and Functions of Dreaming,” *Dreaming* 6 (1996): 147–54, doi: 10.1037/h0094452.
66. Deirdre Barrett, “Night Wars,” paper presented at the International Association for the Study of Dreams, Tufts University, May 2002.
67. Daniel Freeman and Jason Freeman, “Dispelling the Nightmares of Post-Traumatic Stress Disorder,” *Guardian*, April 17, 2014, https://www.theguardian.com/science/blog/2014/apr/17/post-traumatic-stress-disorder-ptsd-cbt.
68. Alan Siegel, “Dreams of Firestorm Survivors,” in *Trauma and Dreams*, 159–76.
69. Angela DeDonato, Kathryn Belicki, and Marion Cuddy, “Raters' Ability to Identify Individuals Reporting Sexual Abuse from Nightmare Content,” *Dreaming* 6, no. 1 (1996): 33–41, doi: 10.1037/h0094444.
70. Marion Cuddy and Kathryn Belicki, “Nightmare Frequency and Related Sleep Disturbance as Indicators of a History of Sexual Abuse,” *Dreaming* 2, no. 1 (1992): 15, doi: 10.1037/h0094344.
71. Erin Wamsley and Robert Stickgold, “Dreaming and Offline Memory Processing,” *Current Biology* 20, no. 23 (2010): R1010, doi: 10.1016/j.cub.2010.10.045.
72. Raija-Leena Punamaki et al., “Trauma, Dreaming, and Psychological Distress Among Kurdish Children,” *Dreaming* 15, no. 3 (2005): 178.
73. Daniel Erlacher and Michael Schredl, “Dreams Reflect Waking Sport Activities: A Comparison of Sport and Psychology Students,” *International Journal of Sport Psychology* 35, no. 4 (2004): 301.
74. “IRBS: A Brief History,” Brandeis University, http://www.brandeis.edu/ora/compliance/irb/101/history.html.
75. Edward Tauber et al., “The Effects of Longstanding Perceptual Alterations on the Hallucinatory Content of Dreams,” *Psychophysiology* 5, no. 2 (1968): 219.
76. Constance Bowe-Anders et al., “Effects of Goggle-Altered Color Perception on Sleep,” *Perceptual and Motor Skills* 38, no. 1 (1974): 191–98.
77. Peter Wortsman, “Howard Roffwarg: A Scientific Champion of Sleep,” *Journal of the College of Physicians and Surgeons of Columbia University* 19, no. 2 (1999), http://www.cumc.columbia.edu/psjournal/archive/archives/jour_v19no2/profile.html.

78. Rock, *The Mind at Night*, 92–93. [『新装版 脳は眠らない――夢を生みだす脳のしくみ』、伊藤和子訳、武田ランダムハウスジャパン、2009 年]
79. White, *Midnight in America*, xvi.
80. Ibid., xxiii, 34.
81. Viktor Frankl, *Man's Search for Meaning: An Introduction to Logotherapy*, trans. Ilse Lasch (New York: Washington Square Press, 1960), 40. [『夜と霧 新版』、池田香代子訳、みすず書房、2002 年]
82. Wojciech Owczarski, "Therapeutic Dreams in Auschwitz," *Jednak Ksiazki* 6 (2016): 85–92.
83. Ioana Cosman et al., "Rational and Irrational Beliefs and Coping Strategies Among Transylvanian Holocaust Survivors: An Exploratory Analysis," *Journal of Loss and Trauma* 18, no. 2 (2013): 179–94, doi: 10.1080/15325024.2012.687322.
84. Gaetan de Lavilléon et al., "Explicit Memory Creation During Sleep Demonstrates a Causal Role of Place Cells in Navigation," *Nature Neuroscience* 18 (2015): 493–95.
85. Anna Azvolinsky, "Modifying Memories During Sleep," *Scientist*, March 9, 2015, https://www.the-scientist.com/?articles.view/articleNo/42362/title/Modifying-Memories-During-Sleep/.
86. Patricia Garfield, *The Healing Power of Dreams* (New York: Simon and Schuster, 1991), 187.

第 7 章　悪　夢

1. Michael Schredl et al., "Longitudinal Study of Nightmares in Children: Stability and Effect of Emotional Symptoms," *Child Psychiatry and Human Development* 40, no. 3 (2009): 439–49.
2. Brant Hasler and Anne Germain, "Correlates and Treatments of Nightmares in Adults," *Sleep Medicine Clinics* 4, no. 4 (2009): 507, doi: 10.1016/j.jsmc.2009.07.012.
3. Michael Schredl, "Nightmare Frequency and Nightmare Topics in a Representative German Sample," *European Archives of Psychiatry and Clinical Neuroscience* 260, no. 8 (2010): 565, doi: 10.1007/s00406-010-0112-3.
4. Dylan Selterman et al., "Dreaming of You: Behavior and Emotion in Dreams of Significant Others Predict Subsequent Relational Behavior," *Social Psychological and Personality Science* 5, no. 1 (2013): 111, doi: 10.1177/1948550613486678.
5. Erin Wamsley et al., "Delusional Confusion of Dreaming and Reality in

Narcolepsy," *Sleep* 37, no. 2 (2014): 419–22, doi: 10.5665/sleep.3428.
6. 著者によるジュリー・フライガーへのインタビュー（2017年3月30日）。
7. Mehmet Yucel Agargun et al., "Case Report: Nightmares Associated with the Onset of Mania: Three Case Reports," *Sleep and Hypnosis* 5, no. 4 (2003): 192–96.
8. Joseph M. De Koninck and David Koulack, "Dream Content and Adaptation to a Stressful Situation," *Journal of Abnormal Psychology* 84, no. 3 (1975): 250–60, doi: 10.1037/h0076648.
9. David Morris, *The Evil Hours: A Biography of Post-Traumatic Stress Disorder* (Boston: Houghton Mifflin Harcourt, 2015), 119.
10. Xianchen Liu, "Sleep and Adolescent Suicidal Behavior," *Sleep* 27, no. 7 (2014): 1351, doi: 10.1093/sleep/27.7.1351.
11. Antti Tanskanen et al., "Nightmares as Predictors of Suicide," *Sleep* 24, no. 7 (2001): 844.
12. Barbara Tedlock, "Zuni and Quiché Dream Sharing and Interpreting," in *Dreaming: Anthropological and Psychological Interpretations*, 106.
13. Merrill, "The Rarámuri Stereotype of Dreams," 200.
14. 著者によるジーン・キムへのインタビュー（2017年2月2日）。
15. Gail Heather-Greener et al., "An Investigation of the Manifest Dream Content Associated with Migraine Headaches: A Study of the Dreams That Precede Nocturnal Migraines," *Psychotherapy and Psychosomatics* 65, no. 4 (1996): 216.
16. Isabelle Raymond et al., "Incorporation of Pain in Dreams of Hospitalized Burn Victims," *Sleep* 25, no. 7 (2002): 765–70.
17. Malvinder S. Parmar and Alejandro F. Luque-Coqui, "Killer Dreams," *Canadian Journal of Cardiology* 14, no. 11 (1998): 1389–91.
18. Shelley R. Adler, Sleep Paralysis: *Night-Mares, Nocebos, and the Mind-Body Connection* (New Brunswick, NJ: Rutgers University Press, 2011).
19. Wayne King, "Nightmares Suspected in Bed Deaths of 18 Laotians," *New York Times*, May 10, 1981, http://www.nytimes.com/1981/05/10/us/nightmares-suspected-in-bed-deaths-of-18-laotians.html.
20. Adler, *Sleep Paralysis*, 103.
21. Barry Krakow and Antonio Zadra, "Imagery Rehearsal Therapy: Principles and Practice," *Sleep Medicine Clinics* 5, no. 2 (2010): 289–98, doi: 10.1016/j.jsmc.2010.01.004.
22. Melynda D. Casement and Leslie M. Swanson, "A Meta-Analysis of Imagery Rehearsal for Post-Trauma Nightmares: Effects on Nightmare Frequency, Sleep

Quality, and Posttraumatic Stress," *Clinical Psychology Review* 32, no. 6 (2012): 566–74, doi: 10.1016/j.cpr.2012.06.002.
23. M. Lu et al., "Imagery Rehearsal Therapy for Posttraumatic Nightmares in U.S. Veterans," *Journal of Traumatic Stress* 22, no. 3 (2009): 236–39, doi: 10.1002/jts.20407.
24. 著者によるスキップ・リッツォへのインタビュー（2017 年 5 月 25 日）。
25. A. Garcia-Palacios et al., "Comparing Acceptance and Refusal Rates of Virtual Reality Exposure vs. In Vivo Exposure by Patients with Specific Phobias," *CyberPsychology and Behavior* 10, no. 5 (2007): 722, doi: 10.1089/cpb.2007.9962.
26. V. I. Spoormaker and J. van den Bout, "Lucid Dreaming Treatment for Nightmares: A Pilot Study," *Psychotherapy and Psychosomatics* 75, no. 6 (2006): 389–94, doi: 10.1159/000095446.
27. Matt Kielty, "Wake Up and Dream," *Radiolab*, WNYC, January 23, 2012, http://www.radiolab.org/story/182747-wake-up-dream/.

第 8 章　夢を診断に役立てる

1. 著者によるロバート・スティックゴールドへのインタビュー（2017 年 3 月 13 日）。
2. Matt Blanchard and Barry A. Farber, "Lying in Psychotherapy: Why and What Clients Don't Tell Their Therapist About Therapy and Their Relationship," *Counselling Psychology Quarterly* 29, no. 1 (2016): 90, doi: 10.1080/09515070.2015.1085365.
3. Mark Blechner, *The Dream Frontier* (New York: Routledge, 2001), 42.［『夢のフロンティア――夢・思考・言語の二元論を超えて』、鈴木健一 監訳、ナカニシヤ出版、2018 年］
4. Saint Thomas Aquinas, *Summa Theologica Part II* ("Secunda Secundae"), trans. Fathers of the English Dominican Province (New York: Benziger Brothers, 1971).［『神学大全』、山田晶訳、中央公論新社、2014 年］
5. Matt Goldish, *Jewish Questions: Responsa on Sephardic Life in the Early Modern Period* (Princeton, NJ: Princeton University Press, 2008), 134
6. Elon Gilad, "Ten Things You Probably Don't Know About Yom Kippur," HaAretz, September 10, 2013, https://www.haaretz.com/jewish/10-things-you-didn-t-know-about-kippur-1.5332142.
7. Stephen Grosz, *The Examined Life: How We Lose and Find Ourselves* (New York: W. W. Norton, 2013), 136–40.［『人生に聴診器をあてる――見失った自分を取り戻す道案内』、園部哲訳、中央公論新社、2015 年］

8. Josie Malinowski, "Dreaming and Personality: Wake-Dream Continuity, Thought Suppression, and the Big Five Inventory," *Consciousness and Cognition* 38 (2015): 9, doi: 10.1016/j.concog.2015.10.004.
9. Daniel Wegner et al., "Dream Rebound: The Return of Suppressed Thoughts in Dreams," *Psychological Science* 15, no. 4 (2004): 232, doi: 10.1111/j.0963-7214.2004.00657.x.
10. Daniel Wegner, "Paradoxical Effects of Thought Suppression," *Journal of Personality and Social Psychology* 53, no. 1 (1987): 5–13.
11. James A. Erskine et al., "I Suppress, Therefore I Smoke: Effects of Thought Suppression on Smoking Behavior," *Psychological Science* 21, no. 9 (2010): 1225, doi: 10.1177/0956797610378687.
12. Janet Polivy et al., "The Effect of Deprivation on Food Cravings and Eating Behavior in Restrained and Unrestrained Eaters," *Eating Disorders* 38, no. 4 (2005): 301, doi: 10.1002/eat.20195.
13. Richard M. Wenzlaff and David D. Luxton, "The Role of Thought Suppression in Depressive Rumination," *Cognitive Therapy and Research* 27, no. 3 (2003): 293, doi: 10.1023/A:1023966400540.
14. Casey Schwartz, "When Freud Meets fMRI," *Atlantic*, August 25, 2015, https://www.theatlantic.com/health/archive/2015/08/neuroscience-psychoanalysis-casey-schwartz-mind-fields/401999/.
15. Mark Solms, "Dreaming and REM Sleep Are Controlled by Different Brain Mechanisms," *Behavioral and Brain Sciences* 23, no. 6 (2000): 843.
16. Solms, *The Brain and the Inner World*, 112–32.［『脳と心的世界――主観的経験のニューロサイエンスへの招待』、平尾和之訳、星和書店、2007 年］
17. Ibid., 207.
18. William Domhoff, "The Repetition of Dreams and Dream Elements: A Possible Clue to a Function of Dreams?," in *The Functions of Dreaming*, ed. Alan Moffitt (Albany: State University of New York Press, 1993), 293–320.
19. Calvin Hall and Vernon Nordby, *The Individual and His Dreams* (New York: New American Library, 1972), 82.
20. Antonio Zadra, "Recurrent Dreams: Their Relation to Life Events," in *Trauma and Dreams*, 231–47.
21. P. R. Robbins and F. Houshi, "Some Observations on Recurrent Dreams," *Bulletin of the Menninger Clinic* 47, no. 3 (1983): 262.
22. Ronald Brown and Don Donderi, "Dream Content and Self-Reported Well-Being

Among Recurrent Dreamers, Past-Recurrent Dreamers, and Nonrecurrent Dreamers," *Journal of Personality and Social Psychology* 50 (1986): 612–23.
23. Van de Castle, *Our Dreaming Mind*, 342.
24. Kelsey Osgood, *How to Disappear Completely: On Modern Anorexia* (New York: Overlook Press, 2014).
25. 著者によるケルシー・オスグッドへのインタビュー。
26. Christoph Lauer and Jurgen-Christian Krieg, "Sleep in Eating Disorders," *Sleep Medicine Reviews* 8, no. 2 (2004): 109.
27. Tore Nielsen and Russell Powell, "Dreams of the Rarebit Fiend: Food and Diet as Instigators of Bizarre and Disturbing Dreams," *Frontiers in Psychology* 6, no. 47 (2015), doi: 10.3389/fpsyg.2015.00047.
28. Tore Nielsen et al., "The Typical Dreams of Canadian University Students," *Dreaming* 13, no. 4 (2003): 211–35, doi: 10.1023/B:DREM.0000003144.40929.0b.
29. George Christo and Christine Franey, "Addicts' Drug-Related Dreams: Their Frequency and Relationship to Six-Month Outcomes," *Substance Use and Misuse* 31, no. 1 (1996): 1–15, doi: 10.3109/10826089609045795.
30. Sarah Hepola, *Blackout: Remembering the Things I Drank to Forget* (New York: Grand Central Publishing, 2015).
31. 著者によるサラ・ヘポラへのインタビュー（2016 年 5 月 9 日）。
32. Claudio Colace, *Drug Dreams: Clinical and Research Implications of Dreams About Drugs in Drug-Addicted Patients* (London: Routledge, 2014), 57.
33. Franz Kafka, *The Metamorphosis*, trans. Edwin Muir and Willa Muir (New York: Random House, 1933).［『変身』、高橋義孝訳、新潮社、1952 年］
34. Kathleen Beauchemin and Peter Hays, "Prevailing Mood, Mood Changes and Dreams in Bipolar Disorder," *Journal of Affective Disorders* 35, no. 1 (1995): 41–49, doi: 10.1016/0165-0327(95)00036-M.
35. Sally Adee, "Suicidal Behaviour Predicted by Blood Test Showing Gene Changes," *New Scientist*, August 19, 2015, https://www.newscientist.com/article/mg22730354-000-suicidal-behaviour-predicted-by-blood-test-showing-gene-changes/.
36. "Predicting Suicide Risk," *News in Health*, October 2015, https://newsinhealth.nih.gov/2015/10/predicting-suicide-risk.
37. Myron Glucksman and Milton Kramer, "Manifest Dream Content as a Predictor of Suicidality," *Psychodynamic Psychiatry* 45, no. 2 (2017): 175–85, doi: 10.1521/pdps.2017.45.2.175.

38. 著者によるマイロン・グラックスマンへのインタビュー（2017年7月14日）。
39. An Opportunity for Change: Myron L. Glucksman, *Dreaming: An Opportunity for Change* (New York: Rowman and Littlefield, 2006), 146.
40. Carrie Arnold, *Running on Empty: A Diary of Anorexia and Recovery* (Livonia, MI: First Page, 2004).
41. 著者によるキャリー・アーノルドへのインタビュー（2016年5月10日）。
42. Stanley Krippner et al., *Extraordinary Dreams and How to Work with Them* (Albany: State University of New York Press, 2001), 70.
43. Michael Schredl et al., "Bizarreness in Fever Dreams: A Questionnaire Study," *International Journal of Dream Research* 9, no. 1 (2016): 86.
44. 著者によるジーン・キムへのインタビュー（2017年2月2日）。
45. 著者によるパトリック・マクナマラへのインタビュー（2017年2月24日）。
46. Barrett, *The Committee of Sleep*, 134–35.
47. Vasily Kasatkin, *A Theory of Dreams*, trans. Susanne van Doorn (N.P.: Lulu, 2014), 22.
48. Ibid., 24.
49. Oliver Sacks, *A Leg to Stand On* (New York: Touchstone, 1984), 1.［『左足をとりもどすまで』、金沢泰子訳、晶文社、1994年］
50. Ibid., 54.
51. Barrett, *The Committee of Sleep*, 128.
52. J. G. MacFarlane and T. L. Wilson, "A Relationship Between Nightmare Content and Somatic Stimuli in a Sleep-Disordered Population: A Preliminary Study," *Dreaming* 16, no. 1 (2006): 53, doi: 10.1037/1053-0797.16.1.53.
53. Samantha Fisher et al., "Emotional Content of Dreams in Obstructive Sleep Apnea Hypopnea Syndrome Patients and Sleepy Snorers Attending a Sleep-Disordered Breathing Clinic," *Journal of Clinical Sleep Medicine* 7, no. 1 (2011): 69.
54. Dimitri Markov et al., "Update on Parasomnias: A Review for Psychiatric Practice," *Psychiatry* 3, no. 7 (2006): 69–76.
55. Megan McCann, "While Asleep, Some People Act Out Their Dreams," Northwestern Memorial Hospital, press release, https://www.nm.org/about-us/northwestern-medicine-newsroom/press-releases/2012/while-asleep-some-people-act-out-their-dreams.
56. Carlos Schenck et al., "Delayed Emergence of a Parkinsonian Disorder or Dementia in 81% of Older Men Initially Diagnosed with Idiopathic Rapid Eye

Movement Sleep Behavior Disorder: A 16-Year Update on a Previously Reported Series," *Sleep Medicine* 14, no. 8 (2013): 744–48, doi: 10.1016/j.sleep.2012.10.009.
57. Ronald Potsuma et al., "Parkinson Risk in Idiopathic REM Sleep Behavior Disorder," *Neurology* 84, no. 11 (2015): 1104–13, doi: 10.1212/WNL.0000000000001364.
58. Daniel Claassen and Scott Kutscher, "Sleep Disturbances in Parkinson's Disease Patients and Management Options," *Nature and Science of Sleep* 3 (2011): 125–33, doi: 10.2147/NSS.S18897.
59. Robert Bosnak, "Integration and Ambivalence in Transplants," in *Trauma and Dreams*, 217–30.
60. 著者によるレベッカ・フェンウィックへのインタビュー（2017 年 1 月 18 日）。

第９章　夢でコミュニティを育む

1. Montague Ullman and Nan Zimmerman, *Working with Dreams: Self-Understanding, Problem-Solving, and Enriched Creativity Through Dream Appreciation* (Los Angeles: Jeremy P. Tarcher, 1979), 217.
2. Taylor, *The Wisdom of Your Dreams*, 62.
3. 著者によるシェーン・マッカリスティンへのインタビュー（2015 年 11 月 5 日）。
4. Dan Piepenbring, "The Enthralling, Anxious World of Vladimir Nabokov's Dreams," *New Yorker*, February 8, 2018, https://www.newyorker.com/books/page-turner/what-vladimir-nabokov-saw-in-his-dreams.
5. "511: The Seven Things You're Not Supposed to Talk About," *This American Life*, NPR (in collaboration with Chicago Public Media), November 8, 2013, transcript, https://www.thisamericanlife.org/511/the-seven-things-youre-not-supposed-to-talk-about.
6. Charlie Brooker, "Other People's Dreams Are Boring —— Why Would We Want a Machine that Can Record That?" *Guardian*, November 1, 2010, https://www.theguardian.com/commentisfree/2010/nov/01/charlie-brooker-dream-recording-machine-inception.
7. Michael Chabon, "Why I Hate Dreams," *Daily* (blog), *New York Review of Books*, June 15, 2012, http://www.nybooks.com/daily/2012/06/15/why-i-hate-dreams/.
8. 著者によるジェームズ・フェランへのインタビュー（2016 年 7 月 28 日）。
9. 著者によるアリソン・ブースへのインタビュー（2016 年 7 月 25 日）。
10. 著者によるロバート・スティックゴールドへのインタビュー（2017 年 3 月 13 日）。

11. Meg Jay, *Supernormal: The Untold Story of Resilience* (New York: Hachette, 2017), 241. [『逆境に生きる子たち――トラウマと回復の心理学』、北川知子訳、早川書房、2018 年]
12. James W. Pennebaker, ibid.
13. Montague Ullman, *Appreciating Dreams: A Group Approach* (Thousand Oaks, CA: Sage Publications, 1996).
14. Ullman and Zimmerman, *Working with Dreams*, 10.
15. Ibid., 257.
16. William R. Stimson, "The Worldwide Montague Ullman Dream Group," http://www.billstimson.com/dream_group/dream_links.htm.
17. 著者によるマーク・ブラグローブへのインタビュー（2016 年 6 月）。
18. Christopher Edwards et al., "Comparing Personal Insight Gains Due to Consideration of a Recent Dream and Consideration of a Recent Event Using the Ullman and Schredl Dream Group Methods," *Frontiers in Psychology* 6 (2015): 831, doi: 10.3389/fpsyg.2015.00831.
19. Clara E. Hill and Dana R. Falk, "The Effectiveness of Dream Interpretation Groups for Women Undergoing a Divorce Transition," *Dreaming* 5, no. 1 (1995): 29.
20. Misty R. Kolchakian and Clara E. Hill, "Dream Interpretation with Heterosexual Dating Couples," *Dreaming* 12, no. 1 (2002): 1–16, doi: 10.1023/A:1013884804836.
21. Wojciech Owczarski, "The Ritual of Dream Interpretation in the Auschwitz Concentration Camp," *Dreaming* 27, no. 4 (2017): 278, doi: 10.1037/drm0000064.
22. 著者によるスーザン・ヘンドリックスへのインタビュー（2017 年 1 月 17 日）。

第 10 章　明晰夢を見る

1. van Eeden, *The Bride of Dreams*, 170.
2. "Self-Care Lotus Retreat," Kalani Honua, https://kalani.com/retreat/self-care-lotus-retreat-2/.
3. 著者によるクリステン・ラマルカへのインタビュー（2016 年 10 月）。
4. Ashley Lee, "Christopher Nolan Talks *Inception* Ending, Batman, and 'Chasing Reality' in Princeton Grad Speech," *Hollywood Reporter*, June 1, 2015, https://www.hollywoodreporter.com/news/christopher-nolan-princeton-graduation-speech-799121.
5. https://www.reddit.com/r/LucidDreaming/.
6. LaBerge and Rheingold, *Exploring the World of Lucid Dreaming*, 59–65.

7. Ibid., 40–47.

8. Ibid., 42.

9. Henry Reed, “Improved Dream Recall Associated with Meditation,” *Journal of Clinical Psychology* 34, no. 1 (1978): 150, doi: 10.1002/1097-4679(197801)34:1<150::AID-JCLP2 270340133>3.0.CO;2-1.

10. Jayne Gackenbach et al., “Lucid Dreaming, Witnessing Dreaming, and the Transcendental Meditation Technique: A Developmental Relationship,” *Lucidity Letter* 5, no. 2 (1986): 3.

11. LaBerge and Rheingold, *Exploring the World of Lucid Dreaming*, 95.

12. Ibid., 98–99.

13. LaBerge, presentation at Dreaming and Awakening.

14. David Saunders et al., “Lucid Dreaming Incidence: A Quality Effects Meta-Analysis of 50 Years of Research,” *Consciousness and Cognition* 43 (2016): 197–215, doi: 10.1016/j.concog.2016.06.002.

15. Ursula Voss et al., “Lucid Dreaming: An Age-Dependent Brain Dissociation,” *Journal of Sleep Research* 21, no. 6 (2012): 634–42, doi: 10.1111/j.1365-2869.2012.01022.x.

16. Mark Blagrove and S. J. Hartnell, “Lucid Dreaming: Associations with Internal Locus of Control, Need for Cognition and Creativity,” *Personality and Individual Differences* 28 (2000): 41–47. “

17. Tadas Stumbrys and Michael Daniels, “An Exploratory Study of Creative Problem Solving in Lucid Dreams: Preliminary Findings and Methodological Considerations,” *International Journal of Dream Research* 3, no. 2 (2010): 121–29; Daniel Bernstein and Kathryn Belicki, “On the Psychometric Properties of Retrospective Dream Content Questionnaires,” *Imagination, Cognition and Personality* 15, no. 4 (1996): 351–64.

18. Jayne Gackenbach and Harry T. Hunt, “A Deeper Inquiry into Lucid Dreams and Video Game Play,” in *Lucid Dreaming: New Perspectives on Consciousness in Sleep*, eds. Ryan Hurd and Kelly Bulkeley (Santa Barbara, CA: Praeger, 2014), 235.

19. Jayne Gackenbach, quoted in Katie Drummond, “Video Games Change the Way You Dream,” *Verge*, January 21, 2014, https://www.theverge.com/2014/1/21/5330636/video-games-effect-on-dreams.

20. Daniel Erlacher, Tadas Stumbrys, and Michael Schredl, “Frequency of Lucid Dreams and Lucid Dream Practice in German Athletes,” *Imagination, Cognition*

and Personality 31, no. 3 (2012): 237, doi: 10.2190/IC.31.3.f.
21. Saunders et al., "Lucid Dreaming Incidence," 197.
22. Tadas Stumbrys et al., "Induction of Lucid Dreams: A Systematic Review of Evidence," *Consciousness and Cognition* 3 (2012): 1465–75, doi: 10.1016/j.concog.2012.07.003.
23. David Saunders et al., "Exploring the Role of Need for Cognition, Field Independence and Locus of Control on the Incidence of Lucid Dreams During a 12-Week Induction Study," *Dreaming* 27, no. 1 (2017): 68, doi: 10.1037/drm0000044.
24. D. J. Aspy et al., "Reality Testing and the Mnemonic Induction of Lucid Dreams: Findings from the National Australian Lucid Dream Induction Study," *Dreaming* 27, no. 3 (2017): 206–31, doi: 10.1037/drm0000059.
25. Meir H. Kryger et al., *Principles and Practice of Sleep Medicine*, 5th ed. (St. Louis: Elsevier Saunders, 2010), 1530.
26. Gregory Scott Sparrow et al., "Assessing the Perceived Differences in Post-Galantamine Lucid Dreams vs. non-Galantamine Lucid Dreams," *International Journal of Dream* Research 9, no. 1 (2016): 71.
27. Ursula Voss et al., "Lucid Dreaming: A State of Consciousness with Features of Both Waking and Non-Lucid Dreaming," *Sleep* 32, no. 9 (2009): 1191.
28. Dement, *Some Must Watch*, 47–52.［『夜明かしする人、眠る人』、大熊輝雄訳、みすず書房、1975年］
29. Craig S. Hurovitz et al., "The Dreams of Blind Men and Women: A Replication and Extension of Previous Findings," *Dreaming* 9 (1999): 183.
30. Peretz Lavie, *The Enchanted World of Sleep* (New Haven, CT: Yale University Press, 1996), 87.［『20章でさぐる睡眠の不思議』、大平裕司訳、朝日新聞社、1998年］
31. Daniel Erlacher et al., "Time for Actions in Lucid Dreams: Effects of Task Modality, Length, and Complexity," *Frontiers in Psychology* 4 (2013): 1013, doi: 10.3389/fpsyg.2013.01013.
32. Martin Dresler et al., "Neural Correlates of Dream Lucidity Obtained from Contrasting Lucid versus Non-Lucid REM Sleep: A Combined EEG/fMRI Case Study," *Sleep* 35, no. 7 (2012): 1017, doi: 10.5665/sleep.1974.
33. 著者によるカティア・ヴァリへのインタビュー（2016年6月）。
34. Martin Dresler et al., "Neural Correlates of Insight in Dreaming and Psychosis," *Sleep Medicine Reviews* 20 (2015): 92–99, doi: 10.1016/j.smrv.2014.06.004.

35. Adhip Rawal, "Could We One Day Heal the Mind by Taking Control of Our Dreams?" *Conversation*, July 14, 2016, https://theconversation.com/could-we-one-day-heal-the-mind-by-taking-control-of-our-dreams-60886.
36. LaBerge, *Lucid Dreaming*. [『明晰夢——夢見の技法』、大林正博訳、春秋社、2005年]
37. Paul Tholey, "A Model for Lucidity Training as a Means of Self-Healing and Psychological Growth," in *Conscious Mind, Sleeping Brain: Perspectives on Lucid Dreaming*, eds. Jayne Gackenbach and Stephen LaBerge (New York: Springer, 1988), 265.
38. 著者によるリーネ・サルヴェセンへのインタビュー（2017年7月2日）。
39. Daniel Erlacher, "Practicing in Dreams Can Improve Your Performance," *Harvard Business Review*, April 2012, https://hbr.org/2012/04/practicing-in-dreams-can-improve-your-performance.

おわりに

1. T. Horikawa et al., "Neural Decoding of Visual Imagery During Sleep," *Science* 340 (2013): 639, doi: 10.1126/science.1234330.
2. 著者によるマット・ウィルソンへのインタビュー（2017年3月16日）。
3. Lavilléon, "Explicit Memory Creation During Sleep."
4. Naiman, "Dreamless," 77.

夢《ゆめ》の正体《しょうたい》
夜の旅を科学する
2020年2月20日　初版印刷
2020年2月25日　初版発行
＊
著　者　アリス・ロブ
訳　者　川《かわ》添《ぞえ》節《せつ》子《こ》
発行者　早　川　浩
＊
印刷所　株式会社亨有堂印刷所
製本所　大口製本印刷株式会社
＊
発行所　株式会社　早川書房
東京都千代田区神田多町2-2
電話　03-3252-3111
振替　00160-3-47799
https://www.hayakawa-online.co.jp
定価はカバーに表示してあります
ISBN978-4-15-209917-4　C0040
Printed and bound in Japan
乱丁・落丁本は小社制作部宛お送り下さい。
送料小社負担にてお取りかえいたします。